U0686517

有故事的中国汉字

上册

邓文华 ◎ 著

天津出版传媒集团

天津人民出版社

图书在版编目（CIP）数据

有故事的中国汉字：全二册 / 邓文华著 . -- 天津：
天津人民出版社，2024.4
ISBN 978-7-201-20147-4

Ⅰ.①有… Ⅱ.①邓… Ⅲ.①汉字—通俗读物 Ⅳ.
① H12-49

中国国家版本馆 CIP 数据核字（2024）第 034610 号

有故事的中国汉字：全二册
YOU GUSHI DE ZHONGGUO HANZI QUAN ERCE

出　　版　天津人民出版社
出 版 人　刘锦泉
地　　址　天津市和平区西康路 35 号康岳大厦
邮政编码　300051
邮购电话　（022）23332469
电子信箱　reader@tjrmcbs.com

责任编辑　郭晓雪
特约编辑　石胜利
封面设计　WONDERLAND Book design
　　　　　仙遽 QQ:344581934

制版印刷　三河市新科印务有限公司
经　　销　新华书店
开　　本　710 毫米 × 1000 毫米　1/16
印　　张　25.25
字　　数　280 千字
版次印次　2024 年 8 月第 1 版　2024 年 8 月第 1 次印刷
定　　价　108.00 元

目录

上册

第一章 神话人物篇

第二章 历朝历代篇

第三章 地理风物篇

第四章 杰出人物篇

下册

第一章 五行属金篇

第二章 五行属木篇

第三章 五行属水篇

第四章 五行属火篇

第五章 五行属土篇

神话人物篇

盘 娲 伏羲 燧 巢 炎 黄 仓颉
刑天 夸父 羿 嫘 尧 舜 禹

盘

开天辟地的那位英雄，生命终结也不忘世界

"盘"的甲骨文字形像用手拿着工具在搅动、旋转，制作圆形的陶坯。由此带来"盘"的两个基本意思：一为名词，表示用来盛东西的圆形物体，如瓷盘、棋盘等。一为动词，表示缠绕在一起不停旋转的意思，如盘绕、盘旋、盘根错节等。

"盘"的古体字形曾被写为"槃"或"盤"，上面的部件"般"是声旁，表示读音。"般""盘"的读音接近，在古代是通用字。下面的部件"木""皿"是形旁，表示这类盛东西的器物多由木头或陶坯制成。

甲骨文	金文	篆书	隶书	楷书（繁体）	楷书（简体）

汉字故事：盘古开天辟地

相传很久以前，一个混沌的、像鸡蛋一样的圆形物体在不停地旋转变化着。经过几百万年的时间，这个圆形物体慢慢地进化成一个生命，像小鸡那样破壳而出了。只见他把包围自己的蛋壳一样的东西猛地踢掉，努力想要站起来。他使劲地伸胳膊蹬腿，把原本连在一体的混沌天地撕开一个大口子。人类最初的创造者就这样诞生了，他被人们称

为盘古。

盘古觉得天和地离得太近，就努力把天向上举，把地往下踹。传说他的身高足有九万里，这样一个巨人又举又踹，这还了得！于是天慢慢升到了离地九万里的高处。据说，这就是"九重天"的来历。唐朝诗人韩愈写过这样两句诗："一封朝奏九重天，夕贬潮州路八千。"说的是一封告密信早晨到了朝廷那里，晚上诗人就被流放到了八千里以外的潮州。这里"九重天"指的是帝王或朝廷，以此形容帝王高高在上、权力巨大的样子。

开天辟地是一项艰巨的工作，盘古耗尽了全身力气，快要累死了。临死之前，他在心里盘算：真是遗憾！我刚刚把天地分开，很多事情还没有做呢！但是我没有力气再去创造了，就把我的身体留给这个世界吧。

盘古死后，他的两只眼睛变成了天上的太阳和月亮，他的胳膊和腿变成了高山和丘陵，他的血液变成了江河湖海，他的灵魂变成了鸟兽虫鱼，他的骨头变成了埋在地下的煤、铁等各种矿物。天地间的万物，据说就是这样来的。

延伸阅读：开天辟地的大神为什么被叫作"盘古"？

我国很早便有"天圆地方"的说法，古人抬头看天，发现天是圆的，"天似穹庐，笼盖四野"；环视四周，发现鸟蛋、树干、太阳，就连身边水的旋涡、风的旋转、蛇的盘旋等也是圆的，而且这些圆形的生命体盘绕交错，非常有活力。所以，古人推测，在还没有人类存在的太古时代，开天辟地的大神也应该是圆的、运动的。就这样，大神"盘古"的名字诞生了。

记一记

含有"盘"字的诗句：

小时不识月，呼作白玉盘。

——唐·李白《古朗月行》

谁知盘中餐，粒粒皆辛苦。

——唐·李绅《悯农·其二》

遥望洞庭山水翠，白银盘里一青螺。

——唐·刘禹锡《望洞庭》

虎踞龙盘今胜昔，天翻地覆慨而慷。

——现代·毛泽东《人民解放军占领南京》

娲

一生干好两件事，必可以当全民女神

"娲"是专用字，专为中国神话传说中的女娲神而造。"娲"是形声字，左边字旁"女"是形旁，表示意义；右边是"锅"字的古文"呙"，是声旁，表示读音。

娲　娲　娲　娲

篆书　　隶书　　楷书（繁体）　楷书（简体）

据古文字学家考证："娲"字的读音有可能借用青蛙的"蛙"字音。青蛙肚子大，一次能产很多卵，生育能力强。古代不少部落都把青蛙作为图腾，希望女性能像青蛙一样，生很多宝宝。

还有一种比较流行的说法是，"娲"字发音来自小孩子的"哇哇"哭声。远古时代，自然环境恶劣，劳动工具落后，战争频繁，人的寿命都较短，在哇哇的哭声中诞生的婴儿代表生命的延续和希望，因而古人便将中华民族母亲的名字发音确定为"wā"！

传说"锅"字首创于母系氏族社会，是女娲氏的氏族发明。人们为了纪念这一重大发明，就把"女"和"呙"组成"娲"字，并将"娲"尊为神。女娲神之所以能炼五色石补天，可能也受启发于当时锅已发明且被用来煮东西的日常生活。

汉字故事：女娲造人，炼石补天

传说开天辟地的大神盘古累死后，他的灵魂变成天地间的鸟兽虫鱼，这些有生命的动物一开始就为谁是天下第一而争吵起来。老虎说："我厉害，我能吃其他动物。"大树说："我厉害，我能做成棒子打你。"小虫子也不甘示弱："你们可别小看我，我能把大树一点一点地吃掉。""老虎棒子虫"的游戏，说的就是这个意思。女娲神实在看不下去了，便站出来说："你们别吵了，我造一些人，让人来当这个世界的主宰。"

于是女娲挖出一些潮湿的黄土，照着自己的样子，捏成了有鼻子有眼的小人儿。她捏了很长时间，手又酸又累，就转身折下一根树枝，来到池塘边，沾满泥浆，四处挥舞。泥浆洒在地上，也变成了无数的小人儿。这便是女娲神做的第一件大事——创造人类。

据说，女娲神亲自用手捏出来的小人，质量很好，对应的都是有品德、有才能的人，如尧舜禹这样的明君；而后来用树枝甩出来的人，品德和见识则大为下降，经常为争名逐利而争斗。其中战斗值最高的两位，就是水神共工和火神祝融。

水神和火神为谁应该是天下的王打了起来。水神战败后，一怒之下撞倒支撑天的柱子"不周山"。柱子一倒，天就塌了一角，大水从天而降。地上的很多人被大水冲走或淹死了。女娲神看到后非常痛心，便决心炼石补天。

女娲神找来很多五色石子，架起一堆火，把石子熔化成滚烫的岩浆，然后不顾危险地飞到天上，一点点去补天空的缺口。过了无数日月，天终于补好了。可是女娲神担心补得不牢，就又砍掉一只巨龟的脚，代替"不周山"，竖立在大地四方支撑的天空。这就是女娲神做的第二件大事——炼石补天。

延伸阅读：古代的婚娶靠抢

为了让为数不多的原始人类永远繁衍下去，据说女娲神还创造了婚娶之礼，自己充当媒人，让人男女相配，生儿育女。

据说古时候成婚之礼都在黄昏时进行，所以当时的"婚"字写作"昏"。为什么选在黄昏呢？因为上古文明不发达，娶老婆都靠抢，太阳下山，正是抢婚的好时候。娶妻的"娶"字，上面一个巧取豪夺的"取"，下面一个表示女人的"女"字，这正说明古代娶媳妇就像战争一样，是通过劫夺的方式达成的。

记一记

> 女字旁可以组成很多字。仔细观察，它们有一些内在联系，那就是都和女性有关。如，姐、妈、奶、妹、姑、娘、姥等。

第一章 神话人物篇

伏 羲

文能造字，武能降怪，摆得八卦，烧得烤肉

"伏"字最早见于金文，几乎和现在字形一样，由"人"和"犬"两部分组成，好像一条狗，温顺地跟着一个人。因此，"伏"字有趴着、服从的意思。

| 甲骨文 | 金文 | 篆书 | 隶书 | 楷书 |

这也间接说明，"伏"字产生的年代，狗不像现在这样温顺，而是生活在荒野中的一种猛兽，驯服起来相当不容易。

伏羲的"羲"字，有人说是一个语气词，就像屈原《楚辞》"与天地兮同寿，与日月兮同光"中的"兮"字；也有人说，伏羲的"羲"字，就是"牺牲"的"牺"的繁体字，本义为纯色牲畜，泛指动物。这间接说明伏羲和古代动物驯养有着密切关系。

| 篆书 | 隶书 | 楷书 |

汉字故事：伏羲画八卦

自从水神和火神打架破坏天空，搞得洪水泛滥后，远古人类对灾难特别敏感。每当刮风下雨、电闪雷鸣或发生森林大火，原始人心里都无比害怕，磕头作揖，不知道自己得罪了哪位神灵。其中有一位聪明人叫伏羲，他特别想把这些事弄清楚。

有一天，有人跑过来告诉伏羲：中原地区（当时黄河流域的河南、山西一带）的河里出现一个怪兽：头像龙头，身子却和马一样，背上还带有乌龟壳般的奇怪花纹。大家称这怪兽为"龙马"。龙马喜怒无常，经常发疯似地东奔西跑，跑到哪儿，哪儿就洪水泛滥，人畜遭殃。

伏羲听说后，就跑来看龙马。说来奇怪，这个凶猛无常的怪兽见到驯兽高手伏羲却变得异常温顺。伏羲修了一个高台，把龙马放在上面养起来。他日夜守在龙马身边，对龙马背上的花纹产生异常兴趣。他日思夜想，终于揣摩出其中的一些门道。他用一长横当阳，叫阳爻；两短横当阴，叫阴爻。一长横，两短横，一阴一阳，来回搭配，画来画去，就画成了"伏羲八卦图"。

"八卦"乾（☰）、坎（☵）、艮（☶）、震（☳）、巽（☴）、离（☲）、坤（☷）、兑（☱）分别象征天、地、雷、风、水、火、山、泽八种自然物或自然力，这八种力量和谐地发生作用，阴阳消长，四季轮换，万物生息，看似混乱一片的宇宙从此有了秩序，也更容易被人理解。

相传三国时军事家、政治家诸葛亮根据八卦原理创造了八卦阵，并用这种变化无穷的阵法，打败了强敌的无数进攻。

延伸阅读：古怪的字谜

有一次，明代著名画家唐伯虎画了一幅画，上面是一个人牵着一只狗，在西湖边上散步。唐伯虎说："这是一个字谜，谁要是能猜出来，这幅画就白送他。"大家一听，连忙皱起眉头思索起来。突然，有个年轻人跑上来，猛地趴在了地上，大家正感到奇怪，唐伯虎却大笑说："你答对了。"就把画取下来送给了他。小朋友们，你们猜到这是什么字了吗？

它就是伏羲的"伏"字。

记一记

三皇：中国古代传说中三位杰出的部落首领——教人们渔猎畜牧的伏羲氏，教人们种五谷的神农氏，发明钻木取火的燧人氏——因其对中华民族做出的巨大贡献，被后世尊称为"三皇"。

燧

身体温暖，还有熟肉，这就是人类对美好生活的向往

　　"燧"是形声字，"火"为形旁，表示意义，"遂"为声旁，表示读音。在古代，当白天发生敌人入侵边关等危险情况时，就在烽火台上点燃柴火，生起浓烟来报警。白天用燃火冒烟来报警叫"燧"，晚上用燃火冒烟来报警叫"烽"。"烽火台""烽火戏诸侯"等，说的都是晚上报警的情况。

　　但是，根据"燧"最早的字形来辨析，另一种解释更为形象：一堆篝火，代表取暖；几只脚，代表人类；还有一只被烤熟的猪，代表美食。可见，远古时代的人都认为，一个人身体温暖，还有熟肉吃，就是幸福！

篆书　　隶书　　楷书

　　火的发明，在人类历史上是一件大事。和希腊神话中普罗米修斯从天上偷来火种不同，中国古人凭借自己的聪明才智和坚韧不拔的勇气，钻木取火或击石生火。这位发明火的圣人，被后世尊称为"燧人氏"。

汉字故事：燧人氏击石取火

　　远古时代，人类靠捕鱼打猎、采集野果来填饱肚子。因为没有火，

第一章　神话人物篇

这些东西只能生吃。当时，人们不知道火的用途，也就习惯了这种饮食方式。

有一次，天上电闪雷鸣，引发森林大火，人和动物都忙着逃命。火熄灭后，大家回到原来的地方。这时，有个年轻人发现，周围的野兽嚎叫声没有了。他想："难道野兽也怕这个发光的东西吗？"于是，他勇敢地走到火边，发现身上异常暖和。他兴奋地招呼大家一起来烤火，并捡起火边烧死的野兽肉吃，发现这些非常美味。年轻人就想：如果火能召之即来，挥之即去，不用的时候就收藏起来，那该多好啊。可惜，森林大火非常危险，也不能说来就来。

于是，聪明的年轻人便决定去找火。他找来找去，哪里也找不到。有一天找累了，年轻人靠着大树睡着了，并且做了一个奇怪的梦：他梦见自己骑上一只大鸟，一直飞到太阳上。太阳神热情接待了他，并让他随便选一件宝物带回去。年轻人连忙说："只想要火。"太阳神就从身边捡了几块石头递给他……从梦中惊醒之后，年轻人惊讶地发现，自己身边真的有几块黑色的石头。

年轻人赶紧把石头供起来，睁大眼睛，等着它起火。可是，等来等去，石头却纹丝不动。很多天过去了，年轻人不耐烦了，就把石头猛地扔出去说："不能生火，我还要你干什么？"扔出去的石头恰好砸在另一块石头上，"砰"地一声，火花四溅。年轻人一看就明白了，于是不断地砸石头，又拿了一些碎木屑放在周围，很快就生了一堆火。

这两块撞击生火的石头被人们称为"燧石"，那个最先学会击石取火，并给人类带来温暖和美味食物的人，受到百姓的广泛敬仰，被尊称为"燧人氏"。

延伸阅读：火神祝融

除了燧人氏击石取火，你可能还听过另外一个说法，就是祝融发明了火。祝融就是打败水神的那位火神。

祝融不是用石头击打取火，而是把石头做成钻头，在一块木头上快速旋转，依靠摩擦生火，所以也叫钻木取火。现在不少地方仍旧保留祭祀火神祝融的风俗。据说祝融还发明了一种打仗的方法，就是火攻。后来一位叫作孙子的军事家把火攻进一步发扬光大。

记一记

下面带有火字旁的字都念什么呢？大声读出来吧。

灶、炊、灯、炒、燃、烧、灿、烂、炉、炸、炮、熄、煽、焚、烤、烦、煤

巢

〈 每日一字 〉

向万物学习，人类的房子来自老鹰的窝

"巢"的金文字形上边是鸟巢的样子，下边是棵树，整个字形就像鸟巢搭在树干中央。到了"巢"的小篆字形，鸟巢上多了三只小鸟的造型，使"巢"字的意思更加形象化。秦始皇统一六国后，秦国"小篆"被推行到全国，"巢"字上边三只小鸟的造型也被保留到现在。

| 甲骨文 | 金文 | 篆书 | 隶书 | 楷书 |

2008 年，北京为举办奥运会盖了很多漂亮的体育馆。其中一个体育馆设计成鸟巢形状，人们都把它叫作"鸟巢"。

除了鸟巢之外，"蜂巢""巢穴"等词也都和动物的居住有关。据说，中国最早的房屋建筑师就是从鸟巢得到启发，从而盖了最早的房子，使人们躲避了风雨、禽兽之害，因而被称为"有巢氏"。

汉字故事：有巢氏搭屋挖洞

远古时代，人类的生活方式和野兽没太大区别：赤身裸体，四处游荡，居无定所。为了找个安身睡觉的地方，人类曾经像兔子一样在地上挖个洞穴，然后住进去。但是，洞穴随时有塌掉的危险，遇到大

雨还经常被水淹没，只能抱着头躲到森林里。森林里也不安全，虎、豹、狼、熊等野兽随时出没，人类还是睡不踏实。

后来，一个聪明人用石块打伤了一只老鹰。老鹰带着伤一直往前飞，那个人就在后面一直追。追着追着，天下起瓢泼大雨，老鹰飞到树上的鸟窝里躲起来。那个人被雨水淋得浑身湿透，像只落汤鸡。那个人心里很不服气。他想："我真不如一只鸟，它还会用树枝搭窝。为什么我就不能搭个窝呢？"大雨一停，他就爬到树上，把老鹰赶跑，仔细观察鸟窝是怎么搭的。然后，他找些木棍反复实验，搭了拆，拆了搭，最后终于搭好一个可以住人的窝。他还在窝的上面放些树枝和茅草，夏天的时候可以遮阳避雨，冬天的时候可以阻挡风雪，人住进去很舒服。

又有一次，这个聪明人用石斧砍伤了一只老虎。他追着受伤的老虎跑进了一个黑魁魁的山洞。山洞里太黑了，什么也看不见，那个人接连摔了好几个跟头，心里有点儿害怕，就空手走出了山洞。他出了山洞一看，老虎正在不远的地方盯着他。那个人很不服气。他认真地研究山洞，发现山洞不仅隐蔽，还非常坚固，既能遮风挡雨，其他野兽也不敢轻易进来。于是他想："我为什么不能挖几个像这样的山洞呢？"他很快就在山腰挖了一个山洞，让大家住了进去。

部落里的人见他这么能干，给大家解决了居住的难题，就让他当各部落的总头领，并把他当神一样供奉起来，尊称他为"有巢氏"。

延伸阅读：古老的窑洞

今天，如果你去中国西北地区的山西、陕西、宁夏等地，还会看到一些人仍然住在窑洞里。他们在高高的山崖上挖山洞，或就近在高土坡上挖窑洞，就像有巢氏时的人们一样住在洞穴里。古老的窑洞虽然简单，但是坚固耐用、冬暖夏凉，凝聚了中国人民独特的智慧，是黄土地文化的一种象征。

找一下小动物们的家，在图上标注：

1. 鸟巢 2. 马舍 3. 牛棚 4. 猪圈 5. 狗窝 6. 鸡笼

7. 鱼塘

炎

我们来自太阳的部落，我们发现了米饭

"炎"是会意字，由上下两个"火"字组成，本义是火焰升腾。在两团大火的烧烤下，恐怕唯一的感觉就是热，这也是"炎"字的本义，如"炎炎盛夏""赤日炎炎"等。

| 甲骨文 | 金文 | 篆书 | 隶书 | 楷书 |

有了火我们能够吃上熟食，火能够给我们带来光明，让我们过上温暖的生活。火很美丽。尽管火看上去美丽，但是不能近距离接触它。因为烟火也是火，会烧伤我们。

当我们身体的某一部分不小心被烧伤就会出现红肿，如果不及时治疗，身体还会发热。这时候，医生会说："伤口发炎了。"因此，"炎"字又引申出"发炎、炎症"的意思，我们常说的鼻炎、咽喉炎、气管炎等，指的就是由身体内的火气引发的炎症。

对于古人而言，最炎热的无疑就是天上的太阳。因此，"炎"字最初源于古代一个崇拜太阳的部落，炎帝是这个部落的首领。

汉字故事：神农种五谷

在炎帝之前，古人不会种庄稼，也不知道哪些植物可以吃，哪些植物有毒，所以食物中毒的事情经常发生。更可怕的是，随着人口越来越多，可吃的无毒植物却越来越少了。

炎帝拥有多年外出打猎的经验。他发现有些植物每年发芽、生长、抽穗、结实然后枯死，第二年又开始循环。他曾经采集这些果实采，磨成粉，然后加水弄成糊状，大胆地品尝了一下，很好吃，而且没有毒。炎帝就想：如果人们能够种植这些植物，就能够获得稳定的食物来源。可是他很苦恼，因为他不能确切地记起这些植物的样子。

有一次，炎帝出去打猎。他瞄准一只浑身通红的大鸟，"嘭"地射出一支箭，虽然没射中大鸟，却吓得大鸟把嘴里噙着的东西掉了下来。炎帝捡起来一看，那是一些草穗，一共有五种草籽儿，有长的，有圆的，有红的，有黄的。于是，炎帝就采集了这五种草籽儿，选了一片荒地，把它们种下去。

不久，那些草籽儿都抽穗结籽儿了。炎帝把草籽儿放在嘴里一一品尝，觉得很好吃，而且没有中毒，身体却比以前更强壮了。于是，炎帝就把这些草籽儿分给大家，叫人们分头去种。这五种草籽儿就是现在的麦子、稻子、谷子、豆子、高粱，合称"五谷"。

从此，人们开始农业耕作，进入自耕自足的时代。炎帝因为会种地，发明了五谷，被后人尊称为"神农氏"。炎帝和神农氏，其实指的是同一个人。

延伸阅读：中国人的别称

如果你和爸爸妈妈去国外旅行，就会发现国外很多城市都有"唐人街"。唐人，指的就是中国人。因为中国的唐朝在当时的世界上非常强盛，名气很大，所以在国外很多地方，"唐人"就成了中国人的代称。

在现代汉语里，还有很多词语表示中国人，比如汉人、华夏儿女、炎黄子孙、龙的传人、轩辕后代等。其中，炎黄子孙中的炎黄，指的就是我们今天所介绍的炎帝神农氏和下一篇要介绍的黄帝轩辕氏。

记一记

五谷知多少

黍（shǔ）：去壳后叫黄米，比小米稍大，煮熟后有黏性，可酿酒，做糕等。

稷（jì）：有谷子、高粱、不粘的黍三种说法。

稻：通常指水稻，去壳后叫大米。

麦：俗称麦子，可用来磨成面粉、制糖、酿酒等。

菽（shū）：豆类的总称。

黄

发明车轮的灵感，来自我们头上戴的帽子

　　"黄"的甲骨文字形像一个人胸前戴着一块玉的样子，因此，"黄"是象形字。"黄"的本义是人佩玉环。后来，"黄"字更多地被用来表示一种特定的颜色——黄色。"黄"表示黄色之后，其"佩玉""佩环"的本义就没有了。古人造了另外一个字——璜，一个"玉"加一个"黄"字，来表示佩戴玉环的意思。

| 甲骨文 | 金文 | 篆书 | 隶书 | 楷书 |

　　据说，黄帝和炎帝生活在同一个时代，炎帝部落崇尚太阳，黄帝部落崇尚土地。土地为黄色，因此人们就把崇尚黄土地部落的首领尊称为"黄帝"。

汉字故事：黄帝造车轮

　　黄帝生活的年代，部落之间经常打仗，黄帝部落就和南方的九黎族打了很多年。南方气候湿润，经常起雾下雨。来自北方的黄帝，遇到这种天气，就常常迷失方向，找不到敌人的位置。

　　黄帝愁眉不展，苦苦思索解决的办法。有一天他灵机一动，想道："如果我造一个工具，无论我走在何处，面向何方，它都可以随时指向南方，不就可以了吗？"

黄帝马上行动起来。他造了一个木头人，让它的手总是指着南面，然后把木头人装在一块木板上。打仗时，士兵抬着木头人，不管怎样折腾，它的手总是指着南方。但问题又来了，人抬着，行动不灵活，所有士兵都得根据木头人的移动速度来打仗。

黄帝又开始一筹莫展了。一天，黄帝坐在山坡上正为如何改进木头人发愁。突然一阵大风吹过，呼地一下把他的帽子吹飞了。帽子是用树枝编的，圆圆的像一个锅盖，一落地就骨碌骨碌地朝山下滚去。黄帝连忙去追，帽子越滚越快，怎么也撵不上。突然黄帝灵光一现：这帽子滚这么快，我要是在木板底下安上两个圆圆的东西，木头人不就可以跑得飞快吗？

想到这儿，黄帝连帽子也不要了。他急忙回去，叫人做了两个圆圆的木板，这就是人类制作出的第一个车辖辘。然后在中间凿个眼儿，用一根直棍，一头穿一个，安在木板下面。安好一试，人推也好，马拉也好，车子跑得又快又稳又灵活。黄帝大喜，为这两个大辖辘起了个名字，叫轮子，指南人就变成了指南车。传说黄帝与蚩尤作战时，蚩尤施展法术，使黄帝的军队陷入迷雾中，黄帝造指南车为士兵领路。最后，黄帝部落打败蚩尤部落，成为部落联盟首领。

传说黄帝曾住在轩辕之丘，所以又被称为"轩辕氏"。"轩辕"一词后来成为中华民族的代称。鲁迅曾有诗句"我以我血荐轩辕"，意思就是说，我要用我的鲜血（牺牲）来表达对中华民族的深爱。

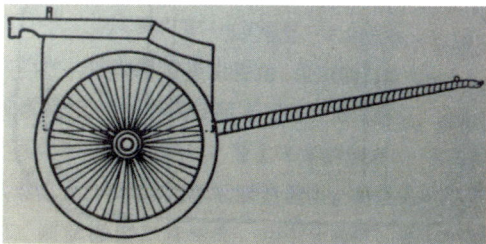

临淄西汉齐王墓四号陪葬坑中的四号车

延伸阅读：五色有讲究

在古代，黄是一个重要的颜色，被称为"五色"之一。五色是指青、黄、赤、白、黑五种颜色，也叫正色，即正统的颜色。其他颜色都不入流，难登大雅之堂。因为历代皇帝均以"天子"自居，自诩为地上最大的首领，做衣服、造宫殿都偏爱黄色，所以黄色成了皇家的专用色，普通百姓不得使用。

记一记

含有"黄"字的歇后语：

黄鼠狼给鸡拜年——没安好心

黄河决了口——滔滔不绝

黄鹤楼上看人——把人看扁了

黄金能卖高价钱——物以稀为贵

黄连树下吃桂圆——苦中有甜

周瑜打黄盖——一个愿打，一个愿挨

哑巴吃黄连——有苦说不出

仓颉

从动物的脚印里，发现了文字的秘密

"仓"是象形字。它的甲骨文字形，最初就是仿照粮仓的样子画出来的。最上面的部分像覆盖粮仓的盖子，中间是一扇门，像储藏米谷的仓房；最下面的部分像粮仓的地基。"仓"的本义就是"粮仓"，古代储藏粮食的地方。

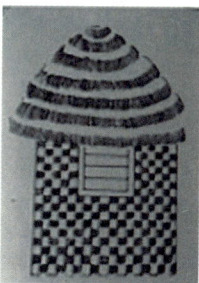

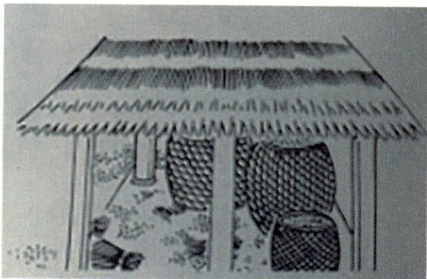

困（圆形的谷仓）　　廪（储藏谷种及禾穗的设施）　　京（方形的谷仓）

"仓"字作为偏旁，加"舟"字旁，就变成"船舱"的"舱"；加草字头，就是"苍龙"的"苍"；加三点水，就是"沧海"的"沧"。这说明，"仓"字被创造出来的时间较早，后来很多字都是以它为基础创造的。

仓颉的"颉"（jié）是形声字。右边的"页"为形旁，表示意义，意思是脖子非常直、不肯低头。左边的"吉"为声旁，表示读声。"颉"的篆书字形，就像一个脖子伸直、不肯低头的人在做事情。这和仓颉勤奋刻苦，创造汉字的神话传说非常吻合。

甲骨文　　金文　　篆书　　隶书　　楷书（繁体）　楷书（简体）

汉字故事：仓颉造字

　　黄帝统一中原后，人类发展进入一个新阶段。管辖地盘扩大了，需要思考的事情也日益增加。这时用绳子打结记事的方法已经不适用，时间一长，一些重大事件很容易被遗漏或忘记。这可愁坏了黄帝。

　　虽然伏羲发明了八卦，用一些符号来记事，但是这些符号并没有成为文字，而是成了占卜工具，用来预测凶吉。不过，这种记事方法启发了一个叫仓颉的人。

　　据说仓颉面相奇特，长着四只眼睛。上能仰观天象，下能俯察地理，能见人所不能见。他的行为也很怪异，总在没人的地方，拿根小棍不停地写写画画。古人很迷信，以为这些符号是咒语，会给人带来灾祸，所以就有人到黄帝那里告他。

　　黄帝派人把他抓来，问："你每天拿根小棍在画什么？"仓颉老实地回答："我在琢磨怎么记事更方便。"黄帝一听，大喜过望，就嘱咐仓颉专门

画一些让人们一看就能明白的记事符号,并永久地使用和保留这些符号。

　　仓颉接受任务后,左思右想,绞尽脑汁,怎么都想不出记事的好办法。一天,他出门散步,看到湿润的地面上有各种各样的动物脚印,像竹叶一样的脚印是小鸡的,像枫叶一样的脚印是小鸭的,像桃花一样的脚印是小猫的,还有一些奇奇怪怪的脚印。仓颉辨认好久,也不清楚这脚印到底是什么动物留下的。

　　正当他蹲在地上苦苦思索的时候,一位白胡子老爷爷走过来对他说:"这几个是豺狼的蹄印儿,这些是犀牛的,这一行是貔貅(pixiū)的(貔貅是中国民间传说中一种凶猛的瑞兽)。它们的蹄印儿各有各的形状,认真看都能认出来。"

　　仓颉一听开窍了,对呀!世界上的万事万物,各有各的形状和特点,抓住它们的独特点,用图样画出来,一看不就知道它是什么了吗?于是,接下来的好几个月,仓颉根据动物脚印的启发,天天琢磨各种事物:太阳是圆的,中间还有一个黑点;月亮有时候是弯的,这和太阳不同;树木是带杈的;山是凸起的;水是流动的;鸟长翅膀是为了飞的……仓颉就这样画出了日月星辰、山川河流。当他把这些符号拿给黄帝看后,黄帝拍案叫绝,就任命仓颉为史官,专门用这些符号来记录黄帝时代发生的事。

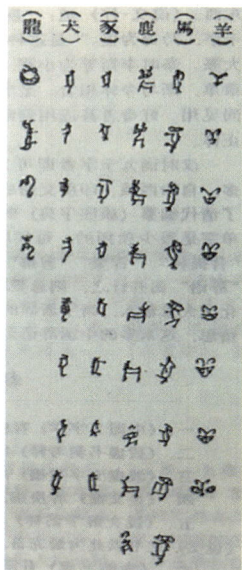

延伸阅读:天雨粟,鬼夜哭

　　《淮南子》记载,仓颉利用鸟兽的足迹创造出文字后,天上突然下起了谷子，鬼在夜里都哭了——"天雨谷，鬼夜哭"。为什么呢？

　　有人解释说：文字产生后，百姓争相识字，以致放弃耕种导致土地荒芜，上天为此降下谷雨，以赈济未来的饥荒；那些喜欢做坏事的凶鬼因为害怕自己的坏事被文字记录下来而在夜里哀号痛哭。这也从侧面说明，仓颉发明文字是一件惊天动地的大事，其影响之深远，上至苍天，下至幽灵，都被惊动了。

记一记

造字方法	甲骨文	小篆	释字	解析
象形			日	像太阳之形
			月	像月缺之形
指事			上	短画在长画之上者为上
			下	短画在长画之下者为下
会意			集	"隹"指鸟，三只鸟落在树上，表聚集之意
			伐	以戈击人，会杀伐之意。
形声			洛	从水、各声。
			河	从水、可声。

刑 天

脑袋掉在地上，也没有消磨他的战斗意志

"刑"字的金文字形，由"井"和"刀"两部分组成，左边的"井"字，表示套在头上的木枷。右边是一种像刀一样的刑具，意思就是一个戴着枷锁的罪人，将要被砍掉脑袋处死。所以，这是一个会意字。"刑"的本义指刑罚、处罚，后引申为指对犯罪者所施行的惩罚。

"天"在甲骨文里的形象是一个人，顶着一个很大的头。后来，象征头的圆圈被简化成为一横，变成了现在"天"的样子，所以"天"是一个象形字。

金文	篆书	隶书	楷书

甲骨文	金文	篆书	隶书	楷书

"天"的本义是"头顶"，而头处在人身体的最上端，所以"天"也用来表示人的头顶上方、日月星辰所在的太空苍穹。如"顶天立地""天壤之别"。后来又引申出"位置在顶部、凌空架设"的意思，如"天花板""天桥"等；后来又引申出无边无际的意思，如"天际""天边""天涯"

等；再后来，神仙、佛等居住的地方，如"天宫""天境""天堂""天国"等。

古代有一位战神叫刑天。"刑"的意思是砍；"天"的意思是人的头颅、脑袋；"刑天"——就是砍掉了脑袋的意思。那么，刑天究竟因为什么要被砍头呢？

汉字故事：被砍掉脑袋的战神

炎帝当部落首领时，手下有一位勇猛好战的大将军叫刑天。他帮炎帝打了许多胜仗。

阪泉之战失败后，炎帝决定向黄帝求和。炎帝的儿子们和手下大将都不愿意，刑天更觉得投降很耻辱。于是在一个月黑风高的夜晚，他一个人偷偷地跑出去跟黄帝决一死战。

刑天的武器是一把巨斧，叫"戚"；还有一块方盾，叫"干"。他左手握着盾牌，右手拿着大斧，杀到黄帝面前。黄帝见有人挑战他的权威，十分生气，拿起武器跟刑天打了起来。

黄帝抓住刑天进攻中的一个破绽，用剑顺势朝他的脖子砍去，刑天那颗圆圆的大脑袋一下子就被砍了下来，沿着山坡一直滚下去。但是刚被砍去脑袋的刑天还有知觉。他蹲下身子，伸手四处去摸，想找回自己失去的脑袋。

黄帝怕刑天找到脑袋后恢复原身，连忙拿起手中的剑向旁边的一座高山劈去。轰隆一声，山峰被劈为两半，中间

形成一个低谷，刑天的脑袋正好滚了进去。随后两半山迅速合拢，把刑天的脑袋深深地埋了进去。刑天听到周围的动静，预感到自己的脑袋可能找不回来了。但是他不服输。刑天双乳竟奇异地化作两只眼睛，肚脐张开变成了嘴巴，手拿盾牌和斧头再次与黄帝交战。此时，黄帝也被刑天的样子吓坏了。但是，失去脑袋的刑天没有坚持多久，最终倒地而亡。

刑天活着的时候是个没名没姓的巨人，因为被砍掉了脑袋才得名"刑天"，意思就是被砍掉脑袋的人。刑天永不妥协、永不服输的精神流传了几千年。在中国神话中，他成了著名的战神。

延伸阅读：古代猎捕人头的风俗

一般认为，原始社会末期的一些部族中一直流行着猎捕人头的风俗。在部族复仇与掠夺战争中，很多战士都认为，通过猎头及进行相应的仪式，死者的力量和勇气会被吸进自己的体内，使自己获得更强大的力量。刑天断首的神话，就是黄帝时代流行猎捕人头风俗的证明。

记一记

"页"是一个独体字，由它作偏旁组成的汉字大多跟"头"有关，或是"头"的一部分，或是与"头"相连的部位。例如，顶、项、领、额、颈、颌、颅、颊等。

第一章 神话人物篇

夸 父

追求梦想不易，渴死之后，不死的精神化为桃林

"夸"是形声字，"大"作形旁，"亏"作声旁。"夸"的甲骨文字形，像一个张开手臂的人从一件器物上跨过去。所以，"夸"的本义是张开、张大，从而引出夸张、奢侈之义。后又引申为赞美、赞赏等义；也引申为美好之义。夸与"跨"通用，表示兼有、跨越的意思。

"父"为会意字。"父"的甲骨文字形，像一个男子手里拿着一把石斧。所以有人认为：最初的"父"就是石斧的斧。当时石斧是劳动工具，手持石斧劳动多由成年男子担任，所以"父"也用来表示父亲。这同持"耒"在田里劳动的"男"字用来表示男性在造字理据上有相似之处。

甲骨文	金文	篆书	隶书	楷书
			夸	夸
			父	父

也有人认为，"父"的甲骨文字形中，人手里拿的不是石斧，而是一种像尺子的权杖，以表示父权，所以"父"是会意字。不管哪种说法，"父"都代表力量和权威。把跨步奔跑和权威力量这两层意思结合起来，"夸父"这个名字便应运而生，而且他做过的最惊天动地的事就是追

逐太阳。

汉字故事：夸父追日

在阪泉大战中，炎帝被黄帝的大将应龙打败，往西逃走。

炎帝族里有个部落头领叫作夸父。他是幽冥之神后土的后代，力大无穷，住在北方荒野的成都载天山上。他的两只耳朵上各挂着一条黄蛇，手里还抓着两条黄蛇，颧骨前凸，样子有点儿像猕猴。

炎帝逃亡时，夸父断后，以保证部落首领和族人的安全。这样，他们每天早晨看见太阳升起来，傍晚看见太阳落到山后去。夸父对此十分好奇：太阳究竟落到哪里了？它居住的地方是什么样子？这些谜团困扰着他，让他寝食难安。搞清太阳的问题成了他的最大梦想！

为此，夸父决定追逐太阳，去解开自己心中的疑惑。于是他每天随着太阳跑啊跑，越跑越快，越跑越努力。有一天，太阳落入山谷的时候，他差一点儿就追上了。这时他突然觉得口干舌燥，实在不能忍受，便跑去喝水。他先是喝干了黄河水，口还是渴，又喝完了渭河水。可是，这些都不够。他又想去喝北方大泽的水，但是还没有走到大泽，就渴死了。

夸父临死前抛掉了手里的拐杖，没想到，拐杖顿时变成了一片鲜果累累的桃林。后来，人们路过这里吃到甜美可口的桃子时，都会想起当年那位追日的巨人夸父。

延伸阅读：我们应该向夸父学习什么？

夸父逐日的故事看上去很可笑，但是，这代表了古人的一种心怀好奇、探索不息的精神。

在西方世界里，类似的例子也有很多，比如，一个苹果掉下来，砸到科学家牛顿的头上。牛顿因而追根问底，苹果为什么会掉下来？最终发现了万有引力定律。再比如，航海家哥伦布因好奇地球到底是圆的还是方的，开始立志当一名航海家。他最终乘船横渡大西洋，不但证明了地球大致是圆的，还发现了美洲新大陆。

记一记

男性的称呼：父、兄、弟、爷、郎、君、夫、公、翁、叟

羿

人举靶子却毫发无损，难怪射下九个太阳

在古代善射的英雄传说中，"后羿射日"的神话流传最广。

后羿的"羿"小篆字形像两把弓箭上插着羽毛。这说明远古的箭尾都是用鸟羽制作的。下面部分像弓箭的形状，表示与弓箭有关。

金文	篆书	隶书	楷书

古人非常热爱生活。他们在狩猎时发现孔雀、雉鸡的羽毛非常美丽，就用来做箭或其他物品的装饰，并利用羽毛来保持箭飞行中的平衡。

"羿"因为善于射箭，被人们尊称为"后羿"。"后"不是羿的姓，而是指君王或酋长，如后稷、后羿、后土等。

汉字故事：神箭手后羿射日

羿从小就喜欢上山打猎，每次都能满载而归。有一次，他和朋友出游，看见一只麻雀飞过，朋友请他搭弓射雀。羿问："你想让我一箭射死它吗？"朋友说："不，我让你射中它的左眼。"结果羿的箭射中了麻雀的右眼。羿认为自己的箭法不精，以此为耻，并日夜苦练，

第一章 神话人物篇

终于练就了百发百中的超强本领。传说成名后的羿练习射箭时，人们争着帮他举靶子。

在羿生活的时代，天空中突然出现十个太阳。他们同是东方神帝俊的儿子。本来帝俊每天只安排一个太阳值班，现在他们却打破规矩，同时出现了。在十个太阳的烘烤下，地面都冒出了火，草木都被晒枯了。帝俊把羿召来，赐给他一张神弓、十支神箭，说："你带着弓箭去人间，我的太阳儿子们知道这种弓箭是他们的克星。你吓唬一下他们，让他们按规矩巡逻。"

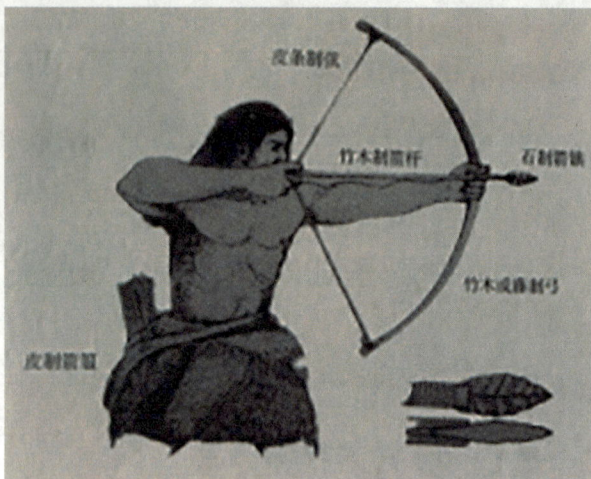

羿接受了帝俊的使命。他回到地面后，抬头望天，朝天上的十个太阳大喊："你们只能留下一个在空中值班，其余的都必须回到天宫去。"但是，傲慢的太阳们根本不理睬羿的劝告。无奈之下，羿只好搭弓射箭。"嗖"地一声，一箭射下了一个太阳。羿知道自己闯了大祸，无法回去向帝俊复命，就决心为人间做件好事。于是，他索性向天空中的另外九个太阳不停地发箭。当他瞄准最后一个太阳射箭时，人间的尧帝拦住他，说："留下一个吧！没有太阳，人们将永远处于黑暗。"于是羿收起了弓箭。从此，天空中便只有一个太阳了。

延伸阅读：后羿的历史原型

夏朝的一个部落首领夷羿射箭本领非常强。有关后羿的神话就部分借鉴了夷羿的故事。

　　历史上的夷羿是一个非常有野心的人。他推翻了夏启儿子太康的统治，立太康的弟弟仲康为王，自己成了实际的统治者。仲康死后，夷羿又驱逐了他的儿子，自己坐上了王位。但是，他登上王位后却耽于享乐，把所有事情都交给心腹寒浞去做。寒浞是一个不折不扣的坏人。他不仅害死了夷羿，还霸占了他的妻子。

记一记

　　跟弓箭、射箭有关的成语：

　　百发百中、一箭双雕、惊弓之鸟、剑拔弩张、箭在弦上、鸟尽弓藏、一触即发

嫘

赤身裸体多年，她给人类做了件衣服

"嫘"是形声字。"女"是形旁，表示意义，古文字体像一位女子，表示和女性有关，古代的姓氏多从女；"累"是声旁，表示读音。"嫘"是专用字，只用于嫘祖的名字。

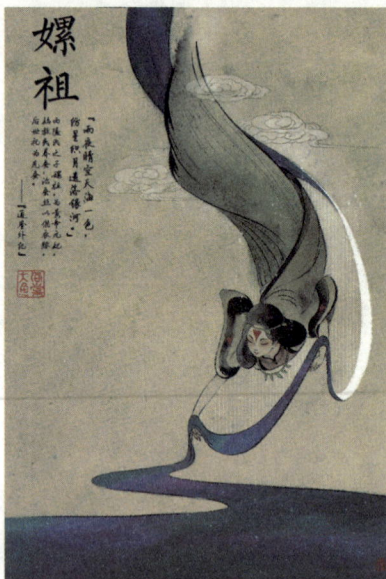

嫘祖

"如来晴空人淘□色，似非和月远茫河。……□□□□□□□□□□□□□□□□□□□□□□……"〔□□〕

𤲞	娲	媧	娲
篆书	隶书	楷书（繁体）	楷书（简体）

我国很早就开始采桑养蚕，并将采桑养蚕作为国家的一件大事。传说五帝之一黄帝的元妃嫘祖，就是我国最早养蚕的人。南朝宋以后，历代封建王朝设置先农坛，明代设先蚕坛，祭祀嫘祖，并尊其为蚕神，称她为先蚕娘娘。

嫘祖教人们学会养蚕缫丝，帮助人们解决了穿的难题，为人类做出了重大贡献。从此，人类有了做衣服的原始材料。那些从事养蚕纺织的人及手工业者都把嫘祖当作神灵来祭拜。

汉字故事：先蚕娘娘嫘祖

黄帝战胜蚩尤后，建立了部落联盟，黄帝被推选为部落联盟首领。他带领大家种五谷，驯养动物，制造生产工具。黄帝的元妃嫘祖则负责带领妇女制作衣服。

嫘祖聪颖善良，勤劳肯干。她经常带领部落里的妇女上山剥树皮、织麻网，还把男人们猎获的各种野兽皮毛剥下来，加工成衣服，让各部落的首领穿上御寒。但是，狩猎的野兽有限，皮毛稀缺，普通百姓还是没有衣服穿。嫘祖看在眼里，急在心里。她既忧心又劳累，什么都吃不下，很快就病倒了。

妇女们心疼嫘祖，在一起悄悄商量，打算上山给嫘祖摘一些鲜果子吃。她们一早进山，跑了很多地方，摘了无数果子，都抱回来堆在嫘祖面前。有一种雪白的果子根本咬不烂，也没味道，甚为新奇。有人提议用锅煮，用木棍拌，结果这些雪白的果子变成了晶莹柔软的细丝。

说来也怪，嫘祖自从看到这白色丝线后，天天都琢磨这雪白果子的来历，病情也一天天好转。不久，她的病就痊愈了。她不顾黄帝的劝阻，亲自带领妇女上山去探寻雪白果子。嫘祖在桑树林里观察了好几天，才弄清这种雪白果子并非真的果子，而是一种虫子口吐细丝绕织而成的茧。

嫘祖把此事告诉黄帝，并请黄帝下令保护山上的桑树林。黄帝同意了。从此，在嫘祖的带领下，人们开始栽桑养蚕。人们为了纪念嫘祖功绩，尊她为"先蚕娘娘"。

第一章 神话人物篇

延伸阅读：丝绸与葛布

古代中国是世界上唯一掌握丝绸制作工艺的国家。人们创造出了很多与丝织品相关的汉字与词语，如练、绡、绢、绸、缎、罗绮锦绣、锦绣山河、作茧自缚等。

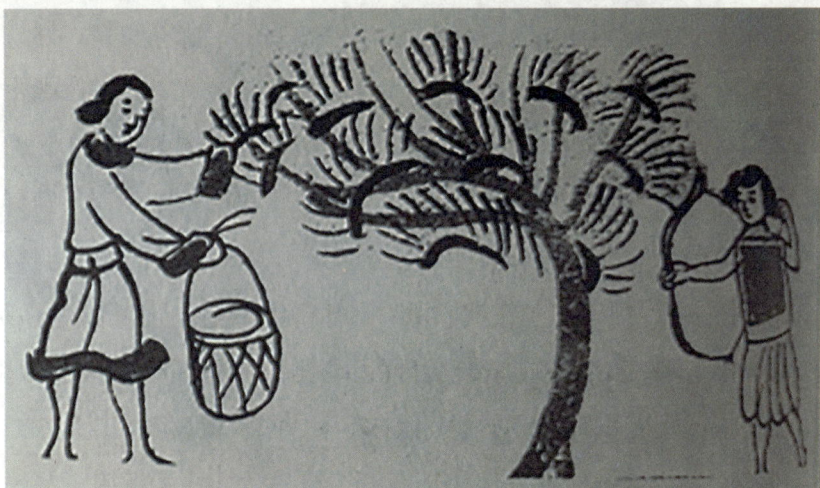

采桑图（甘肃嘉峪关魏晋墓出土的画像砖）

战国"宴乐射猎采桑纹铜壶"采桑局部图

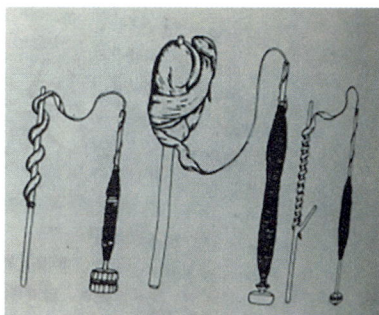

用纺轮纺缚　　　　　　古代单综织机

　　丝绸比较贵重，普通百姓一般穿不起，只能穿棉布、麻布或葛布做成的衣服。所以，"布衣"常借指百姓。一般读书人在没有入仕当官之前，也自称为"布衣"。诸葛亮《出师表》："臣本布衣，躬耕于南阳。"

记一记

　　　　昨日入城市，归来泪满巾。
　　　　遍身罗绮者，不是养蚕人。
　　　　　　　　　　　　　　——宋·张俞《蚕妇》

尧

治国有方的王，却不把王位传给儿子

"尧"与制造陶土的"陶"字同源，其甲骨文字形上面是两个突起的小山丘，代表烧制瓦器的窑包；下面是一个跪着的人形，表示人在窑包前烧窑。

"尧"的本义是指烧制陶器的、叠加在一起的很多窑包。后来由高高的窑包，引申为至高、孤高的样子。所以，"尧"是会意字，它和很多偏旁都能组合在一起，构成新字，新字也大都有重叠、累积、高大的意思，如绕、峣等。

相传尧为父系氏族社会后期的部落首领，他教人们学会了烧制陶器，发展了一系列最初的手工业生产。

尧的兴起之地在陶地，后来迁到唐，所以史书称他为唐尧。

甲骨文	金文	篆书	隶书	楷书（繁体）	楷体（简体）

汉字故事：尧帝访贤

尧帝年老后，一心想找一个贤能的人来接替王位。虽然他有九个

儿子，但是总觉儿子们都不够完美，不是脾气不好，就是能力不够，没有一个可以治理天下的。于是，尧帝决定到民间走走，看能不能找到一个可以管理天下的人才。

在寻访过程中，尧帝听说有一个人叫许由非常贤能，隐居在大山中。尧帝颇费周折找到许由后，对他说："先生，日月出来了，人们肯定会吹灭蜡烛，烛光怎么能和日月争光呢？天上如果下了大雨，人们一定会停止灌溉农田，因为没有必要。您出来治理天下，天下必然河清海晏、井然有序，我还像木偶一样占着王位干什么呢？"

许由听后不为所动，冷静地对尧帝说："您已经把天下治理得很好，我还出来当什么帝王啊，难道为了出名吗？对不起，我用不着。小鸟筑巢，只需要大森林里的几根树枝；野鼠渴饮，一小汪水就能填饱肚子。我在这山林之间生活，很知足快乐，不想做什么帝王，您请回吧。"

虽然被拒绝了，尧帝还是不甘心，继续劝说许由出山。许由不耐烦了，直接跑到水边上，不断地冲洗自己的耳朵，说："这些话会脏了我的耳朵。"尧帝看他这么坚决，只好悻悻而归。

后来，尧帝听说民间出了一个大孝子——舜，百姓对舜的品德称赞不已。尧帝亲自考察舜，发现他果然名不虚传。后来尧帝就把王位传给了舜。

第一章 神话人物篇

延伸阅读：禅让制之谜

禅让，是指统治者把首领之位让给有才华、有能力的人，让更有贤能的人统治国家。按照传统说法，尧帝放弃了自己不肖的儿子丹朱，将王位让给贤德的舜帝，而且舜帝也放弃了自己无能的儿子商均，把王位让给治水有功的大禹。这种传位以德不以亲的做法，史称"禅让"。

也有人认为，历史上根本不存在"禅让"制，这是孔子及其门徒编织出来的一个美好想象，是为他们推崇的"大同"社会服务的。

记一记

由尧字衍生出来的字和词：

晓、饶、浇、绕、烧、娆、挠、跷、翘、尧心、尧年、尧天舜日、尧雨舜风、跖狗吠尧、尧趋舜步

舜

继母三次企图害死他，他却依然孝顺

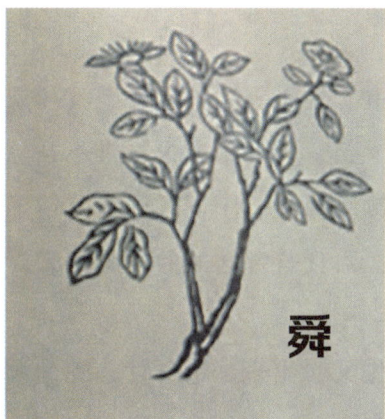

"舜"作人名时，专指传说中的上古帝王舜帝。舜是中国传说中父系氏族社会后期的部落联盟领袖，诞生在一个叫有虞的氏族，姓姚，名重华，历史上也称他为虞舜。

"舜"是象形字，古文字形非常复杂，本义是指一种蔓生植物"舜草"。草本来就长得枝枝蔓蔓、四处延伸，所以"舜"的字形结构十分复杂。古人就是按照这种草的样子来造字的。

《诗经·郑风》中有一首诗写道："有女同车，颜如舜华。"这里的"舜"是指叫作"舜"的木槿一类植物。意思是说，同车女子的容貌像木槿花一样美丽。有人推测说：舜从普通人中脱颖而出后，主管山林水泽，四处巡游，后人便用一种舜草的名字来为之命名。

| 金文 | 篆书 | 隶书 | 楷书 |

第一章 神话人物篇

汉字故事：舜帝逃生

相传舜帝很小的时候，亲生母亲就去世了。他的父亲双目失明，被人称作瞽叟，就是瞎老头的意思。父子俩的日子过得异常艰难。

后来，父亲耗尽所有积蓄娶了一个继母，继母带来一个叫"象"的男孩。父亲对继母言听计从，继母被父亲骄纵得飞扬跋扈。继母非常偏心，动不动就训斥和虐待舜。舜过着吃不饱、穿不暖的悲惨生活。即使这样，继母还整天转动脑筋，谋划着如何害死舜，好让亲儿子象独占家业。

有一天，继母让舜去淘洗院中的深井。等舜下到井里，她就和象合力推来一扇磨盘盖住了井口。井盖那么沉，舜一个人根本推不开。他就在井里摸索着寻找其他出口。他发现井壁上有个洞，于是就钻了进去，结果发现这个洞和邻居的井相连。舜便从邻居的井里爬上来，然后回家了。

狠心的继母还不甘心。过了几天，她又想出来一个毒计。她让舜去修房顶，还装出很亲热的样子对舜说："好孩子，天气热，带着这把伞，干一会儿，休息一会儿，可别累着了。"舜也没在意，拿着伞上了房顶。他刚爬上房顶，继母就赶紧把梯子撤掉了，还让象把房子点着了。火越烧越大，舜急中生智，撑着伞跳了下去，竟然一点儿皮也没摔破。

面对继母和弟弟的迫害，善良的舜心中没有丝毫恨意。他依旧对父亲依顺，对继母和善，对弟弟慈爱。舜孝顺的名声传到了很远的地方。据说连天帝都被感动了，在舜耕种时，派大象为他耕地，鸟儿帮他衔来种子。当时尧帝听说了舜的孝行，非常赞赏他，就把帝位禅让给了他。

延伸阅读：孝子的典范——舜

《二十四孝》中第一孝就是舜的故事。舜以孝著称，是儒家着重宣扬的孝顺的典范。孟子甚至设想说：如果舜的父亲不小心杀了人，舜身为帝王肯定不会破坏法律宣布其无罪，而是会让人把他抓起来；但之后，舜一定会到监狱里偷偷把父亲背出来，逃到海滨去共享天伦之乐。因为在舜看来，孝顺父母要比当无情的帝王更重要。

当然，我们今天倡导的孝顺是"理性的孝顺"，而不是舜这样无原则的"愚孝"。但是，舜毕竟生活在上古时期，那时人们还没有法治概念，只能靠人伦血亲来规范行为。孟子作为儒家学说的倡导者，为了使自己的学说合理化，得到更多人的信服，才借用上古部落首领的传说，褒扬舜的孝顺。

记一记

"舜"的本义是指一种蔓生植物。植物生长的周期短暂，所以凡从舜取义的字都与花草、时间短等意思有关，如舜花、一瞬间、一瞬即逝、瞬时、转瞬、瞬息万变等。

禹

一生都在治水，一生也没怎么回家

大禹治水的故事相信很多人听说过，但是你知道"禹"字里面为什么会有一条虫子吗？因为禹的本义就是虫子。"禹"是象形字，其金文字形像是叉住一条头、身、尾俱全的爬虫，突出了头部。象形的意味非常浓厚。

金文　篆书　隶书　楷书

从文化学的角度看，"禹"应是洪水时期某部族的名称。这一部族的人以勇猛著称，善斗水蛇及其他各种毒虫，固以一种生活在水中的蛇"禹"为图腾。后人便将其部族首领称为"禹"。后来夏朝开国之君"禹"，因治水有功被尊称为"大禹"。于是，舜帝将帝位禅让给他。

汉字故事：大禹治水

大约在四千多年前，中国发生了一场前所未见的大水灾，洪水泛滥，河堤决口，无数的牲畜和百姓都被洪水淹死了。当时帝舜让具有治理

江河经验的鲧来治理洪水。鲧采取围堵法治水。他甚至从天上偷来天帝的宝物息壤，借助神物治水。天帝发现息壤被偷，派火神祝融杀死鲧，夺回了息壤。洪水又开始泛滥不止。禹是鲧的儿子。父亲被杀后，禹接受了治水重任。为了不重演父亲的悲剧，禹全身心投入到治水中，每天带着测量工具到中国的主要山脉、河流作考察。最终禹决定采用"疏导法"治水——集中人力物力，在群山中开道，在各地多挖水渠，让洪水从不同方向流入大海。

虽然方法有了，但是那时工具很落后，治水异常艰辛，被山石砸伤或被洪水卷走的人不计其数。禹也累得又黑又瘦，连小腿肚子上的汗毛都被磨光了，脚指甲也因长期泡在水里而脱落。

在治水过程中，禹曾三过家门而不入。他第一次路过家门时，正遇上妻子生孩子。大家劝他回家看一看，他怕影响治水，没有进去。他第二次经过家门时，儿子正在妻子怀里朝他微笑。他多么想过去抱一下孩子，但当时正是治水工程紧张的时候，他只是挥手跟妻儿打了个招呼，就去治水了。他第三次经过家门时，儿子已经十多岁了，跑过来使劲儿把他往家里拉。禹深情地抚摸着儿子的头，告诉他，水患未除，没空回家，于是匆忙离开，赶赴治水工程一线。

在禹的带动下，治水工程进展顺利，人们终于凿开了大山，疏浚了河道，并开挖了许多汇入江河的水渠。洪水顺势一泻千里，沿着江河向下游的大海流去。为了表示对禹的敬重，人们尊称他为"大禹"，并将"大禹治水"的故事代代相传。

延伸阅读：中国为什么又被称为九州？

传说大禹治水成功后把中国分成了九个州。远古时代，我们的祖先择水而居，可能最初就聚居在九块陆地上。这些陆地被水包围着，故统称为"九州"。从此，"九州"就成了中国的代名词。据《尚书·禹贡》记载，九州分别是冀州、兖州、青州、徐州、扬州、荆州、豫州、梁州、雍州。

记一记

下面这些带"虫"的字你都认识吗？

蚕 虾 蛙 蛇 蜻蜓 蜘蛛 蚂蚁 蛐蛐 蜈蚣

考试真题

1. 在黑暗的"鸡蛋壳"里，孕育着一个伟大的生命，他是（　　）。

A. 女娲　　　　B. 盘古　　　　C. 吴刚　　　　D. 共工

2. 盘古的骨头变成了（　　）。

A. 雷霆闪电　　B. 鸟兽虫鱼　　C. 矿产宝藏　　D. 风云土壤

3. （　　）创造了人类，是中华民族伟大的母亲。

A. 女娲　　　　B. 盘古　　　　C. 王母娘娘　　D. 白娘子

4. （　　）钻木取火，给人间带来光明和温暖。

A. 黄帝　　　　B. 燧人氏　　　C. 仓颉　　　　D. 神农氏

5. （　　）是传说中农业和医药的发明者。

A. 黄帝　　　　B. 燧人氏　　　C. 仓颉　　　　D. 神农氏

6. 中国汉字的创造者是（　　）。

A. 黄帝　　　　B. 燧人氏　　　C. 仓颉　　　　D. 神农氏

7. 炎帝手下的一员猛将叫（　　），后来被黄帝砍下了脑袋。

A. 共工　　　　B. 蚩尤　　　　C. 帝喾　　　　D. 刑天

8. 夸父是通过（　　）追逐太阳的。

A. 奔跑　　　　B. 骑马　　　　C. 飞行　　　　D. 骑驴

9. 夸父死后扔下的拐杖，变成了一片枝繁叶茂、硕果累累的（　　）林。

A. 枫树　　　　B. 桃树　　　　C. 松树　　　　D. 苹果树

10. （　　）射下了九个太阳，拯救了黎民百姓。

A. 瑶姬　　　　B. 后羿　　　　C. 精卫　　　　D. 神农氏

11. 舜是一个怎么样的人？（　　　　）

A. 贪心之人　　　　　　　　B. 心胸狭窄之人

C. 德行出众之人　　　　　　D. 凶残之人

12. （　　　　）彻底治好了洪水，让百姓过上了幸福的日子。

A. 鲧　　　　　B. 大禹　　　　　C. 尧　　　　　D. 舜

第二章

历朝历代篇

夏　商　周　秦　汉　晋
隋　唐　宋　元　明　清

夏

国家盛大美丽，王位不再"禅让"

"夏"是象形字。"夏"的甲骨文字形，像一个人，有头、身躯、手和脚。"夏"的本义是"人"，并且特指"中国（这里的"中国"指黄河中游流域，即中原）之人"。当时，黄河流域，也就是现在河南、河北的广大中原地区，属于"夏"王朝管辖。古人创立历法、划分四季时，假借"夏"字来记录四季的第二季。

甲骨文	金文	篆书	隶书	楷书

夏朝是中国历史上第一个有文字记载的王朝。相传夏是部落领袖禹的儿子启建立的。启开创了王位世袭制。据传，禹曾被封为夏伯，故其政权称为"夏"，启也称"夏启"。但是，历史学家范文澜对于夏朝名称的来源持不同看法。据他考证，禹的儿子启西迁大夏（山西南部一带）后才称"夏"。

汉字故事：夏启家天下

经过十三年的苦战，禹终于将洪水制服，使天下重新归于安定。人们深深地感激他，尊称他为"大禹"。后来帝舜把帝位禅让给禹。

禹励精图治，准备效仿尧舜，找一个贤能的人接替自己，把禅让制度传下去。可是随着帝位的巩固和日子的安逸，禹越来越觉得现在的好日子来之不易，把帝位让给别人实在太可惜了。禹想，为什么不能让自己的儿子来继承帝位呢？

当时一个叫伯益的人在民众中名声很好，很有威望。伯益是当年大禹治水时的主要帮手，曾发明一种凿井的新方法，同时还擅长畜牧和狩猎。

禹不敢公开反对大多数人的意见。他一方面答应让伯益作为禅让制的备选人，另一方面提议让儿子启参与管理国家大事。启很聪明，对百姓也特别和气，大事小事都处理得干净利落，人们越来越喜欢他。与之相反，伯益却因为觉得自己继承帝位的大局已定，就不再追求上进，再也没有做出新的政绩和贡献。随着时间的流逝，伯益过去为百姓办的好事渐渐地被人们淡忘了。

禹死后，他的儿子启继承帝位，开始行使王权。大多数部族首领表示服从启的统治。伯益看到本来应该到手的帝位不翼而飞，恼羞成怒，便纠集东夷的少数民族部落向启挑战。启亲自带兵上阵，鼓励士兵杀敌，并给予重赏。启的军队很快打败了伯益的军队。伯益仓皇逃走，启坐稳了帝位。

启宣布自己成立的新国家叫"夏"，尊称大禹为夏朝的第一代帝王，自己是第二代国君，往后所有国君都要从自己的后代里甄选。从此，任人唯贤的禅让制被家天下的世袭制取代。

阅读：华夏民族称谓的由来

古时候，黄河流域一带的先民自称"华夏"。"华"同"花"，其甲骨文字形像树上满是花枝的样子，引申为"光彩、华丽"；"夏"指中国，也同"厦"，意为大屋，引申为"大、盛大""高雅"。唐代经学家孔颖达在《春秋左传正义》中写道："中国有礼仪之大，故称夏；有服章之美，谓之华。"意思是中国为礼仪之邦，故称"夏"，中国人的服饰很美，故作"华"。"华夏"一词最早出现于周朝《尚书·周书·武成》："华夏蛮貊，罔不率俾。"此时，华夏是周族人的自称，后来逐渐成为中国的代称。

| 金文 | 篆书 | 隶书 | 楷书（繁体） | 楷书（简体） |

| 金文 | 篆书 | 隶书 | 楷书 |

记一记

"夏"是夏朝、华夏的"夏"，也是夏季、夏天的"夏"。关于夏季的成语，你都知道哪些？

夏日炎炎　骄阳似火　酷暑难耐　绿树成荫　蛙鸣蝉噪

商

汤和上天商量后建国，商朝名字是这么来的

"商"是会意字。"商"的甲骨文字形分上下两个部分：上部像一捆东西，下部像一个台子或架子。"国之大事，在祀与戎。"在古代，祭祀和战争是国家最重要的事。由此，我们可以推断："商"上部是供焚烧用的柴火，下部是祭祀用的灵台，两部分合起来表示祭天或祭天帝。

| 甲骨文 | 金文 | 篆书 | 隶书 | 楷书 |

汤用"商"作为王朝名字，无疑是想暗示百姓：自己的统治是跟上天商量的结果，是代替天来行使管理权力。因此，所有人都要必恭必敬，唯君命是从。

除了字面解释外，相传商的始祖契因帮助大禹治水有功而受封于商（今河南商丘南），后来人们就以"商"来称其部族。汤也被人们称为"商汤"。后盘庚迁殷（今河南安阳西北），又称"殷商"。

汉字故事："桑林祈雨"和"酒池肉林"

相传商朝第一代帝王汤在位时遇上七年大旱，一滴雨都没下。庄

第二章 历朝历代篇

稼颗粒无收，百姓的生活异常艰难。人们用各种方法祈雨，都没有效果。于是，爱民心切的汤剪断自己的头发和指甲，亲自来到一片桑林中求雨。

他认为肯定是自己的德行不够才遭此天谴，于是请求天帝把自己的命拿去，以此换来一场能解救臣民于水火的大雨。他不断地祈祷，并责备自己："上天不降雨，降罪于商朝，是不是因为我没有把政事处理好？是不是因为我苛责百姓？是不是因为我的宫廷过于豪华？是不是因为官员行贿受贿的风气太盛？是不是因为好进谗言的小人得势，我没有察觉？……"

结果，汤的话还没有说完，天上就下起了大雨，旱情很快就解除。汤非常高兴，就命大臣伊尹作乐，赐名《大濩》，用以纪念桑林祝祷，喜得甘霖。

可惜商朝的最后一个帝王纣不但不替百姓着想，反而滥杀无辜，发明了很多迫害人的酷刑。为了享乐，他下令挖了一个池子，里面装满了酒。他把各种动物的肉割成大块，挂在树林里，以方便自己一边游玩，一边随意吃喝。这就是"酒池肉林"的来历。

纣的奢侈与暴行让百姓怨声载道，忍无可忍。他们跟着周武王起兵推翻了商朝的统治。在周军攻入纣的宫殿之前，纣全身戴满珠宝，登上鹿台，焚火自尽，商朝从此灭亡。

延伸阅读：
玄鸟生商的传说

相传帝喾的妃子简狄和两名女子在河中沐浴。这时，空中飞来一只燕子，产下一枚卵。简狄拿过来

就把它吃了。不久，简狄就有了身孕。十个月后，简狄生下一个男孩，取名为契。契就是传说中商部族的始祖。"玄鸟生商"的传说在古代文献中屡见不鲜。也许是这个原因，玄鸟（即燕子）成了商人尊奉的图腾。

记一记

商人、商业的由来和"商朝"有关系吗？

有。商朝被推翻后，商朝遗民的地位一落千丈，生活艰难，只能从事被人看不起的产品交换活动，"商人""商业"两词就诞生了。

周

礼数周全而文明，国王善用贤能

"周"是象形字。"周"的甲骨文字形像刻满纹饰的玉片，包含"雕"的含义。由玉片花纹繁密引申出周密、周到等含义。

周朝不仅看重玉的细致雕琢，更看重礼法和礼教的周全、周密，所以他们选择突出礼的周全的"周"字作为王朝名称。后来引申出周遍、环绕、救济等含义。

周　周　周　周　周

甲骨文　金文　篆书　隶书　楷书

也有人说，周部落早期居于姬水一带。古公亶父为部落首领时，迁居于周原（今陕西岐山）。周武王灭商后，就将居住地周原的"周"字作为朝代名。周朝前期建都于镐（hào）京（今陕西省西安市西南方），后来周平王迁都洛邑（今河南洛阳），因洛邑在镐京的东方，所以就有了"西周"和"东周"之分。

汉字故事：牧野上的闪电战

周国是商朝的诸侯国。姬昌即位初年，为报父仇而出兵攻打商朝，可惜被数量庞大的商朝军队打败了。商朝末代帝王纣就把姬昌幽禁起来，一连关了七年。周人摆出一副唯唯诺诺、卑躬屈膝的模样，一再向商朝进贡美女和珠宝，并主动割让部分土地给商朝。纣这才解除对周国的猜忌，并封姬昌为"西伯侯"，放他回国。

回国后，姬昌一方面韬光养晦，把真实野心深藏不露，跟商朝继续保持友好关系；另一方面暗地里招揽人才，把谋略过人的姜尚、散宜生等人纳入麾下；同时，他在国内整修政治事务，宣扬德教，和受到纣迫害的诸侯国加强联络，秘密发展势力。

在养精蓄锐多年后，周国潜伏在商朝的内线捎来一个重要消息：商朝主力部队向东南进发，去征讨东夷等少数民族。商朝现在国内空虚，正是讨伐商朝的好机会。

此时，姬昌的儿子姬发执政周国。他当机立断，迅速召集多个诸侯国到孟津会盟。在发动对商朝的总攻前，姬发发表了慷慨激昂的动员演讲："辛苦赶来的西方的人们，举起你们手中的戈矛和盾牌，我们今天要为荣誉而战！彻底摆脱任人宰割的命运！"大家听得义愤填膺、热血沸腾。

在一片惊天动地的呐喊声中，广阔的牧野大地上奔跑着猛虎一般的周国军队。纣连忙调动修筑宫殿和陵墓的几十万奴隶来抵御周国军队。但是这些奴隶根本没有经过军事训练，队伍都排不齐，弓箭都不会射，更别说真枪真刀地打仗了。面对如狼似虎的周国军队，他们吓得魂儿都出窍了，不由自主地往后撤退。商朝军队中有多人临阵倒戈，纷纷弃械投降，甚至加入进攻商朝的行列。

纣看到大势已去，不想被俘受辱，便自焚而死。从此，周朝取代了商朝的统治。

延伸阅读：周朝始祖为何称"稷"？

考古发现证实，由于气候和土壤的关系，周朝的主要农作物是稷（jì）。稷是古人对一种粮食作物的称呼，有谷子、高粱和不黏的黍（黄米）三种说法。古人常把祖先说成自己所擅长的经济活动的化身。因为周朝农业以种稷为主，所以称自己的祖先为"稷"。后来又加上了表示敬称的"后"字，就变成了后稷。还有一种说法是，后稷为掌管农业的官名。相传周部落的祖先名弃，擅长农耕技艺，曾担任舜的后稷。

记一记

下列带"周"字的字词，你都会念吗？

音调　绸缎　石雕　凋谢　稠密　碉堡　惆怅

秦

梦想很大，寿命很短，影响很远

"秦"是会意字。"秦"的甲骨文字形像一个人双手抱杵，在给一堆稻谷脱粒。在古代，陕西很适合种植谷类作物，特别是关中平原更是土地肥沃，雨水充沛，被誉为"八百里秦川"。一到丰收季节，打谷脱粒的场面随处可见。于是，人们便把这里形象地称作"秦"。

甲骨文	金文	篆书	隶书	楷书

据史书记载，以公元前 230 年伐灭韩国为标志，秦王嬴政吹响征服六国的号角，到公元前 221 年完成统一六国霸业，历时 10 年，终于建立秦朝，定都咸阳。正是因为陕西粮食高产，秦国才有实力完成统一六国的大业。

也有人说，秦朝名称来源于邑名。据《史记》记载，秦的始祖伯益因为帮助大禹治水有功，被舜帝赐姓为"嬴"。伯益后人非子善于养马，被周孝王封于秦谷（今甘肃天水市西南）。于是"秦"成了他们的族称，他们建立秦国，史称"嬴秦"。后来秦襄公救周有功，被封为诸侯，"秦"成为国号。秦始皇统一后，仍然以"秦"为国号。

汉字故事：千古一帝秦始皇

秦始皇嬴政在中国历史上可谓大名鼎鼎。因为他姓嬴，正月出生，所以起名嬴政。

嬴政非常具有雄才伟略。他 13 岁继承王位，39 岁统一六国，自称皇帝，在位 37 年。秦始皇是一位著名的政治家、战略家、改革家，也是历史上第一位完成华夏大一统的伟大人物。他通过铁腕手段，在中原大地上建立了第一个多民族的中央集权国家。

为了更有效地管理国家，也为了使统治能够千秋万代地延续下去，秦始皇颁布了一系列促进当时经济文化发展、社会进步的措施：

统一货币：在秦朝统一中国之前，韩、赵、魏、燕等每个诸侯国都有自己的货币，刀形币、铲形币、鬼脸币……叫法不同，形状各异，规格和价值也不一样，这给当时的商品交换造成了极大的困难。秦始皇统一中国后，规定秦国的圆形方孔钱为统一货币，严禁私人铸币，将货币制造和发行权牢牢掌握在国家手中。

统一文字：春秋战国时各诸侯国文字的书写及发音都存在区域差异，妨碍了文化的交流。秦始皇统一中国后，命宰相李斯把各诸侯国写法不同的文字标准化，规定小篆为全国统一文字，方便了人民之间的文化交流。

统一度量衡：秦始皇规定了全国度量衡的标准和车轮的距离，命人以国都咸阳为中心，向四面八方修建道路，并规定驰道宽度为五十步。

秦始皇重视军队建设，建立了强大的武装力量，对外北击匈奴，南征百越，既开疆拓土，又稳固边疆。他征调民夫，修筑万里长城，修建灵渠，沟通水系，加强农业建设。

秦始皇废除分封制，推行郡县制，奠定了中国两千余年政治制度的基本格局，对中国乃至世界历史都产生了极其深远的影响，被后人誉为"千古一帝"。

延伸阅读：秦始皇兵马俑

古代实行人殉，人们杀死死者的妻妾或奴仆为死者陪葬。随着社会的进步，人们逐渐用陶土制成战车、战马、士兵等雕塑，作为死者陪葬品。秦始皇陵兵马俑就是秦始皇制作的、给自己守陵的兵马陶俑的总称。秦始皇陵兵马俑发现于 1974 年，位于今陕西省西安市临潼区秦始皇陵以东 1.5 千米的地方。1987 年，秦始皇陵及兵马俑坑被联合国教科文组织批准列入《世界遗产名录》，并被誉为"世界第八大奇迹"。

记一记

"三皇五帝"：

三皇指中国神话传说中的三位帝王。说法不一，通常的说法有两种：一指天皇、地皇、人皇。一指伏羲、神农、燧人。后者反映了中国原始社会开始畜牧、农耕和用火等情况。

五帝指中国神话传说中的五位帝王。说法不一，通常指黄帝、颛顼、帝喾、尧、舜。他们实际上是中国原始社会末期部落或部落联盟的首领。

每日一字

汉

一边用武力征服，一边用公主和亲

在秦末农民战争中，起义军领袖项羽封刘邦为汉王，把包括汉水在内的汉中封给刘邦。从此，刘邦便以"汉"国号。后来刘邦击败项羽，建立汉朝。

"汉"是形声字，本义为水名，即汉水，也称江汉。汉水发源于陕西，流至武汉后汇入长江，是长江最大的支流。后来"汉"借指天上的银河，亦称云汉、银汉、天汉、星汉等。例如三国曹操在《观沧海》中写道："日月之行，若出其中；星汉灿烂，若出其里。"

| 金文 | 篆书 | 隶书 | 楷书（繁体） | 楷书（简体） |

既然"汉"能跟上天扯上关系，刘邦自然心中窃喜。当他击败项羽，统一中国，成为皇帝，便顺其自然用"汉"做了王朝名称。

汉字故事：刘邦约法三章

秦朝末年，各路兵马纷纷起兵反秦。刘邦率领大军率先攻破关中，逼近秦都咸阳。仅当了四十多天皇帝的子婴走投无路，向刘邦投降，并献上传国玉玺。

刘邦进入咸阳，被奢华的秦朝宫殿迷乱了双眼，差点儿就要住进去。他的妹夫樊哙和谋臣张良拼命劝他不能这样做，以防失掉民心。刘邦最终接受了他们的意见，令封闭王宫，然后带领军队驻扎在咸阳城外的霸上。

为了进一步获取民心，刘邦把关中各县乡民代表召集起来，向他们郑重宣布："秦朝皇帝颁布的严酷的刑罚律令，从现在起全部废除。今后不论是谁，杀人者要处死，伤人者及偷盗者要治罪，对于这三条法令，我与百姓共同遵守。这就是历史上非常著名的"约法三章"。

此后，刘邦又派了很多人到各地宣传和施行"约法三章"。百姓们的人身安全和家庭财产有了保障，非常高兴，纷纷取出牛羊美酒来慰劳刘邦的军队。

从约法三章中可以看出，在逐鹿中原的过程中，刘邦非常善于听取别人意见，对自己的言行也能够做到严格约束，最后获取民心，登上了帝王的宝座，史称汉高祖。

与之相反，西楚霸王项羽自恃武功盖世，骄奢自大，刚愎自用，残忍好杀，薄施多疑，丧失民心。在垓下之战，被刘邦打败，落了一个无颜见江东父老，自刎乌江的悲惨结局。

延伸阅读：汉朝和匈奴的战争与和亲

西汉开国皇帝刘邦曾被匈奴围困在白登山七天七夜。最后刘邦采用谋士陈平的"奇计"，贿赂匈奴王后才得以逃生。刘邦想与匈奴和亲，把女儿鲁元公主嫁给匈奴单于，但是由于吕后的一再哭求只好作罢，最后将汉朝宗室之女嫁给单于，还陪送了大量金银珠宝，才算解决了汉朝的边境危机。从此，汉朝休养生息，国力不断强盛。

汉高祖之后，汉惠帝、汉文帝、汉景帝、汉武帝等皇帝在位时先后有9位女子远嫁匈奴，其中汉元帝时"昭君出塞"的故事最为有名。

记一记

苏武留胡节不辱，
雪地又冰天，苦忍十九年。
渴饮雪，饥吞毡，
牧羊北海边。
心存汉社稷，留胡节犹未还。
历尽难中难，心如铁石坚。

——佚名《苏武牧羊》歌词

晋

神人辈出，他们活出了人生境界

"晋"是会意字。"晋"的甲骨文字形像两支箭插在器物上。有人认为"晋"和武器有关。但是也有相当多的人把甲骨文中"晋"字形中的上部看作禾苗的"禾"，下部是"日"，表示阳光普照下万物向上生长。所以"晋"又与农作物有关。"晋"后来引申为晋升、晋见的意思。

| 甲骨文 | 金文 | 篆书 | 隶书 | 楷书（繁体） | 楷书（简体） |

265 年，司马炎灭魏后，建都洛阳，国号晋，史称西晋。后来匈奴人刘聪灭掉西晋，司马睿于 317 年在建康（今江苏南京）重建晋朝，史称东晋。西晋、东晋合称两晋。两晋时期，社会动荡，却促进了文学创作的发展和繁荣。两晋时期是思想最活跃、文化最多元、个性最张扬的时代，最突出的代表就是竹林七贤。

汉字故事：魏晋风度和竹林七贤

魏晋时期政治黑暗，社会动荡。人们生于乱世之中，早早领悟了生命的短暂和无常，因而很多有地位、有见识的知识分子，大多饮酒

第二章 历朝历代篇

纵歌、特立独行。他们所代表的"魏晋风度"得到后来很多知识分子的赞赏。其中，嵇康、山涛、刘伶、阮籍、阮咸、向秀、王戎七人交往最多。他们常常在山阳县（今河南修武县）的竹林中纵情山水、喝酒放歌、高谈阔论，因而被人们称为"竹林七贤"。

嵇康是"竹林七贤"中的灵魂人物。他天资聪颖，博览群书，精通音律，才华横溢，是当时一代名士的代表。因为名气和影响力太大，当时主政的司马昭想礼聘他从政为官，但是嵇康四处躲避不从。后来，他的好朋友山涛做了大官，想请他出来做官，结果嵇康毫不客气地拒绝了，还写了《与山巨源绝交书》，表明自己生性疏懒、不愿为官、不可勉强的态度。他对朝廷的不屑一顾，激怒了司马昭。最后司马昭找了一个借口判处嵇康死刑。虽然嵇康痛骂山涛，但是他临死前对儿子嵇绍说的最后一句话是："有巨源在，你便不会孤独无靠了。"

被嵇康鄙夷的山涛其实是一个举止有度、生活非常节俭的人。虽然他也饮酒，但有一定的限度。山涛与掌权者司马师联姻，所以他很快便当上了尚书吏部郎。在嵇康被杀二十年后，山涛举荐嵇康的儿子嵇绍为秘书丞，并对他说："我替你考虑此事已经很长时间了，天地间还有四季交替变化的时候，更何况是人呢？"可见，多年来他从未忘却旧友嵇康。

"竹林七贤"中的刘伶为美化自己嗜酒的习惯，曾写下《酒德颂》；为了给不戒酒找借口，不惜得罪妻子，声称"妇人之言，慎不可听"；为了表示不怕死，他让随从时时带着锄头，声称万一自己喝酒醉死就用锄头就地掩埋！

"竹林七贤"中的阮籍门第显赫，名望极高。主政的司马昭想与他结为儿女亲家，就请媒人上门求亲。阮籍不好拒绝，又不愿意妥协，于是每次听说媒人要来，就故意喝得酩酊大醉。第二天媒人再来，他又喝得不省人事，就这样一连喝了两个月。司马昭得知后，明白了阮籍的意思，哈哈一笑，不再坚持。

延伸阅读：魏晋南北朝时期

魏晋南北朝时期——史家惯于从建安元年（196）开始计算，到隋开皇九年（589）隋文帝统一中国为止，前后共约400年。这漫长的4个世纪，无疑是中华民族国家分裂、政治动荡、战火频仍、割据政权林立的时代。这一时期共发生较大规模的战争500余次——董卓之乱、八王之乱、侯景之乱、五胡乱华……前后建立了大大小小35个政权，只有西晋实现了短短37年的统一。

记一记

朱雀桥边野草花，乌衣巷口夕阳斜。
旧时王谢堂前燕，飞入寻常百姓家。

——唐·刘禹锡《乌衣巷》

隋

朝代名晦气，却干了很多大事

"随"这个字可以组成很多词，比如随和、随便、随意、追随、随大流……又比如，他长得随他父亲……在这里，"随"有跟着、顺从的意思。

金文　篆书　隶书　楷书

隋文帝杨坚的父亲叫杨忠，被北周封为随国公，杨坚后来承袭父爵。隋朝建立之初，杨坚想把国号定为"随"。但是"随"有个"辶"旁，有四处奔走，流动不定的意思。杨坚对此十分忌讳，生怕自己辛辛苦苦建立的王朝长着腿跑了，于是就任性地去掉"辶"旁，将国号定为"隋"。

可惜文化程度不高的杨坚不知道，"隋"字的含义也好不到哪里去。"隋"指祭祀用的残肉和残食。"隋"同"堕"，有"堕落"的含义。没准儿正是这个不好的字预示了隋朝的短命。隋朝到第二代皇帝隋炀帝杨广就结束了。

汉字故事："兴于俭，亡于役"的隋朝

隋朝建于581年，亡于619年，是一个短命王朝。隋朝仅存在了38年。

有人在总结隋朝的经验教训时说，它"兴于俭，亡于役"。隋朝初期政治较为清明。开国皇帝杨坚倡导节约，节省开支，废除了一些不必要的苛捐杂税，并设置谷仓，储存粮食。杨坚开创了开皇之治繁荣局面。

但是，第二代皇帝隋炀帝却不知道创业艰难，一味地挥霍浪费，大兴土木，接连营建了几个大工程：营建东都洛阳，修建大运河，建造庞大的帝国舰队。此外，隋炀帝还发动了三次征服高丽的战争。每次战争都劳民伤财，生灵涂炭，最终引发了全国百姓的起义和反抗。

从下面这小事你就知道隋炀帝是多么奢侈。

隋朝灭亡时，隋炀帝的皇后萧氏辗转逃入突厥。唐太宗李世民即位后，突厥被灭，萧皇后被接回长安居住。有一年清明，宫中举行盛大宴会。宫中挂满了各种花灯，光彩夺目。唐太宗邀请萧皇后一同观赏花灯，并询问隋炀帝是怎样过节的？萧皇后笑而不答。唐太宗再三询问，萧皇后才说："隋主在时，每逢除夕，在大殿前和诸宫院，设火山数十座，每山焚烧沉香数车，火光若暗，则浇上甲煎，火焰冒到几丈高，香闻数十里。一夜烧沉香二百余车，甲煎二百余石。此外殿内宫中，不燃用油脂的灯火，悬起120粒大珍珠照明，光亮如白昼。今陛下您宫殿中的陈设，没有宝珠，照明灯火都用油脂，使人感到烟气熏蒸，看不出清雅。当然，隋主所干的是亡国之事，希望陛下您不要采用。"

萧皇后提到的"沉香"是一种名贵香料，是某些植物受到外界刺激或感染真菌后产生的树脂类物质。沉香有浓郁的香气，一般用来制作香料、药品或工艺品。"甲煎"也是一种香料，是用蛤蚌螺类的甲壳加入药物、果花后烧灰，然后和以蜡油制成，质量甚高，可以用作唇膏和入药。隋炀帝竟然用甲煎做燃料，可见多么奢侈。

隋炀帝的谥号"炀"字，是他死后由外甥——也是唐朝开国皇帝李渊——给他选定的，意思是"违背天理，虐待人民，破坏礼法，贪恋女色"等。总之，隋和炀组合在一起就是一个差劲得不能再差劲的词。

延伸阅读：隋朝科举制

隋朝虽然横征暴敛，二世亡国，但是并非全无建树，其开创的科举制对整个中国的官吏选拔影响深远。科举制是在全国范围内通过考试选拔官吏的制度。由于采用分科取士的办法，所以叫作科举。科举制改变了南北朝时期从贵族门第选拔官员的做法，而是用相对比较公平、公正的考试取而代之。这打破了阶层固化，让很多出自寒门的年轻人借此脱颖而出。从隋朝大业元年（605）开始实行，到清朝光绪三十一年（1905）举行最后一科进士考试为止，科举制实行了1300年。

记一记

科举小知识

科举考试分为院试、乡试、会试、殿试四级。

第一级院试，院试未考中前叫"童生""童子"，考中后称"生员""秀才"，第一名叫"案首"。

第二级乡试，考中者叫"举人"，第一名叫"解元"。

第三级会试，考中者称"贡士"，第一名叫"会元"。

第四级殿试由皇帝亲自主持，考中者叫"进士"。殿试分三甲（三等）录取。一甲赐进士及第，二甲进士出身，三甲赐同进士出身。殿试第一名叫"状元"，第二名叫"榜眼"，第三名叫"探花"。

博大而广阔，诗人如云，盛况空前

看到"唐"字，一下子蹦入我们脑海的可能就是"唐朝"这个词，以及由此相关的一系列汉字：唐诗、唐僧、唐三彩、唐人街、盛唐气象……

| 甲骨文 | 金文 | 篆书 | 隶书 | 楷书 |

那么，"唐"的本义是什么？为什么有"广""口"等部首？

"唐"是会意字。它的甲骨文字形上部像一口钟，下部像人的嘴，表示说话像钟声一样响亮。"唐"的本义是说大话、空话，后来引申出荒唐、虚空、徒然、放荡、广大的意思。

从历史渊源来说，唐高祖李渊的祖父李虎辅佐北周有功，被封为唐国公，爵位传至李渊。李渊在太原起兵后，自称唐王。618年，李渊废除隋恭帝杨侑，自己登基称帝，建都长安。李渊在选定国号时，一方面考虑到自己封号是"唐国公""唐王"，另一方面看重"唐"字"大而广"的意思，于是将李氏江山定国号为"唐"。

汉字故事：李世民和魏徵的故事

玄武门事变后，有人向秦王李世民告发：东宫有个叫魏徵的人，在太子李建成手下当差的时候，曾劝说李建成杀死秦王。李世民一听，立刻派人把魏徵找来，板起脸来问他："你为什么在我们兄弟中挑拨离间？"左右的大臣都替魏徵捏了一把汗。魏徵却神态自若地回答："可惜太子不听我的话，不然也不会发生今天这样的事了。"李世民觉得魏徵说话直爽，很有胆识，不但没责怪他，反而任用他当了专门给自己提意见的谏官。

有一次，李世民得到一只雄健俊逸的小鹰——鹞子。他让鹞子在自己的手臂上跳来跳去。李世民玩得正高兴时，魏徵进来了。李世民怕魏徵给自己提意见，回避不及，赶紧把鹞子藏到怀里。这一切早被魏徵看到了。他禀报公事时故意喋喋不休，拖延时间。李世民不敢拿出鹞子，等魏徵走后一看，鹞子早已被憋死在了怀里。

又有一次，李世民当着魏徵的面，故意问长孙无忌："魏徵每次向朕进谏，只要朕没接受意见，他总是纠缠不休，这是什么原因？"未等长孙无忌回答，魏徵就说："陛下做得不对时，我才进谏。如果陛下不听劝告，我顺从了陛下的意见，就只能依照陛下的旨意行事，岂不是违背我进谏的初衷吗？"李世民说："你就不能应承一下，顾全朕作为君王的体面，等退朝后单独向朕进谏吗？"魏徵解释道："从前，舜告诫群臣，不要当面顺从我，背后另讲一套，这不是臣下忠君的表现，而是阳奉阴违的奸佞行为。对于您的看法，为臣不敢苟同。"李世民听后更加敬重魏徵。

魏徵敢于直谏，唐太宗把他当作"三鉴"之一。魏征去世后，唐太宗感叹说："以铜为鉴，可正衣冠；以古为鉴，可知兴替；以人为鉴，可明得失……今魏徵逝，一鉴亡矣！"

延伸阅读：唐诗

唐诗是中华文化宝库中最令人瞩目的一颗明珠。唐诗的形式多种多样，可以分为古体诗和近体诗。唐朝的古体诗主要有五言和七言两种。近体诗分为绝句、律诗两种。绝句和律诗又各有五言和七言之不同。其中，古体诗对音韵格律的要求比较宽，篇章可长可短，韵脚可以转换。近体诗对音韵格律的要求比较严。唐诗真实反映了唐朝的社会生活，对于后人研究唐代的政治、民情、风俗、文化等具有十分重要的参考意义。唐朝才华横溢的诗人层出不穷，如"诗仙"李白、"诗圣"杜甫、"诗佛"王维、"诗鬼"李贺、"诗魔"白居易、"诗魂"李商隐等。他们的诗或想象瑰丽，或沉郁厚重，或清新田园，或晦涩冷艳……读后给人留下深刻印象。

记一记

连连看：

仰天大笑出门去，我辈岂是蓬蒿人。　　　　杜甫

朱门酒肉臭，路有冻死骨。　　　　　　　　王维

明月松间照，清泉石上流。　　　　　　　　李白

大漠沙如雪，燕山月似钩。　　　　　　　　李贺

野火烧不尽，春风吹又生。　　　　　　　　李商隐

春蚕到死丝方尽，蜡炬成灰泪始干。　　　　白居易

宋

皇帝谦虚低调，文化却自由繁荣

"宋"是会意字。"宋"的甲骨文字形由上下两部分构成，上部像房屋；下部像树木的"木"，表示房屋周围长有树木。"宋"的本义是"安居""定居"。人们要安居就离不开树木，树木可以遮阳，可以结果，木材可以盖房子、做家具。

| 甲骨文 | 金文 | 篆书 | 隶书 | 楷书 |

宋朝开国皇帝赵匡胤在黄袍加身前，曾任后周归德节度使，率领军队驻扎在宋州，就是今天的河南商丘。所以，赵匡胤取得政权之后，可能是出于怀旧心理，就把自己发迹的地方——"宋"定为国号。

据史料记载，赵匡胤是一位比较怀旧的人。他不但保全了老东家后周柴氏子孙的安全，而且从没斩杀过追随他开疆拓土的功臣。他用"杯酒释兵权"的温和方式，解除了大将们的兵权。

汉字故事：杯酒释兵权

宋太祖赵匡胤即位不久，就有两个节度使起兵反对宋朝。宋太祖御驾亲征，费了很大劲儿才把他们平定。为了这件事，宋太祖心里总不大踏实。有一次，他单独找来宰相赵普谈话："自从唐朝末年以来，五代十国打个没完，多少百姓死于无辜。你说，这到底是怎么回事？"

赵普说："道理很简单。国家混乱，原因就是藩镇割据，那些大将权力太大。如果能把兵权集中到中央，天下自然就太平无事。"赵匡胤听了连连点头，认为他说得非常有道理。

过了几天，赵匡胤在宫里举行宴会，请石守信、王审琦等几位老将喝酒。酒过三巡，菜过五味，赵匡胤命令在旁侍候的太监退出。他拿起一杯酒，先请大家干了杯，然后说："要不是有你们的帮助，我也坐不上现在的龙椅。但你们知道吗？坐上龙椅后我过得更不自在，一年来没有睡过几个安稳觉。"

石守信等人听了十分惊奇，连忙询问原因。赵匡胤说："这还不明白吗？皇帝这个位子，谁不眼红呀？"

石守信等人听出了话外音，连忙跪在地上表白自己忠心为国，绝无二心。赵匡胤摇摇头说："我对你们几位信得过。就只怕你们的部下有人贪图富贵，硬把黄袍披在你们身上，到时候你们不想干也不行啊！"

石守信等听到这里，顿时感到毛骨悚然，连连磕头，含泪请赵匡胤给他们指出一条明路。赵匡胤说："我替你们着想，你们不如把兵权交出来，多买些田产房屋，快快活活度个晚年。我再和你们结为儿女亲家，彼此毫无猜疑，不是更好吗？"

这帮大将听完连连点头。第二天，他们就纷纷呈上辞职信。赵匡胤一一答应，这就是历史上著名的"杯酒释兵权"。通过一场酒宴就温和地剥夺了将领们的军权，比起汉高祖、明太祖等大杀功臣之举，赵匡胤的杯酒释兵权充满温情，被人们视为宽和的典范。

延伸阅读：宋词

　　宋词是宋代文学的最高代表，是盛行于宋朝时的一种中国文学体裁。宋词的句子有长有短，便于歌唱，常常被用作音乐的歌词，又称曲子词、乐府、长短句等。宋词分为豪放派和婉约派，豪放派代表人物主要有苏轼、辛弃疾等；婉约派代表人物有晏殊、柳永、李清照等。

记一记

大江东去，浪淘尽，千古风流人物。

故垒西边，人道是，三国周郎赤壁。

乱石穿空，惊涛拍岸，卷起千堆雪。

江山如画，一时多少豪杰。

遥想公瑾当年，小乔初嫁了，雄姿英发。

羽扇纶巾，谈笑间，樯橹灰飞烟灭。

故国神游，多情应笑我，早生华发。

人生如梦，一尊还酹江月。

——宋·苏轼《念奴娇·赤壁怀古》

元

真正的战斗民族，如果有船可以统治地球

"元"是指事字。"元"的甲骨文字形分上下两部分，下部像一个站立的人，人的上部用一长横表示人的头部。长横上面的一个短横是后来加上去的。"元"的本义是指人的头部。比如《孟子·滕文公下》："志士不忘在沟壑，勇士不忘丧其元。"这里的"元"就是人头的意思。因为头位于人体的顶端，所以"元"又引申为"开始、开端"等意思。比如：元日、元旦、元月、元年、元子、元孙等。头是人体最重要的部位，所以又引申出"为首的、居首的"等意思。如元首、元帅、元勋、元老、状元等。"元元"二字连用也是一个词，是黎民、百姓的意思。

甲骨文	金文	篆书	隶书	楷书

元朝是由中国少数民族蒙古族建立的。元世祖忽必烈建立元朝时，曾在《建国号诏》中说明：国号"大元"来源于《易经》"大哉乾元"，万物资始，乃统天中的"元"字，有"大、首、第一"等意思，既可指"天"，也可指帝王，还可以指天子的德行。忽必烈希望自己能够包容万物，征服众多民族，实现统一中国的理想。也有人认为，元朝的国号可能与蒙古人的风俗、图腾有关。

第二章

历朝历代篇

汉字故事：成吉思汗统一蒙古

1206 年，蒙古各部落首领在斡难河边举行盛大集会，公推铁木真做全蒙古的大汗，并且尊称他为成吉思汗。

关于"成吉思"一词的来历和意思，有很多说法：有人说这来自一种鸟的叫声；也有人说它是古突厥语的词汇，意思是"强硬的、凶猛的"；还有人说，它的意思是"海洋"，在蒙古语中，"成吉思汗"的意思就是"拥有海洋四方的可汗"。

有人把成吉思汗成功的原因归结于三个方面：母亲的睿智，成吉思汗的卓越和兄弟们的团结。父亲也速该被仇人下毒致死后，成吉思汗兄弟五个曾经为了一点小事发生争吵。睿智的母亲把兄弟五人叫在一起，然后交给他们每人一支箭，要他们把箭折断。兄弟五人很轻松地折断了箭。这时，母亲又拿来五捆箭让他们折断。这次他们都没能折断这成捆的箭。母亲非常严肃地教导成吉思汗兄弟五人："成捆的箭折不断，握紧的拳头有力量，你们兄弟一定要团结。"

成吉思汗牢牢地记住了母亲的话。他团结几个兄弟，荒野求生，一次次逃过了敌人的追捕和迫害，渐渐夺回了以前失散的部落土地和百姓，又连续几次战胜了比他强大的部落，力量渐渐壮大起来，威望也越来越高。

后来，成吉思汗联合金国，一起灭掉了杀父仇人——塔塔儿部，俘获大批人口、牲畜和武器，并陆续消灭蒙古高原的其他部落，终于统一蒙古。

成吉思汗死后，他的孙子忽必烈继承汗位，继续向外扩张。1279年忽必烈灭了南宋，统一中国，建立了元朝。

延伸阅读：元曲

元曲，是元杂剧和散曲的合称。两者都使用当时流行的北曲，出现了很多优秀的作家、作品，因此常被作为元代文学的代表，同唐诗、宋词并称。尤以杂剧的成就最高。其中，关汉卿、马致远、郑光祖、白朴被人们称为元曲四大家。关汉卿的《窦娥冤》、白朴的《梧桐雨》、马致远的《汉宫秋》、纪君祥的《赵氏孤儿》被称为元曲四大悲剧，关汉卿的《拜月亭》、王实甫的《西厢记》、白朴《墙头马上》、郑光祖的《倩女离魂》被称为元曲四大爱情剧。

记一记

枯藤老树昏鸦，小桥流水人家，古道西风瘦马。夕阳西下，断肠人在天涯。

——元·马致远《天净沙·秋思》

每日一字 ──○ 明

崇拜日月，却光明正大干坏事

　　"明"是会意字。它的甲骨文字形由左右两个部分组成，左边部分像日，右边部分像月，表示日月照耀。因此"明"的本义是明亮、光明。如《诗经》："东方明矣，朝既昌矣。"引申为英明、贤明等意思，如"明君、明主"等。后来又引申出清楚、明确、明白等意思。"明"还有次于今日、今年的意思。如"明日、明年"等。

　　元朝末年，韩山童传播白莲教，宣传"明王出世"。意思是说"黑暗即将过去，光明将要到来"，借以鼓舞人民反对黑暗的元朝统治。所以白莲教又称光明教。韩山童自称"明王"，他的儿子韩林儿称"小明王"。郭子兴也加入白莲教，并且广交宾客。后来郭子兴响应韩山童、刘福通的红巾军起义，也组织起了一支队伍。郭子兴死后，朱元璋成为这支起义军的实际首领，并且将队伍不断发展壮大。

　　当了皇帝后，朱元璋毫不避讳地谈及他过去当过和尚，信仰白莲教，参加过白莲教起义军。他还是"小明王"韩林儿的左副元帅。因此朱元璋建国号为"明"。

甲骨文	金文	篆书	隶书	楷书

　　朱元璋认为，"明"字不仅继承了中华民族长久以来对日月的崇拜，

而且能对百姓产生一定的号召力，能使百姓相信他朱元璋就是上天派来拯救苍生的光明之王。可惜，虽然朱元璋把"明"作为国号，但是他后来的所作所为都不那么正大光明。

汉字故事：朱元璋火烧庆功楼

朱元璋做了皇帝后，一天到晚提心吊胆，唯恐那些功高震主的文臣武将会起兵篡位，抢走大明江山。在愁白了头发后，朱元璋终于想出一个好主意，于是在第二天上朝时宣布：要造一座庆功楼，好好犒劳一下跟随自己多年的伙伴。

大家听到后都欢天喜地，只有被人称为"在世诸葛亮"的宰相刘伯温觉得事情蹊跷。修楼时，刘伯温经过多次细心观察，发现楼后密室里堆满了干柴。这都是朱元璋亲信秘密存放的。他一下子就明白了朱元璋的险恶用心。

虽然看出了朱元璋的阴谋，但是刘伯温既不敢劝阻朱元璋，也不敢声张。几天后，他给朱元璋递上一份奏折，说自己年老多病，要告老还乡。朱元璋念在刘伯温多年来对自己忠心耿耿的份上，勉强同意了。

消息一传出，大家纷纷前来送行。当看见老乡兼好友徐达时，刘伯温忍不住拉住他的衣袖小声说："庆功那天，你要紧跟皇上，一步也不要离开啊！"当着众人徐达没有时间细问，但是也推测出其中必有阴谋。

庆功楼建成那天，朱元璋亲自接见众臣，与大家一个个嘘寒问暖。众大臣哪知道其中蹊跷，一个个举杯庆祝，喝得不亦乐乎。只有徐达时刻保持警惕，站在朱元璋身边，半步不离。

收到心腹准备就绪的暗号后，朱元璋找借口出了庆功楼。朱元璋正在下楼时，忽然听到身后有脚步声，回头一看是徐达。他吃惊地问："徐将军不在楼上喝酒，下来干什么？"徐达低声哀求道："万岁，您当真一个不留吗？"朱元璋听了，瞬间一愣，知道徐达已经发现自己的秘密。他眼珠转了两下，轻声说道："你既已知道，就饶了你！可是这事只许你知我知，不然万万不能容你！"朱元璋和徐达走后，庆功楼便燃起熊熊大火。许多为朱元璋出生入死的功臣在大火之中瞬间丧生。

朱元璋死后把皇位传给孙子建文帝朱允炆。他的儿子们都不服气，纷纷起来造反。因为朝中有本事的文臣武将几乎被朱元璋斩尽杀绝，无人能为年轻的建文帝出谋划策、冲锋陷阵。在燕王朱棣发起的"靖难之役"中，建文帝战败后不知所踪。

延伸阅读：郑和下西洋

郑和，本姓马，小字三宝。回族，云南人。明初入宫为宦官，所以又称"三宝太监"，曾为朱棣登上皇位立下功劳，被赐姓郑。从 1405 年开始，在 29 年里，郑和率领大明船队，先后七次下西洋，动辄二百多艘舰艇，多至两三万名船员。郑和船队最远到达非洲最南端东岸和红海好望角，促进了中国和亚非各国的经济文化交流，被称为中外航海史上的壮举。

　　1433年，郑和死在海上。郑和的船队回到中国后，很快就被解散了。明朝甚至烧掉全部海图、船图，关闭南京船厂，并宣示停止这种劳民伤财、得不偿失的航海。至此，中国有史以来唯一一次大规模海洋冒险就草草结束了。

记一记

　　含有"明"字的成语：

　　明辨是非、明察暗访、明火执仗、明目张胆、明日黄花、明知故问、光明正大、山明水秀、心明眼亮、爱憎分明、耳聪目明、先见之明、自作聪明、明察秋毫

清

游牧民族取得政权之前，找水是头等大事

"清"是形声兼会意字。它左边的"青"既表示读音，又表示青色的意思。"清"的本义是水清澈、透明。如《诗经》："坎坎伐檀兮，置之河之干兮。河水清且涟猗。"引申为洁净、纯洁等意思。如清洁、清白、天朗气清等。后来又引申出清除、清爽、清闲、寂静、清楚等意思。

清朝是由女真族（今称满族）建立的。女真族原本生活在东北地区的白山黑水之间，那里是巍巍长白山、茫茫草原，牛羊成群。水既是他们的困扰，也是他们的福源，所以他们对水格外重视，情有独钟。

清　清　清

篆书　　隶书　　楷书

在我国民俗文化中，"东苍龙、西白虎、南朱雀、北玄武"，四方与颜色有固定的匹配关系。东方为青，满族发祥地和大本营位于东部，为了表示不忘发祥之地，所以满族取国号为"清"。

还有一种观点是来自"五行相生相克之说"。有人认为，明朝是日月照耀的"火"势。满族定国号为"清"，意图用积阴之寒气的水来压制明朝的"火"。但是，这种观点遭到了后世学者的驳斥，理由非常简单，清朝统治者是满族人，而"五行学说"是汉族古代先贤创立的。虽然清朝统一中国后，满族也接受了汉文化，倡导满汉一家，

但是在皇太极改国号时满族尚偏居东北一隅，还没有完全汉化，所以不可能以"五行学说"来选定国号。

汉字故事：努尔哈赤的童年磨炼

1559 年，清朝的开创者努尔哈赤出生于女真族的一个贵族家庭。相传母亲怀努尔哈赤的时候，梦见天眼大开，一只雪白羽毛、金色爪子的大鹰直接扑入怀中，然后便怀孕了。

童年的努尔哈赤就立下了远大志向，并练就了一身本领。不幸的是，努尔哈赤 10 岁那年母亲突然去世，父亲娶来的继母对努尔哈赤兄妹非常不友好，经常无缘无故地责骂他们。父亲不明真相，有时也会对努尔哈赤兄妹拳脚相加。家道衰落之后，继母对努尔哈赤更加仇视。天生倔强的努尔哈赤无法忍受，11 岁时就毅然走出家门，跟随族人采集山货。

每年农历三月至五月、七月至十月是采集山货的最佳月份，努尔哈赤和伙伴们一起进入茫茫无边的长白山，挖人参、采松子、捡榛子、拾蘑菇，在山里一住就是好几个月。有时，他还要走很远的路赶往抚顺、沈阳等地的马市进行贸易，以此赚钱维持生活。同时，努尔哈赤广交汉人朋友，也借此了解明朝的状况。

努尔哈赤常常隐姓埋名出入于辽东马市，给大户人家和官府衙门当佣差，借此学会了汉语和蒙古语。努尔哈赤一口流利的汉语和蒙古语使人很难相信他是女真人。努尔哈赤的坎坷经历使他获得了磨炼，不断成长，逐渐变得处事精明干练，见解远远超过同龄人，视野也更加开阔。这些都为他今后开疆拓土，统一女真各部奠定了坚实的基础。

延伸阅读：白山黑水

白山黑水，泛指中国东北地区。这里是清朝的发祥地。

白山即长白山，位于吉林省东南部的中朝边界，是我国东北地区第一高山，因其主峰白头山多白色浮石与积雪而得名。

黑水即黑龙江。古代称它为"黑水"。东北是我国著名的黑土地，江水在黑色的河床中流淌，远远望去乌黑一片，所以叫黑水。又因为乌黑的江水在弯曲的河床中奔流不息，矫若游龙，所以人们又称之为"黑龙江"。

考试真题

1. 请把下列各朝代和朝代开创者正确连线：

秦朝	杨坚
汉朝	刘邦
隋朝	赵匡胤
唐朝	李渊
宋朝	朱元璋
元朝	嬴政
明朝	皇太极
清朝	忽必烈

2. 历史上，王莽篡位，自立为帝。他篡夺了哪个朝代的皇权？

_____

3. 隋朝实行科举制度考试，殿试第一名为状元，第二名为眼，第三名叫什么？ _____

4. 下列历史事变哪个是李世民发动的？（　　　）

A. 玄武门之变　　　　B. 陈桥兵变

C. 靖康之乱   D. 侯景之乱

5. 唐代被称为"诗仙""诗圣""诗鬼""诗佛"的诗人分别是：

                                             （   ）

A. 王维、李白、杜甫、李贺

B. 李贺、王维、李白、杜甫

C. 李贺、王维、李白、杜甫

D. 李白、杜甫、李贺、王维

6. 他因"黄袍加身"当上皇帝，他是谁？（   ）

A. 黄帝   B. 赵匡胤   C. 皇太极   D. 李世民

7. 元明清是我国统一多民族国家的巩固时期，其中元朝是由少数民族_____建立的，清朝则是由少数民族_____建立。

8. 我国明代"七下西洋"的航海家是谁？

_____

第三章

地理风物篇

京 津 沪 冀 豫 晋 鲁 湘
鄂 赣 皖 蜀 浙 粤 桂

京

哪吒的样子就是北京城的样子

"京"是象形字，它的甲骨文和金文字形像一个人工筑起的高丘，上面有一个塔楼。因此，"京"的本义为人工堆积而成的高大山丘，是古代的一种军事设施。《公羊传·桓公九年》："京者何？大也。"后引申为"大、高大"等意思。后又引申为"国都、都城、首都"等意思，是全国最高统治者皇帝居住的地方及国家最高权力机关所在地，也是全国的政治中心。

| 甲骨文 | 金文 | 篆书 | 隶书 | 楷书 |

北京历史悠久，古称蓟、幽州、燕都、燕京、北平等，是北方的一个战略要地。元代是第一个把北京作为都城的统一王朝，那时北京叫作大都。后来，明成祖朱棣夺走侄子建文帝的皇位，怕在南京待着不安全，就把都城迁到自己在北方的地盘北平，并改北平为"北京"。"京"也成了北京的简称。

汉字故事：北京是座八臂哪吒城

北京城的大规模修建，据说是明朝初年的事情。相传北京城是一座八臂哪吒城，它的建造很有讲究。

明成祖朱棣夺取皇位后，准备把都城从南京移到北京，下令在北京修建皇城和宫殿，分遣大臣到云贵、湖广、江浙等地采集木料；又把全国的能工巧匠召集在一起为修建北京城做准备，还让军师姚广孝全权负责，设计一份独特新颖、寓意深刻的北京城图纸。

姚广孝领旨之后，为建城的事绞尽脑汁，苦思冥想。他想了几天几夜，也没想出个所以然。于是，他决定先四处走走，查看一下北京城的地形。

一天，他正在街上闷头闷脑地走着，突然看见前面有个穿了一身红衣服的孩子跑过。这个孩子头上梳着一个小抓髻，光着脚丫，露着半截腿，身上穿着红袄、红裤子。红袄的肩膀处尖尖的，像一件荷叶边的披肩，风一吹像几条臂膀同时在摇晃。姚广孝看到这个情景灵机一动：这个孩子真像民间故事中的八臂哪吒。如果能够仿照他的样子建一座城，样式是不是很别致？而且，哪吒神通广大，既能降妖伏魔，又能闹海杀龙，说不定还真能镇住北京经常发生的水患。皇上问起来，这也是一个寓意十分吉祥的城市设计样式。

想到这里，姚广孝心里就有了底。他把在京城的能工巧匠和手下的一批智囊叫来，大家忙活了好几天，终于设计出了北京城的大致样子：正南中间建一座门，叫正阳门，是哪吒的脑袋；瓮城东西开门，是哪吒的两只耳朵；正阳门的两眼井，就是哪吒的两只眼睛；正阳门东边的崇文门、东便门、东面城的朝阳门、东直门，是哪吒这半边身子的四臂；正阳门西边的宣武门、西便门、西面城的阜成门、西直门是哪吒另半边身子的四臂；北面城的安定门、德胜门，是哪吒的两只脚。四角俱全，严丝合缝。皇城则位于哪吒的五脏，是最核心的部位。

姚广孝将精心绘制的北京图纸献给明成祖朱棣，并且汇报了建设八臂哪吒城的具体思路。朱棣听后连连点头，于是让他们按照图纸的样子修建北京城。

延伸阅读：为什么故宫被称作"紫禁城"？

依照中国古代的星象学说，紫微星，也就是我们通常所说的北极星，居于中天的位置，而且紫微星在这个地方恒久不变。相传这里是天上的玉皇大帝所居之处，被称为"紫宫"。封建皇帝自称"天子"，所以把自己居住的皇宫比喻成地上的"紫宫"。

封建皇帝出于维护权威尊严以及自身安全等考虑，修建的皇宫既富丽堂皇，又壁垒森严。除了皇后、妃嫔、宫女、太监和侍卫之外，只有被召见的官员以及被特许的人员才能进入，其他人一律禁止入内。所以明清两代皇宫就有了"紫禁城"的称呼。

记一记

马首望青山，零落繁华如此。再向断烟衰草，认藓碑题字。休寻折戟话当年，只洒悲秋泪。斜日十三陵下，过新丰猎骑。

——清·纳兰性德《好事近·马首望青山》

津

过了这个渡口，前面就是天子的地盘

"津"是会议兼形声字。"津"的甲骨文字形，像人手持木蒿撑船的情景。"津"的金文字形由水、舟、隹（zhuī）三部分组成，表示船在水上像鸟一样飞快地驶过。"津"最初是会意字，表示"渡河"的意思。

"津"的篆书字形保留水字旁，将鸟和舟合写成一个偏旁。后来"津"由隶书变楷书，写作"津"。"津"的本义为撑船渡河，后来用作名词，引申为渡口。《说文解字》中写道："津，水渡也。""水渡"是指河流的渡口。

金文　　篆书　　隶书　　楷书

我们所熟悉的词语"津渡、河津、关津、无人问津、扼守津要"中的"津"字，都是"水边、渡口"的意思。后来又引申出"口水、汗水"等意思，如"津津有味、口舌生津、变体生津"等。

汉字故事：天津的由来

民间流传着这样一种说法："天津名自长陵赐。"地名"天津"

第三章 地理风物篇

最早是明成祖朱棣赐予的。长陵，指明十三陵中的长陵。长陵是明成祖朱棣的陵墓，后来人们以"长陵"代指"朱棣"。

天津原来的名字叫直沽，位于南北运河的交汇处。明成祖朱棣登基做皇帝第二年改直沽为"天津"。他之所以给直沽起这样一个名字，其中还有一段不为人知的故事。

朱元璋当上皇帝后，为了巩固政权，就把全中国的土地分封给他的儿子和亲戚，名义上叫作"分藩"，实际上是他朱家人"称王称霸"，把中国的土地分成许多块，分别由朱家人管辖。这样做的本意，是为了更好地防范外姓人起来造反。没想到朱元璋刚死，老朱家内部就打起来了。

朱元璋第四子、当时的燕王朱棣被分封在北平，也就是今天的北京。朱元璋死的时候，燕王朱棣正当中年，兵强马壮。朱棣看到父亲没有把皇位传给自己，而是传给文弱不堪的侄子、建文帝朱允炆，心里很不服气。他假借反对建文帝"削藩"，打起"靖难"旗号，带头反对年轻天子，并带领兵马从北京出发，首先到达军事要地"直沽"。朱棣派大量兵马在这里屯守，进可攻，退可守。然后朱棣亲自统领大军攻下沧州，顺利南下，一路上平定了所有反抗者，成功把朱允炆赶下台，当上皇帝，定年号为"永乐"，史称明成祖或永乐大帝。

当上皇帝后，朱棣想到重兵屯守的"直沽"是一个不错的地方，既通海又通内河，军事地位非常重要。当年，朱棣从"直沽"出发，渡过大运河南征朱允炆，非常顺利。于是朱棣一高兴就把"直沽"改名为"天津卫"，"天"——天子；"津"——渡口，"卫"是明朝的军事建制。"天津卫"——就是守卫天子的渡口。从此，直沽的"沽"、天津的"津"都成了天津的别称。

延伸阅读：天津的"狗不理"包子

"狗不理"包子是天津的著名小吃，这个怪异的名字来自一个乡下人的贱名。清朝同治年间，乡下人高贵友租下天津的一个小店铺，专门卖包子。他待客热情，做的包子肉多味美，因此生意非常红火。高贵友出身贫贱，家乡的人们常称呼他的小名"狗不理"，意思是狗都不去理他。过去人们喜欢给孩子取贱名，像"狗儿""狗不理""狗剩子"等，希望借此祈祷孩子能够平安健康地长大。顾客都喜欢和高贵友开玩笑，常常像家乡的人们一样称呼他"狗不理"。日子一久，"狗不理"包子反而名气更大了。

记一记

含有"津"字的成语

津津乐道：对某事十分感兴趣，说个不停。

无人问津：受冷落，没人再来过问。

身居要津：身居要职。

口舌生津：想吃某种东西，馋得流了口水。

第三章 地理风物篇

沪

在一个叫"沪渎"的地方，插竹排捕洄游之鱼

"沪"是形声字。左边的三点水是形旁，表意义，其古文字形像河流。右边的扈字旁是声旁，表示读音。"沪"的本义是捕鱼的竹栅栏。

濩　滬　滬　沪
篆书　　　隶书　　楷书（繁体）楷书（简体）

据说，古时候上海地区的渔民通过观察鱼类的洄游规律，而发明了一种竹编的捕鱼工具，叫作"滬"。相传"滬"是这样制成的：用绳编的竹竿连成排，插在滩涂上。潮水高涨时会淹没扈岸，鱼虾螃蟹等就会随着潮水进入扈内。潮水退去的时候，水由扈门流出，鱼虾螃蟹等就会被竹网挡住。实践证明，这是一种很有效的捕鱼方法。后来，表示声旁的"扈"简化为"户"，上海的简称"沪"字便形成了。

汉字故事：黄浦江的故事

相传很久以前，上海一带非常贫瘠，方圆几百里没有多少人家。有一位老母亲带着两个儿子生活在水边的两间破屋里，过着耕田渔猎的简单生活。大儿子叫阿龙——传说他出生时，正逢天降大雨，一条金

龙伴随着一声霹雳从云端一闪而逝；二儿子叫阿狮——因为生下来后脸色和头发都是金黄的，而且卷曲着，脸庞有点儿像狮子。

阿龙、阿狮兄弟俩很要好。有一年大旱，粮食稀缺，两个人因为一碗粥吵起来。母亲在旁边忍不住流泪说："真是作孽呀，要是这里有一条大江就好了，就不怕天旱了。"

哥哥阿龙听到这话，突然愣在那里。过了一会儿，他转身就朝屋外跑去，很快就不见了踪影。半夜时分，母亲仍在等阿龙归家。这时，母亲听到阿龙在屋外呼唤，便披着衣服走出去。只见阿龙双膝跪倒说："母亲，我本是龙王的儿子转世，今晚决定舍身开江，以报答您，造福一方百姓。"

母亲听了，一边流泪，一边伸手要拉住阿龙。但是，阿龙已经化身成一条黄龙，匍匐在地，扭转着龙头，开始挖掘深沟。眨眼间，一条大河就出现了。母亲舍不得儿子阿龙，一路追着阿龙往前跑。母亲伤心的泪水流到深沟里，顿时化成滔滔江水。黄龙一直挖到安吉境内的龙王山，然后不见了踪影。

第二天早晨，弟弟阿狮醒来，到处找不到母亲和阿龙，十分奇怪。他推门一看，呆在那里。门前竟然出现了一条大河。阿狮心里顿时明

白了。他顺着大河往前跑，一直追到龙王山下才找到了母亲。

阿狮对母亲说："这条大江上游的水势不足，到下游就没水了。孩儿是天上的金毛狮投胎，就住在这狮子山上。今天我也要学阿龙哥，造福百姓。"说完，阿狮朝母亲磕了三个头，长吼一声，跃身跳进了狮子山。狮子山上突然冒出一股溪流，从山上直泻而下，与龙王山的河流汇合一处，流向东方。这就是上海的母亲河——黄浦江的来历。

延伸阅读：中国共产党诞生地——上海

1921 年 7 月中国共产党正式成立，到 1933 年 1 月中共临时中央政治局迁往江西的十二年间，中共中央的领导机关除了有三次短暂的迁移外，基本上设在上海，在艰难曲折的风雨历程中，留下了包括中共"一大""二大""四大"会址，中共中央中央局、中共中央政治局机关旧址等众多珍贵的革命遗址遗迹。

记一记

同音字大比拼：

户口簿、互联网、护城河、扈三娘、护犊子、京津沪、糊弄人

冀

天天打仗，人民祈求盼望和平

"冀"是形声字，其本义是希望、期盼的意思。"冀"的金文字形像古代祭祀时头戴面具，手舞足蹈，向神乞求降福的人形。

此外，"冀"为地名，指冀州，古九州之一，地处北方，约占有山西、河南之地。冀州是帝尧氏的都城，为九州之首。可见古人在"冀"这一地名上寄托了希望、太平、兴旺的美好愿望。在古代典籍中，冀望、希冀等词的"冀"和小心翼翼的"翼"通用。

金文　　篆书　　隶书　　楷书

《说文解字》中说：冀，北方州也。从北，"田共"声。这里所说的"北方州"，是指古代冀州。

远古时代，冀北平原人烟稀少。戎、狄等少数民族以游牧为主业，他们常来这里放牧。处于南方的汉族则在这里垦荒种地——游牧、种田两不误。"冀"的字形分为三部分——"北、田、共"，合在一起意思就是：北方共有的田地。1928 年，河北省正式设立，由于考虑"冀州"的历史和地理因素，选择"冀"作为河北省的简称。

汉字故事：燕赵自古多慷慨悲歌之士

古代河北同时被燕国和赵国占领，所以被叫作燕赵大地。你可能听说过这样一句话："燕赵自古多慷慨悲歌之士。"荆轲刺秦王就是这句话的生动注解。

战国时期，燕国的太子丹因为曾经在秦国当过人质，受到过各种刁难虐待。回国后他决心要为自己和燕国报仇雪耻，行刺秦王。

为了找到合适的人选，太子丹费了好几年的时间，最后找到了有勇有谋的荆轲。荆轲带着秦王想要的督亢地图和投奔了燕国的秦国大将樊於期的人头，来到了秦始皇的宫殿。

在陪从秦舞阳惊恐变色的同时，荆轲自始至终都很淡定。当地图展开露出匕首的时候，荆轲抓起匕首一跃而起，直接刺向秦始皇这个暴君。秦始皇吓得直接跳起来，绕着柱子奔跑，荆轲拿着匕首在后边直追。秦国的法律严苛：所有大臣和拿着武器的侍卫没有秦王允许，不能上前护驾，不然会被砍头。

最后，还是一个医生提醒秦王背上有剑，秦王这才拔剑，砍断了荆轲的左腿。荆轲倒在地上，就把匕首投向秦王，可惜没有刺中。这时，侍卫们赶来结束了刺客荆轲的生命。由于受了惊吓，秦始皇事后还难受了好久。

荆轲刺秦失败后，他的家人和朋友都受到牵连。曾唱着"风萧萧兮易水寒，壮士一去兮不回还"为他送行的好朋友高渐离也只能隐姓埋名，躲藏到别人家里当佣人才勉强保住性命。后来，由于高渐离善于击筑（一种古代的弦乐器，形状像琴），就被人推荐到秦宫。为了有机会接触到秦始皇，使他放松警惕，继续完成荆轲刺秦的目的，高渐离在敲击的筑中灌满铅，以增加击打的力度。最后，在一次近距离靠近秦始皇时，高渐离猛地举筑扑击秦始皇，可惜还是没有击中，他自己因此而被诛杀。但高渐离的举动着实给秦始皇带来了很大的震动，自此之后，秦始皇终身不再接见其他国家和诸侯的人。

延伸阅读：河北省会石家庄的逆袭之路

从明朝开始，河北省的省会就在古城保定。但是在近代历史上，由于战争的局势瞬息万变，河北的省会在保定、天津、北平之间反复变化。可是到了清朝末期，朝廷需要修建正太铁路，本来打算从正定县城旁边经过。可是，县城旁边是一条小河。在那个年代，铁路跨越河流还是技术难题。为了修通铁路，只能把正太铁路的规划图略微移动了一下，移到了石家庄。万万没有想到，铁道一响，黄金万两，在铁路的带动下，石家庄迅速发展起来。经过五十多年的努力，已经依靠交通运输的优势超越拥有千年历史的保定，成了河北省的省会。看来梦想还是要有的，万一实现了呢？

记一记

海水朝朝朝朝朝朝落，浮云长长长长长长长消。

——孟姜女庙对联

两京锁钥无双地，万里长城第一关。

——山海关对联

自有山川开北极，天然风景胜西湖。

——康熙题避暑山庄的对联

安济欣看千年济，李春赢得万口春。

——赵州桥对联

第三章 地理风物篇

〈 每日一字 〉

豫

这里曾有大象，天气变坏它们跑了

"豫"是形声字，左边的"予"是声旁，表示读音；右边的"象"是形旁，表示意义。《说文解字·象部》解释说：豫，象之大者，不害于物。意思是说："豫"就是大个的象，而且说大个的象不会对人和牲畜形成危害。后来，豫引申为快乐、安适。比如，不豫之色、逸豫等。豫州是古代九州之一，包括今河南全境及湖北北部，所以河南别称豫。

| 金文 | 篆书 | 隶书 | 楷书 |

商周时期，很多地方的甲骨文中都出现了"象"字，字形十分形象：胖体、长鼻，活脱脱一幅大象的简笔画。在甲骨文卜辞中，也有不少关于人们捕象的记录，比如最多的一次捕获了7头大象。

| 甲骨文 | 金文 | 大篆 | 小篆 | 隶书 | 楷书 |

可见，当时在商朝人聚居的黄河流域大象是普遍存在的。据《吕氏春秋》记载："商人服象，为虐于东夷。"意思是说：居住在河南的商朝人习惯役使大象，并靠它征服了东夷的少数民族。

在殷墟出土的文物中有镂刻的象牙礼器，还有很多象齿。"象"

还用于人名，比如舜帝的弟弟叫象。这说明，当时在黄河流域象这种动物比较常见。

后来，随着气候变化，黄河流域不再那么温暖湿润，大象逐渐失去了适宜的栖息环境，只好集体向南部迁徙。秦始皇三十三年（前214），在广西地区设置"象郡"。这说明，那时的广西可能还有大象活动。

汉字故事：《清明上河图》和清明上河园

《清明上河图》是北宋画家张择端创作的一幅传世名画。它描绘了北宋都城汴梁（今河南省开封市）的繁荣与富庶。有人说"清明"指的是清明节。这一天，人们合家团聚，举行祭祀或聚会活动。也有人说"清明"指的是政治清明的意思。"上河"指的是贯通汴梁城的"汴河"，它承担着非常繁忙的运输任务。

《清明上河图》全长五米多，描绘了北宋时汴梁的政治清明、百业俱兴的热闹场面，绘制了为数众多的各色人物、牲畜，以及车船、房屋、桥梁、城楼等各类建筑及活动，具有很高的历史和艺术价值。

我们从《清明上河图》中可以看到：北宋时，汴梁城人口稠密，商业发达，人们的日常生活丰富多彩。以高大的城楼为中心，汴河两边屋宇鳞次栉比，有茶坊、酒肆、肉铺、庙宇等。商店中绫罗绸缎、珠宝香料、各类食物及药品应有尽有。此外，街市上行人众多，熙熙攘攘，有的在茶馆里休息，有的在看景聊天，有的在看相算命，有的在饭店吃饭，还有乘着轿子的大家闺秀、背着篓筐的赤脚僧人、街边乞讨的乞丐……男女老幼，士农工商，三教九流，好一派大都市生机盎然的热闹景象。这些都在诉说着河南这块土地上曾经的荣耀与繁华。

现在的开封市以张择端的《清明上河图》为蓝本，建造了中国第一座以绘画作品为原型的仿古主题公园——清明上河园。在这里，你不仅能看到《清明上河图》中的主要建筑、古装表演，还能参与各类民间游艺杂耍活动，品尝古都开封色香味俱全的各类美食，也算是稍解慕古之情。

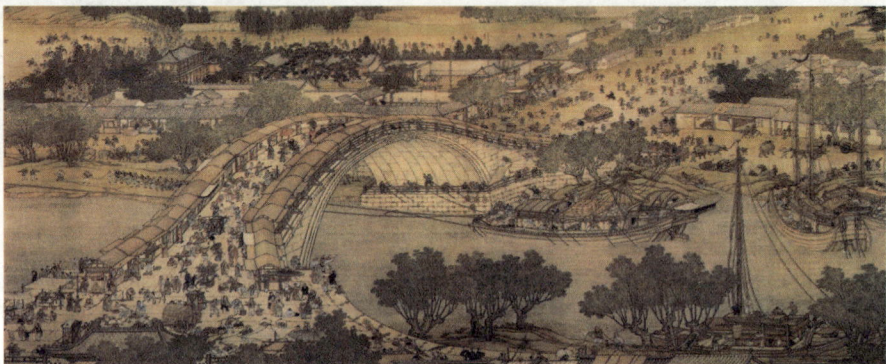

延伸阅读：嵩山少林寺

河南嵩山少林寺创建于北魏太和十九年（495），是北魏孝文帝拓跋宏为安置印度高僧跋陀而敕建。后来，印度高僧菩提达摩东渡，在少林寺后山面壁九年，首倡禅宗，因此被尊为中国禅宗初祖。唐初时，少林寺十三僧人因帮助秦王李世民讨伐王世充有功，受到唐朝封赏，并且被特许可设立常备僧兵，因此成就少林武术的发展。李连杰出演的电影《少林寺》风靡海内外，少林寺也成为中国传统武术文化的象征。

记一记

含有"象"字的成语：

瞎子摸象　香象渡河　曹冲称象　蛇欲吞象　象箸玉杯

晋

两只箭插箭筒里，随时准备打仗

　　前面讲到"晋"字时说过，甲骨文和金文中"晋"的字形，一方面被看作两只插在箭筒里的箭，有"插箭、战争"的意思，表示战争；另一方面被看作禾苗的"禾"的形状，因此"晋"与农作物有关，象征阳光下万物向上生长。这两重意思，在山西的历史和地理方位上，都得到了非常强有力的证实。

| 甲骨文 | 金文 | 篆书 | 隶书 | 楷书（繁体） | 楷书（简体） |

　　从战争方面看，山西一带，尤其晋北地区，包括大同、朔州在内的雁北地区，历来是战乱不断的塞北边疆之地。征战和攻伐，很长一段时间都是晋北之地的主旋律。与之相反，山西南部的晋南之地，商周秦汉时期都在这里留下各民族活动的痕迹，自古便是适合农业生产的肥沃之地。战争与农业，就这样相安勿扰地结合到了一起。

汉字故事：桐叶封唐和三家分晋

　　周武王建立西周后不久就去世了。他的儿子周成王姬诵继位。那时姬诵 13 岁，不能独立处理政事，于是就把国家的大小事情都委托给

第三章　地理风物篇

叔叔即开国功臣周公旦来办理。

有一次，姬诵和弟弟叔虞在一起玩耍。姬诵玩得很开心，于是顺手从旁边的梧桐树上摘下一片树叶，把它撕成玉圭的形状，递给叔虞说："我把这个玉圭送给你，还要封你做诸侯。"在孩子看来，这只是一句玩笑话。虽然姬诵只是随口一说，但是旁边的史官把这句话当成圣旨，连忙记录下来，汇报给周公旦。周公旦认为君无戏言，于是就把刚刚征服的唐地，以姬诵的名义封给叔虞，史称唐叔虞。

唐叔虞也很争气，不但聪明上进，而且很关心百姓，兴修了不少水利工程，还鼓励开垦荒地，发展农业。在唐叔虞的治理下，唐地的百姓安居乐业，生活十分幸福。唐叔虞也因此受到了唐人的爱戴。

按照周朝的世袭制度，唐叔虞死后，他的儿子姬燮继位，并迁居到晋水附近，国号也改为"晋"。山西简称"晋"便源于此。后人为了祭奠唐叔虞，就在晋水的源头、悬瓮山下修建了一座祠堂，这就是"晋祠"。

晋文公即位后，进行了一系列大刀阔斧的改革，并不断征战四方。鼎盛时期的晋国拥有今山西省全部，以及陕西省、河北省、河南省内蒙古的一部分，成为春秋诸侯中的霸主。孔子修订《春秋》时，将晋文公与齐桓公、秦穆公、楚庄王、宋襄公一起称为"春秋五霸"。晋文公死后，大权落在了三家大夫赵襄子、魏桓子、韩康子的手中。他们起兵杀死执政的智伯瑶，把狭长的"晋"国地大体分为晋南、晋中、晋北三块，并且自立为诸侯，分别建立赵国、魏国、韩国。这就是"三家分晋"的故事。山西因此被称为"三晋之地"。

唐朝开国皇帝李渊也跟山西有渊源。他的父亲李昞因战功被北周封为唐国公，李渊幼年时就继承了这一封号。后来，李渊出任太原留守。隋末各地爆发农民起义时，李渊于晋阳（今太原市）起兵，逐渐消灭了各地的割据势力，最后成功灭掉隋朝，建立唐朝。唐朝的"唐"，既指"唐国公"这一封号，也指"唐"所代表的"晋"地。

延伸阅读：山西的名醋

山西老陈醋名列中国四大名醋之一，拥有宁化府、水塔、东湖等知名品牌。

根据文献记载，我国酿醋的历史在三千年以上。古代醋又称酢、醯、苦酒等。甲骨文的"酉"像酒坛的形状，表示"酒"的意思。从"醯"字的部首可以看出，醋的酿造工艺与酒有关。从"苦酒"这个名称来看，也同样说明醋源于酒。

甲骨文	金文	篆书	隶书	楷书

记一记

岁落众芳歇，时当大火流。

霜威出塞早，云色渡河秋。

梦绕边城月，心飞故国楼。

思归若汾水，无日不悠悠。

——唐·李白《太原早秋》

鲁

有鱼吃的地方，人聪明且有文化

"鲁"是会意字。它的甲骨文字形上部像一条鱼，下面像一个"口"字旁，表示嘴里吃到了美味佳肴。"鲁"的本义是鱼的味道鲜美。

后来，下面的"口"字旁慢慢演变为"日"字旁，变成现在常写的"鲁"。"鲁"也因此引申出"迟钝、蠢笨"的意思，如"鲁钝、愚鲁"等。"鲁"还指周朝分封的诸侯国鲁国。"鲁"还是山东省的别称。

甲骨文	金文	篆书	隶书	楷书（繁体）	楷书（简体）

汉字故事：孔子推崇礼仪

"我周公，创周礼。著六官，存治体。"《三字经》的这几句话说明周公在创造礼仪及国家制度方面作出了重大贡献。

周公是西周初年著名的政治家。他在哥哥周武王死后很长的一段时间内辅佐侄子周成王处理朝政。周公虽然被封到鲁国，但是因为辅佐周成王，不能离开国都，就派大儿子伯禽到鲁国，并且告诉他："你到鲁国后，一定要以礼治国。"

由于周公的关系，鲁国与周王室很亲近，是春秋时唯一可以和周朝王室使用同样规格礼仪的诸侯国，所以鲁国保留了中国比较正统的礼仪制度和文化。

春秋末期教育家、思想家孔子在鲁国担任官职时，非常推崇周公的为人及其制定的周礼。他不但用这一思想教育学生，还用它来规诫儿子。有一天，孔子独自站在厅堂里，儿子孔鲤恰好从庭院走过。孔子便叫住他，问道："孔鲤，你背过《诗经》了吗？"孔鲤说："没有。"孔子便说："不学《诗经》，就无法正确地表达自己的思想。"从此，孔鲤开始专心学习《诗经》。

过了一段时间，孔子又是一个人站在厅堂里。孔鲤不知道有什么事正要穿过庭院，孔子把他叫住，问道："孔鲤，你学过《周礼》《仪礼》吗？"孔鲤老实地回答："没有。"孔子语重心长地教育他说："不学习《周礼》《仪礼》，将来就无法在社会上立足啊。"从此，孔鲤开始认真学习《周礼》《仪礼》。

孔子要求儿子孔鲤读《诗经》《周礼》《仪礼》，就是希望孔鲤能成为一个有文化、有道德、有修养的人。孔子认为，一个人只有对人、对家、对社会怀有仁爱之心，以礼服人，以礼治国，社会和国家才会稳定兴盛。孔子所提倡的"诗书礼乐"（指《诗经》《尚书》《仪礼》《乐经》）传统，后来成了中国传统文化的基础。

（左侧竖排书名）又又一家 有故事的中国汉字·上册

延伸阅读：泰山

古人认为泰山可以直通天堂，因而成为百姓崇拜、帝王告祭的神山，故有"泰山安，四海皆安"的说法。自秦始皇开始到清代，先后有 13 位帝王亲登泰山封禅或祭祀，另外有 24 位帝王遣官祭祀 72 次。

泰山，又名东岳，东岳泰山与陕西省的西岳华山、河南省的中岳嵩山、山西省的北岳恒山、湖南省的南岳衡山并称五岳。泰山位于山东省中部，绵延起伏于泰安、济南之间，长约 200 千米。主峰玉皇顶海拔约 1533 米，气势雄伟磅礴。泰山也被称为"五岳之首"。

泰山共有 20 余处古建筑群，2200 余处碑碣石刻。泰山被道教、佛教称为"仙山佛国"，因此建有大量的宫观与寺庙。

记一记

岱宗夫如何？齐鲁青未了。
造化钟神秀，阴阳割昏晓。
荡胸生层云，决眦入归鸟，
会当凌绝顶，一览众山小。

——唐·杜甫《望岳》

湘

一条大河波浪宽，人民生活好喜欢

"湘"是一个形声字。左边的三点水是形旁，表示意义，篆书形体像河流；右边的"相"字旁是声旁，表示读音。"湘"同时蕴含着湘江宽阔、两岸的人能相望而难相往的意思。当然，从这个字形你也可以理解成：隔着水，隔着树，眼睛彼此看不到对方。

金文　篆书　隶书　楷书

"湘"字本义指湘江。湘江是贯穿湖南省的一条河流，它源自广西壮族自治区内的海阳山，流经衡阳、湘潭、长沙等地，最终汇入洞庭湖。它和广西的漓江同一个发源地。

"湘"还是湖南的别称。关于湖南，很早便有"三湘四水"的说法。"三湘"多指湘乡、湘潭、湘阴这三个地方，后泛指湖南全省；"四水"指的是湘江、资江、沅江、澧水这四条河流。在人们的生活和文化交流中，常用"三湘四水"代指湖南。

汉字故事：潇湘妃子的传说

相传尧舜时代，偏远的湖南九嶷山上住有九条恶龙。它们经常到

第三章　地理风物篇

113

湘江来戏水游乐，以致天下洪水暴涨，连年泛滥成灾。舜帝关心百姓疾苦，得知恶龙祸害百姓后，寝食不安，执意要去南方帮助百姓惩治恶龙。

舜帝的两个妃子——娥皇和女英原是尧帝的女儿。她们虽然出身高贵，但是并不贪图安逸享乐，而是深明大义，忧百姓之忧。舜帝这次去南方惩治恶龙，路途遥远，时间长，任务重，并且十分危险。她们虽然非常不舍，但是强装笑脸和舜挥手作别。

舜帝一连走了好几年，娥皇和女英还是没有等来他的消息。她们不放心，便决定前去寻找舜帝。她们跋山涉水，吃尽苦头，终于来到湘江边上的九嶷山。有一天，她们在一个叫三峰石的地方，看到三块耸立的大石头，一片翠竹围绕着一座用珍珠贝壳垒成的高大坟墓，十分壮观。她们便询问当地百姓："这是谁的坟墓？修得这么高大？"老百姓含着眼泪告诉她们："这是从遥远的地方来到这里的舜帝的坟墓。他帮助我们斩杀九条恶龙，自己却病死在这里，再也没法回去。湘江百姓为了感激他，就为他修建了这座坟墓。"

娥皇和女英得知实情后，抱头痛哭。她们一直哭了七天七夜，不吃不喝，眼睛哭肿了，嗓子哭哑了。最后，她们的眼睛哭出了血泪，死在了舜帝坟墓的旁边。娥皇和女英的眼泪洒在九嶷山的竹子上，竹竿上便呈现了点点泪斑，有紫色的，有褐色的，还有血红色的，这便是"湘妃竹"的来历。据说，用这种竹子制作成乐器箫，吹出来的声音格外凄婉哀怨，就像两位潇湘妃子在诉说那一段痛彻心扉、耳不堪闻的凄怆。

延伸阅读：湘军

晚清时，因封建制度腐朽，综合国力不强，中国沦为半封建半殖民地社会。清政府的腐败无能，对百姓的残酷剥削，以及对洋人的软弱和妥协，遭到了广大百姓的不满与反抗。中国南部爆发了声势浩大的农民起义——太平天国运动。晚清政府虽然腐朽不堪，但也不愿坐以待毙。在曾国藩的带领下，在今天的湖南省集中青年将领成立湘军。这是当时中国最能打仗的一支部队。湘军在镇压太平天国的战斗中发挥了极大作用，一方面延缓了清朝灭亡；另一方面又间接为清朝灭亡敲响了警钟。为什么这么说呢？因为太平天国被镇压后，湘军实力日益强大，严重威胁朝廷，所以不久湘军被解散。后来，众多湘军将领和士兵都成了辛亥革命的领导阶层。辛亥革命的爆发直接终结了清朝的统治，也终结了自秦始皇创立以来，统治中国两千多年的封建专制制度，为后来的社会进步奠定了基础。

记一记

独立寒秋，湘江北去，橘子洲头。看万山红遍，层林尽染；漫江碧透，百舸争流。鹰击长空，鱼翔浅底，万类霜天竞自由。怅寥廓，问苍茫大地，谁主沉浮？

携来百侣曾游。忆往昔，峥嵘岁月稠。恰同学少年，风华正茂；书生意气，挥斥方遒。指点江山，激扬文字，粪土当年万户侯。曾记否，到中流击水，浪遏飞舟？

——现代·毛泽东《沁园春·长沙》

每日一字 ———————○ **鄂**

商代古国，变成了清代省会

"鄂"是形声字。左边的部件是声旁，表示读音。鳄鱼的"鳄"；上颚的"颚"；花萼的"萼"，都是以这个部件为声旁。右边的部件是形旁，表示意义。

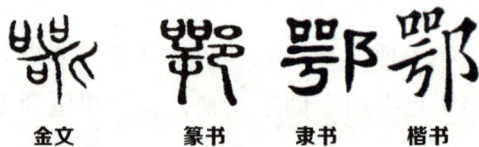

金文　　篆书　　隶书　　楷书

湖北省简称"鄂"的来历可以追溯到很久以前。据《战国策》记载：商纣王有三个著名大臣——鬼侯、鄂侯和周文王。其中，鄂侯就是后来在《封神榜》中被残暴的纣王做成肉干的那位。因为他和商纣王争辩，所以后来遭到这么悲惨的惩罚。可知，鄂侯所在的古国"鄂"从商朝以来便存在了。

"鄂"国原本位于今山西境内，西周初期，由于受到晋国军事压力而南迁随州（今湖北随州）。周厉王时，鄂侯驭方叛周，鄂国被灭。剩余的鄂国人再次南迁，来到今天湖北境内的鄂州定居，并修建鄂王城。战国时，随着楚国兴起，楚国君主熊渠率兵吞并鄂国，并封他的二儿子为鄂王，扩建鄂王城。

秦始皇统一中国后，开始实行郡县制，在鄂王城设立鄂县。鄂县最辉煌的时期是在三国，东吴的当政者孙权把国都定在鄂县，并将鄂县改名为"武昌"，意思是武运昌盛。清代设置湖北省，省会武昌就是隋以后鄂州的所在地。所以湖北省的简称为"鄂"。

汉字故事：湖北人被称为"九头鸟"的来历

湖北人被称为"九头鸟"，这与著名诗人屈原有着直接关系。屈原写过一首楚辞《九歌》，里面提到一个生活在古楚之地的至高神明东皇太一。东皇太一被赞誉为天上的太阳神或帝王，他的坐骑是一只九头凤凰。古代楚人把"九头凤凰"作为图腾崇拜，传说九头凤凰是从太阳中飞出来的，全身火红，能浴火重生，代表光明、温暖和生命。人们发现，在出土的楚国器物上凤的形象最多。

其实，楚人对"九头凤凰"的崇拜，是和他们的祖先崇拜联系在一起的。楚人自称是火神祝融的后代。祝融不仅代表太阳，还是凤鸟的化身。

"九头凤凰"本是神鸟，为什么演变成了精明的"九头鸟"呢？据说这跟明朝宰相张居正有关。

张居正是湖广江陵（今湖北荆州市）人，16岁时就考上举人，被称为少年天才。后来，他长期担任万历皇帝的老师，对小皇帝要求非常严格。小皇帝文章背错一个字，都要遭到他的严厉训斥。为此，小皇帝非常害怕他。

凭借帝师身份，张居正当上了宰相。他大力推行改革，破坏了当时贵族和地主阶级的既得利益，引起了他们的普遍反对。有人特地写文章讽刺他说：听说神山上有一种鸟，一个身子上长了九个头，一个头得到食物后，那八个头就都去抢着吃。结果，在相互争夺中，九个头都受了伤。如此不顾全大局，自相残杀，究竟有什么好处呢？

第三章 地理风物篇

虽然这些抨击对张居正的历史形象没有造成多大影响，但是湖北人却永远被打上了"九头鸟"的烙印。

九头鸟形象地反映了湖北文化的多元性和湖北人的多面性格。湖北本来就是"五方杂处"的地区。近代，湖北一带的长江沿岸形成了政治军事重镇和重要商埠。很多西方人和传教士最先到达这里，然后再去往内地。通商口岸的开放，促进了商业的繁荣，更让湖北人见多识广，头脑灵活。"天上九头鸟，地上湖北佬"的说法也就随之扩散到了全国各地。

延伸阅读：屈原与端午节

屈原出身贵族，和楚王同属楚国王族，所以有机会接受良好的教育，并且可以入朝为官。

青年时，屈原曾做过楚怀王的左徒。屈原用聪明的才智和渊博的知识，

为楚王处理一系列外交政事，深受楚王的信任。但是因为小人从中挑拨，楚王就不再信任屈原，甚至将屈原罢官，流放到南方的荒芜地区。屈原既为自己的悲惨命运感到不公，又为楚国的日益衰落感到悲哀，于是在悲愤地写下千古绝唱《离骚》和《天问》之后，投汩罗江而死。

屈原投江后，百姓得知消息马上划船打捞，但是没有找到屈原。楚国百姓怀念屈原，荡舟江上，逐渐演变成今天的赛龙舟活动。百姓又怕江里的鱼虾把屈原的尸体给吃掉，就用箬叶包上糯米做成食物丢

到江里。后来这种用糯米制作的三角形食物被称为"粽子"。每年农历五月初五，百姓都会举办仪式纪念屈原，这逐渐演变成今天的"端午节"，又叫"粽子节"。当然，粽子也不再丢到江里，而是变成我们的美味。

记一记

昔人已乘黄鹤去，此地空余黄鹤楼。

黄鹤一去不复返，白云千载空悠悠。

晴川历历汉阳树，芳草萋萋鹦鹉洲。

日暮乡关何处是？烟波江上使人愁。

——唐·崔颢《黄鹤楼》

赣

落霞与孤鹜齐飞，秋水共长天一色

"赣"是形声字，古时读音为"贡"。贝（贝）是形旁，表示意义。古时"贝"用作钱币，因此"赣"表示与财物有关，本义是"赐给"。《说文解字》中说："赣，赐也。右边的"贡"字旁有进贡、赐予的意思。后来"赣"假借为水名，专门指赣江。

赣江是江西的母亲河，自南向北纵贯江西全省。因此江西也简称"赣"。赣江源头有两个分支。东支称贡水，为赣江正流，发源于赣闽交界的武夷山地区。西支为章水，发源于大庾岭。章水、贡水在赣州汇合后曲折北流，自此称赣江。"赣江"原作"赣江"，"赣"即"章""贡"二字合并而成。

| 金文 | 篆书 | 隶书 | 楷书（繁体） | 楷书（简体） |

汉字故事：王勃和《滕王阁序》

在江西省南昌城漳江东岸矗立着一座富丽雄伟的阁楼，它是唐太宗李世民的弟弟滕王李元婴任洪州都督时修建，因此称为"滕王阁"。后来阎伯屿做了洪州都督。他非常喜爱滕王阁的风景，便下令让人重修已经破旧的滕王阁。滕王阁竣工那天正值农历九月初九重阳节。阎伯屿非常高兴，召集当地官吏文人在滕王阁聚会，摆下酒席，庆祝滕王阁的修葺一新。

阎伯屿的女婿吴子章也是一个才子，文章写得非常好。为了让女婿出名，阎伯屿颇费苦心，提前让吴子章做好准备，争取在宴会上一鸣惊人。

宴会这一天，年轻诗人王勃乘船去探望父亲。船在江西南昌靠岸。王勃听说滕王阁的风景十分美丽，便前去参观游览。于是，王勃不请自来，赶上了阎伯屿的宴会。

喝过几杯酒之后，阎伯屿举杯向满座宾客倡议：希望有人能即兴赋诗一首，记录宴会的盛况。大家知道阎伯屿的意思是要让女婿吴子章展示一下文采，都礼貌地推辞。只有初来乍到的王勃，年轻气盛，对情况一点儿也不了解。他喝酒喝得很高兴，于是毫不客气地接过纸笔，酝酿一下，准备写一篇好文章。

王勃开头写的是："南昌故郡，洪都新府。"

阎伯屿看后不以为然地说："文章这样开头，老生常谈！"

接着，王勃又写道："层峦耸翠，上出重霄；飞阁流丹，下临无地。"

阎伯屿觉得这一句还算有些文采。

当王勃写下"落霞与孤鹜齐飞，秋水共长大一色"时，阎伯屿情不自禁地拍案称赞道："真才子也！"

王勃写的这篇文章，就是千古传颂的《滕王阁序》。

延伸阅读：南昌为什么叫"英雄城"？

南昌是中国人民解放军的诞生地，是人民军队第一面军旗升起的地方。1927年8月1日，在周恩来、贺龙、叶挺、朱德、刘伯承的领导下，起义部队在南昌打响了武装反抗国民党反动派的第一枪。从此，南昌便以"英雄城"而名扬中外，8月1日自然也就成了我国的建军节。

记一记

万木霜天红烂漫，天兵怒气冲霄汉。雾满龙冈千嶂暗，齐声唤，前头捉了张辉瓒。

二十万军重入赣，风烟滚滚来天半。唤起工农千百万，同心干，不周山下红旗乱。

——现代·毛泽东《渔家傲·反第一次大"围剿"》

皖

像太阳一样能发出光的地方

"皖"是形声字。左边的白字旁是形旁，表示意义。右边的完字旁为声旁，表示读音。本义是指光线明亮的样子。

晥 皖 皖 皖

金文　篆书　隶书　楷书

"皖"有"光明""明亮"的意思，寓意吉祥美好。另外安徽省境内西部有皖山（即天柱山）、皖河，历史上有古皖国，因此安徽又简称"皖"。然而，安徽省的名称则是1667年取当时的政治中心安庆和经济都会徽州二府的首字组成。

汉字故事：凤阳花鼓的故事

"说凤阳，道凤阳，凤阳出个朱元璋。北街生，南街长，临水寺里当和尚。说凤阳，道凤阳，凤阳本是个好地方。自从出了朱皇帝，十年倒有九年荒。"

朱元璋建立明朝，他的家乡凤阳作出了巨大的贡献和牺牲。登上皇帝宝座后，朱元璋对老家凤阳曾格外开恩，豁免田赋，一心盼望凤阳的老百姓能过上好日子。

第三章　地理风物篇

123

不仅这样，朱元璋还雄心勃勃，想定凤阳为都城，但是又感到凤阳人气不旺，文化不盛，便下令移江南富民十四万户和天下数千文人墨客到凤阳安家，以繁荣凤阳的经济和文化。其实，把江南富户和地主权贵，从沿海移入内地，也是朱元璋削减地主势力的一项重大措施。

迁移凤阳的地主失去原来的土地，自然也就失去了政治和经济依靠。这些移民不习惯淮河流域经常泛滥成灾的自然灾害和环境，所以经常有人出逃回乡。官府发现后，便颁发了严格的法令：凡逃跑者格杀勿论。于是人们不敢再明目张胆地逃走，而是想方设法暗中外逃。据说，凤阳花鼓就形成于这个时期。

相传，凤阳花鼓最初只是用一个竹筒，两头蒙上羊皮，制成小鼓，随意折两根树枝当鼓槌。简单而单调的花鼓音乐，配上描绘生活艰难的咏唱，慢慢地居然吸引了许多人对流亡者的同情，也陪伴了人们孤寂的流亡道路。在凤阳花鼓逐渐被更多的人接受后，有一些稍稍懂点文化的人开始参与进来，自编花鼓词，扮作讨饭者演唱，凤阳花鼓就这样流传开来，后来成了安徽省非常有名的一种民间表演艺术。

延伸阅读：六尺巷的故事

清朝康熙年间，宰相张英来自安徽桐城。桐城的张家人和邻居吴家人都要起房造屋。为了争夺建房地基，张家人和吴家人发生争执。张老夫人不甘心吃亏，就亲自写信到北京，让儿子张英利用宰相的权力出面干预，为张家人讨回公道。张英看完来信，马上作诗劝导老夫人说："千里修书只为墙，让他三尺又何妨？万里长城今犹在，不见当年秦始皇。"

张家接到书信后羞愧不已，便向后退三尺，在张吴两家地基之间让出了一片空地。吴家见张家主动退让，很是感动，也后退三尺，让出了一片空地。于是，一条"六尺巷"就空了出来，两家化敌为友的佳话也迅速在民间传播开来。

记一记

　　为救李郎离家园，谁料皇榜中状元。

中状元，着红袍，帽插宫花好啊好新鲜。

我也曾赴过琼林宴，我也曾打马御街前。

人人夸我潘安貌，原来纱帽罩婵娟。

——安徽黄梅戏《女驸马》选段

每日一字

蜀

有虫之地，生产蚕丝，布比金贵

"蜀"的本义是指"蛾蝶类的幼虫"。甲骨文的"蜀"字是象形字，字形突出了幼虫的大眼睛和弯曲的身子。《说文解字》中说："蜀，葵中虫也。从虫。"有人说，这种虫就是蚕。那么，指"蚕"的蜀字，怎么会成了四川省的简称呢？

甲骨文	金文	篆书	隶书	楷书

我国很早就有采桑养蚕的历史，并将它作为国家的大事。传说五帝之一的"黄帝"的正妃嫘祖就是养蚕术的最早发明者，而她的籍贯就是四川。据考，四川省绵阳市所辖的盐亭县就是嫘祖娘娘的出生地，即《史记》上所说的西陵之地。

由此可见，四川实在是养蚕业的故乡。因蜀地盛产桑而多有桑虫，桑蚕吐丝作茧而盛产蚕丝，故蜀地自古便有"蚕丛古国"之誉，盛产丝织物，并通过丝绸之路将丝绸和锦缎传到了世界各地。四川的蜀锦更是闻名世界。

由此可见，用"蜀"来为四川命名，正是因为四川得养蚕的风气之先，因而给中原人留下了深刻的第一印象。

汉字故事：望帝春心托杜鹃

四川境内曾出现过一个古蜀国，相传有一任君主叫杜宇，自封为望帝。望帝当君王的时候，非常关心农业和老百姓的生活，老百姓对他也十分拥护。

有一年，古蜀国爆发了一场大洪水，国家顿时陷入一片混乱。虽然想尽了各种方法救灾治理，但始终不能从根本上根除水患。望帝忧心百姓的生死，就向全国发布公告说，谁能使洪水退去，他就把王位让给谁。一个叫鳖灵的人自告奋勇，请求去治理洪水。

鳖灵对蜀国的地理情况非常了解，他认为是境内的玉山挡住了洪水的去路，因此应该用大禹治水的办法，把玉山凿开，疏通水道，让水流出去。

望帝觉得他说得有理，就任命他为蜀国的宰相，让他去凿开玉山，疏通洪水。没想到这个鳖灵果然有些本事，真的带领百姓把玉山劈开，凿出一条水道，使水从蜀国流到长江，不仅水患得到解除，还发展了灌溉，滋养了农田，蜀国人民又可以安居乐业了。

鳖灵在治水上立下了汗马功劳，望帝十分感谢他，便依照之前说的，自愿把王位禅让给了鳖灵。望帝自己则到遥远的山里修行去了。

鳖灵做了国王之后，渐渐变得居功自傲，飞扬跋扈，不仅听不进反对意见，还动不动就虐待百姓。望帝听了之后非常着急，但劝告也没有用。望帝在一个春天中非常郁闷地死去了，死后变成了杜鹃鸟飞回蜀国，在枝头日夜不停地啼叫，那声音如泣如诉，直叫得嘴角鲜血直流。后来就有了"杜鹃啼血"的成语，形容非常哀痛悲伤的心情，"杜鹃"也成为哀伤、悲痛的代名词，被历代文人吟咏。

延伸阅读：乐不思蜀

三国时期的刘备因有诸葛亮、关羽、张飞、赵云等一众有识之士忠心耿耿地辅佐，占据了蜀地，建立了蜀汉政权。他死后，他的儿子刘禅继承了帝位。但刘禅昏庸无能，被人称为"扶不起来的阿斗"。在诸葛亮死后，他继承下来的蜀国没多久就被魏国灭了，刘禅和一帮大臣投降了魏国，被押到魏国的都城洛阳监视起来。在一次宴会上，司马昭当着刘禅君臣的面故意安排表演蜀地的歌舞。随从大臣看了都非常难过，刘禅却看得津津有味，手舞足蹈的。司马昭便问他还想不想蜀国，刘禅回答说："我住在这里很快乐，想念蜀地干什么呢。"司马昭听了，哈哈大笑。从此，"乐不思蜀"作为一个表示胸无大志，贪图享乐，得过且过的成语便流传开来。

记一记

噫吁嚱，危乎高哉！蜀道之难，难于上青天！蚕丛及鱼凫，开国何茫然！尔来四万八千岁，不与秦塞通人烟。

——唐·李白《蜀道难》节选

浙

弯弯曲曲，水入东海，美女如云

"浙"是形声字。篆书中"浙"的字形，左边的三点水是形旁，表示意义，像一条河流，表示浙江；右边的"折"字旁是声旁，表示读音，也有弯曲义，表示浙江从发源地黄山弯弯曲曲地向东流入海。"浙"字本义是水名，指"浙江"。

篆书　　隶书　　楷书

浙江，又叫之江、钱塘江，是浙江省的第一大河。它流经杭州市，由西往东注入杭州湾而入东海。

"浙江"之所以被人叫作钱塘江，是因为秦代曾在今天的杭州西设置钱塘县。唐代以"唐"为国号，乃加"土"为"塘"。钱塘江又因流经钱塘县而得名。民间的说法是：五代时期，吴越国建都杭州。当时钱塘江潮水汹涌，经常破堤为患，百姓深受其苦。吴越王钱缪下令修筑河塘防洪，于是洪水不再犯民。此防洪河塘就是"钱塘"，所以这条江也叫"钱塘江"。

汉字故事：救国的浣纱美女西施

"沉鱼落雁，闭月羞花"是形容中国古代四大美女的成语。其中"沉

第三章　地理风物篇

鱼"讲的是吴越争霸时越国（今浙江省及周围一带）美女西施的故事。

吴王夫差在大臣伍子胥的帮助下，打败越国，把越王勾践夫妇和他的大臣范蠡作为人质扣押在吴国。越王勾践做了夫差的奴仆，为夫差喂马牵马。越王勾践为了报灭国之仇，处处隐忍，装出乖乖听话的样子。有一次，吴王夫差肚子疼。勾践按照大臣范蠡的建言，亲自品尝了吴王夫差的大便，替吴王分析病情。吴王夫差被彻底感动，决定放勾践君臣回国。大臣伍子胥连忙阻止说："这不是一般人能做到的事情。勾践今天能够忍辱品尝大王的粪便，日后就会狠心要了大王的命。大王您一定会后悔的。"可是夫差觉得，勾践这么卑躬屈膝，他已经被自己彻底征服，哪有翻盘的可能。夫差不听劝告，还是将勾践君臣放回了越国。

勾践回国后，卧薪尝胆，励精图治，一方面暗中开垦荒地，囤积粮食，训练军队，结交齐、晋、楚等大国；另一方面从全国选出美女送给吴王，以消磨吴王的斗志。

越国有一个浣纱女子叫西施，她长得五官清丽，身材苗条。相传，她在河边浣纱时，河水映照出她俊俏的倒影，鱼儿看见她的美貌都忘记游水，羞愧地沉到河底去了，这就是西施"沉鱼"的故事。

西施被越王勾践选中后，经过长时间的歌舞和交际培训，便被送到吴王身边。吴王对美貌的西施果然格外宠爱。当他了解到西施擅长跳"响屐舞"（可能和今天的踢踏舞有点儿像）时，还专门为她修筑了"响屐廊"，在数以百计的大缸上铺上木板。西施穿上木屐起舞，裙系小铃，铃声和大缸的回响声"铮铮嗒嗒"交织在一起，使吴王如醉如痴。吴王从此不理朝政，国势日衰。不久，吴国被勾践灭亡。吴王夫差后悔当初不听伍子胥的劝诫，自刎而死。

延伸阅读：蜚声天下的钱塘潮

翻开浙江省地图，可以发现钱塘江入海口的形状十分特殊，像一个弯曲的、巨大的喇叭口。每当涨潮时，海水由宽阔的喇叭口向内涌入。由于河道越来越窄，潮头便越来越高，像一堵水墙似的带着巨大的吼声前进。尤其是每年农历八月十八前后，潮头最高。因此，八月十八观钱塘江大潮成为自古以来的盛事，直至今日游客依然不减，还吸引了不少外国游客。人们都聚在江边，想一睹钱塘潮的壮观景象。

记一记

长忆观潮，满郭人争江上望。来疑沧海尽成空。万面鼓声中。

弄潮儿向涛头立。手把红旗旗不湿。别来几向梦中看。梦觉尚心寒。

——宋·潘阆《酒泉子·长忆观潮》

第三章 地理风物篇

131

一
又 廿
口 户 釆
小 文 古

粤

经常下雨，庄稼不好，等五羊救援

"粤"是形声字。金文中"粤"的字形由雨水的"雨"、于是的"于"两部分组成。上面的"雨"是形旁，表示天在下雨；下面的"于"是声旁，表示读音。"雩"字本来表示天不降雨时，专门为求雨而进行的一种祭礼仪式。后来这一字形讹变为"粤"，并被用来专指广东、广西，或专指广东省。

雩　粤　雩　粤

金文　　篆书　　隶书　　楷书

在很多典籍中，广东省的简称"粤"字，经常和越南的"越"字通用，表示它与古代百越文化有着很紧密的联系。

先秦时期，中原地区将长江以南地区泛称为"百越"，当时，广东大部分属于"南越"范畴。南越国的建立者赵佗是秦朝南海郡尉，是一个地地道道的中原人。后来，秦末大乱，他割据岭南，建立南越国。这一称呼被汉朝沿用，《史记》便把这一地区称作"南越"，《汉书》称"南粤"，"越"和"粤"通用。人们在为广东省选择简称时，可能考虑到已经有"越南"这个国家名，"百越"过于泛指，所以就舍弃"越"，选了与之通用的"粤"作为广东省的简称。

汉字故事：广州为什么被叫作"羊城"？

相传很久以前，南海边上住着许多越人。他们在荒野中开荒种地，日子过得非常艰难。有一年大旱，颗粒无收。一对相依为命的父子已经好几天没吃过一顿饱饭了。这时，几个官府衙役突然闯进门来，硬逼着他们交租。但是，他们家里实在没有谷子可交，凶恶的衙役们便蛮横地把老人抓走了，让儿子拿谷子来换人。

儿子实在想不出办法来，日夜悲伤地啼哭。儿子的哭声传到天上，感动了天上的五位仙人。这五位仙人身穿五彩绸衣，骑着五色仙羊，腾云驾雾来到少年眼前。他们有的拿着谷穗，有的拿着麦粒，有的拿着稻粒……都是一些天上的好种子。其中一位仙人把手中的谷穗交给少年，让他把种子播在土里，他父亲自然就会得救。说完五位仙人就不见了。

少年擦干眼泪，按照仙人的嘱咐，把谷种撒在土里，浇水施肥，一夜工夫，种子就长出了青秆绿叶，第二天便结满了黄澄澄的谷穗。少年十分高兴，一大早就把收下来的谷子担到官府来换回父亲。

坏心眼儿的县官听说这件事，觉得蹊跷，便严厉地对少年说："你昨天还说没米下锅，怎么今天就担来这么多谷子？你的谷子一定是偷来的。"于是县官要重重地惩罚少年。少年吓得忙把仙人送谷种的事说了出来。县官听后眼珠一转，就把父子俩放了，并派衙役尾随他们。

父子俩快回到村时，看见那五位仙人正坐在山坡上乘凉，便连忙磕头拜谢。此时，一直跟踪父子俩的衙役恶狠狠地扑上前来，想要用绳索捆住这五位仙人。一阵青烟散去，仙人们早不知去了哪里。这时，远处草坪上却有五只羊在"咩咩咩"地叫着。

衙役心想，这五只羊肯定是刚才那五位仙人变的，便想上去把五只羊抓住。可是，任凭他们怎么努力也抓不住。那五只羊开始奔跑，衙役们一直追到珠江边上。眼看前面没有道路了，这时天边突然闪开了一道门，五只仙羊一跃而上，奔上天去了。从此，广州就有了"五羊城""羊城"的称呼。

延伸阅读：林则徐虎门销烟

清朝末年，为了扭转巨大的贸易逆差，英国把大量鸦片走私到中国，麻醉中国人的身体和精神，也造成了中国大量的金银外流。为了解决这个问题，道光皇帝派林则徐到广东禁烟。1839 年 6 月，林则徐把没收的 237 万余斤鸦片在广东虎门海滩全部销毁，沉重打击了英国侵略者的嚣张气焰，维护了中国的尊严和利益。虎门销烟事件后来成为第一次鸦片战争的导火线，中国近代历史上第一个不平等条约《南京条约》就是在那场战争后签订的。

记一记

海纳百川，有容乃大；

壁立千仞，无欲则刚。

——林则徐任两广总督时写的署衙大堂联

桂

遍地都是桂花，女孩子唱着好听的山歌

　　"桂"是形声字。左边的木字旁是形旁，表示意义，篆书中"桂"的字形像一棵树，表示"桂"是树木的一种；右边的圭字旁是声旁，表示读音。同时，"圭"是一种最小的测量单位，六个米粒的长度为一圭。用"圭"做声旁，表示桂花的大小和形状像米粒，其聚集而生的特性也跟米粒相似。

桂　　桂　　桂

篆书　　隶书　　楷书

　　"桂"的本义是指桂树。桂树包括可以药用的肉桂树和八月飘香的桂花树。这两种树以广西出产最多，也最有名，是广西标志性的植物。

　　秦朝时，广西大部分属于桂林郡辖，故桂林郡的"桂"字逐渐演变成广西的简称。

第三章　地理风物篇

汉字故事：刘三姐唱山歌

广西地处我国大西南，是少数民族聚集的地方，其中壮族人口最多。这里流传着很多美丽的传说。最负盛名的要数刘三姐唱山歌的故事。

相传，刘三姐是一位漂亮的壮族姑娘。她聪慧机敏，歌声动听，常常喜欢用山歌来表达心中的所思所感，在民间一向有"歌仙"的美称。因为在家排行第三，所以人们都叫她"刘三姐"。

农忙之余，刘三姐常和乡亲们"对山歌"，过着快乐的生活。有时，她们用山歌表达感谢："多谢四方好邻居，我家没有好茶饭，只有山歌敬亲人。"有时，他们用山歌互相出谜语，考验对方的脑筋转得快不快："什么水面打跟斗？什么水面起高楼？什么水面撑阳伞？什么水面共白头？""鸭子水面打跟斗，大船水面起高楼，荷叶水面撑阳伞，鸳鸯水面共白头。"

在刘三姐生活的村庄里，有一个坏心眼的财主。他贪图刘三姐的美貌，企图禁止穷人们唱山歌。为此，他请人和刘三姐展开一场山歌比赛。

一个姓李的秀才首先唱道："小小黄雀才出窝，谅你山歌有几多？那天我从桥上过，开口一唱歌成河。"刘三姐回道："你歌哪有我歌多，我有十万八千箩，只因那年发大水，歌声塞断九条河。"

一个姓罗的秀才给刘三姐出了一道数学题："三百条狗交给你，一少三多四下分。不要双数要单数，看你怎样分得匀。"刘三姐稍一思索，便机智地回道："九十九条打猎去，九十九条看羊来，九十九条守门口，还剩三条，财主请来当奴才！"众人听了哄堂大笑，秀才们被骂得个个面红耳赤，败下阵来。

坏财主恼羞成怒，便和官府勾结，想把刘三姐抓入大牢。谁知连他的手下也看不下去了，送出消息。乡亲们趁着天黑，划船把刘三姐顺江送走了。

人们喜爱刘三姐，她的故事在人们中间口耳相传。广西地区还将每年三月三定为"山歌节"，举行声势浩大的唱山歌比赛，以此来纪念刘三姐。

延伸阅读：漓江的由来

漓江，又称漓水，位于广西东北部，同湘江上游有灵渠（湘桂运河）相通。"漓江"的"漓"意思是"离"。据清代顾祖禹《读史方舆纪要》载：从灵渠出五里之后，水分两派，一派向南流而曰漓水，一派向北流而曰湘水。"漓，离也，言违湘而南。"

记一记

> 桂林的山真奇啊，一座座拔地而起，各不相连，像老人，像巨象，像骆驼，奇峰罗列，形态万千；桂林的山真秀啊，像翠绿的屏障，像新生的竹笋，色彩明丽，倒映水中；桂林的山真险啊，危峰兀立，怪石嶙峋，好像一不小心就会栽倒下来。
>
> ——陈淼《桂林山水》

考试真题：

1. 漓江在我国的哪一个省份？_____

A. 黑龙江　　　　B. 广西　　　　C. 湖北　　　　D. 浙江

2. 唐朝的都城长安是今天的哪座城市？_____

3. 被誉为绿色林海的大兴安岭位于我国哪个省份？_____

4. 明代小说《水浒传》中的"水泊梁山"在我国哪个省？

_____

5. 明清皇帝夏天住宿的避暑山庄位于哪个城市？

_____

6. "皖"是哪个省的别称？_____

7. 下列成语中画点的字是哪个省的简称？

得陇望蜀_____　　　　秦晋之好_____

黔驴技穷_____

8. 湘鄂赣革命根据地中的"赣"指的是哪个省？_____

9. "鲁"是我国哪个省份的别称？_____

10. 成都是哪个省的省会？_____

11. 著名绣品蜀锦是以我国哪个城市为中心的刺绣品的总称？

_____

12. 著名绣品湘绣是以我国哪个城市为中心的刺绣品的总称？

_____

13. 我国流行最广、影响最大的剧种是什么？_____

14. 羊城是哪座城市的别称？_____

杰出人物篇

姬 姜 窟 丘 嬴 邦 莽 秀 亮
之 元 坚 民 垦 轼 翁

姬

周代的天子都姓姬，一个以河流命名的家族

"姬"是形声字。左边的"女"字旁是形旁，表示意义，说明和女人有关；右边是声旁，表示读音。"姬"的本义是一种篦子，一种密齿的梳头用具。所以，甲骨文中"姬"的形状是一个女子对着一把梳子。

甲骨文	金文	篆书	隶书	楷书

在古代，"姬"是对妇女的美称，后来很多女性都以姬为名。如为战国四君子之一信陵君盗窃兵符的如姬，秦始皇嬴政的母亲，一代艳后赵姬，霸王别姬中的虞姬，以及创作《胡笳十八拍》的蔡文姬等。古籍中，也用"姬"字借指歌女和妾，如歌姬，姬妾等。

相传，黄帝和他的氏族长期居住在姬水旁边，便以河流的名字"姬"，做了自己的姓氏。姓在古代是整个氏族的符号，不单单表示一个人，这和我们现在的姓不同。

黄帝之后，"姬"成了周朝的国姓。周朝实行分封制，周王把自己的许多亲戚分派到不同的地方去做官。当时，姬姓国有 53 个之多。

汉字故事：德才兼备的周公

　　周公本名姬旦。姬是周朝国姓，旦是日字下面一条横，代表太阳刚刚跳出地平线，天刚刚发亮。这个名字寓意非常好。而且使用这个名字的人，在历史上也非常有名。

　　周公是西周初年的著名政治家。他是周文王的儿子，周武王的弟弟。因为被封赐的田地在周（今陕西岐山北），所以被称为周公。公，是对人的一种尊称。

　　周公曾两次辅佐周武王伐纣，为建立周朝立下汗马功劳。周武王去世时，儿子周成王姬诵年龄小，于是周武王就委托弟弟周公辅佐周成王。

　　周公代行天子权力，高高在上，说一不二，引起了很多人的嫉妒和不满。商纣王的儿子武庚看到有机可乘，就天天跑到周公的两个弟弟——管叔鲜和蔡叔度面前制造谣言，挑拨他们和周公的关系。

　　管叔鲜、蔡叔度的封地在今天河南一带。周武王当年把他们分封在这里，有着重大的政治意图。那就是让他们监视那些尚未被铲除干净的商朝残余势力，一有情况随时向朝廷汇报。没有想到，负责监视商朝残余势力的管叔鲜、蔡叔度竟然听信商纣王儿子武庚的谣言，认为周公真的要篡位谋权。管叔鲜、蔡叔度和武庚，联合东夷部族反叛周朝，组织强大的联军去攻打周朝都城。

　　周公虽然伤心，但还是决定以大局为重。他找来众多的亲族兄弟和有名望的大臣，开诚布公地和他们谈话，并在神面前发下毒誓，说自己绝没有篡位的野心。大家被他的诚心所感动，一起出兵支持他平叛。周公带领兵马，用三年时间，平定了武庚叛乱，杀掉武庚，把蔡叔度流放了。管叔鲜觉得没脸去见自己的哥哥和侄子，就上吊自杀了。

七年过后，周成王长大成人。周公把国家大事的处理权都交还给周成王，自己则像普通大臣一样站在下面，对周成王恭敬地行礼。周公还制定了一套完整的典章制度和礼仪规范，用来帮助周成王管理天下。孔子称赞说：周公这个人有智慧和能力，治国有方，同时又不骄傲吝啬，能不遗余力地帮助周成王把整个国家治理得井井有条，真是个德才兼备的人。

延伸阅读：为什么古代的姓多是女字旁?

"姓"字由"女"和"生"构成，最初的含义就是女人生孩子。在生产力低下的古代曾出现群婚制，以保证基本的人口出生率。那时人们只知其母，不知其父。孩子的血统只能根据母亲来确定，因而必须姓母亲的姓。所以许多古姓都是女字旁，如姬、妊、姒、姚、妫等，这些明显有母系氏族社会特征的痕迹彰显了中华文明源远流长、一脉相承的伟大之处。

记一记

我周公，作周礼。著六官，存治体。

——《三字经》节选

姜

文王拉车走了 808 步，周朝就存在了 808 年

据说"姜"姓最早诞生于陕西岐山旁的姜水之滨。炎帝生于姜水，故以水名为姓。《说文解字·女部》说："姜，神农居姜水，以为姓。从女，羊声。"

"姜"上半部是"羊"字，下半部是个"女"字，可以解释为"羊母亲"或"头戴羊角的女人"。"姜"与"羌"字同源。因此有学者认为，"姜"姓的产生与一直活动在中国西北部的羌族有关。

| 甲骨文 | 金文 | 篆书 | 隶书 | 楷书 |

有人研究甲骨文中的羌与姜，认为羌与姜都属于羌人，只是有性别上的区别。羌是男羌，姜是女羌。商朝时期，羌人常与中原殷人交战。甲骨文中有大量商人从羌族俘获女俘"姜"的记载，常常残忍地把女俘用作祭祀的人牲。如果你去过河南安阳的殷墟，想必对以人祭天的做法有些了解。因而可以理解为：先有以"羌"为标志的部族，后出现专指从羌族俘虏来的女俘"姜"，由"姜"姓女所生的后代，后来就变成了"姜"姓。

甲骨文　　金文　　篆书　　隶书　　楷书

汉字故事：姜子牙的故事

读过古典神魔小说《封神演义》的人们都知道，里面有个叫作姜子牙，俗称"姜太公"的人很有本领。他的原型就是西周开国功臣太公望。太公，是姜子牙受封齐国后，人们对他的尊称。

据说姜子牙是炎帝后代，姓姜，名尚，字子牙。他的祖先因为帮助大禹治水有功，受封于"吕"地，所以以"吕"为氏。姜尚也被称为"吕尚、吕望、吕太公"等。

传说姜尚非常有学问，曾经侍奉商纣王。他好心地给商纣王提意见，结果惹怒了暴躁的商纣王。商纣王发布命令要捉拿他。姜尚无奈之下只能出逃。他听说西伯侯也就是后来的周文王谦虚贤德，正在四处招揽人才，便想了一个推荐自己的好办法。

他每天去岐山的渭水垂钓，而且钓鱼方法十分怪异——不用诱饵，鱼钩是笔直的，而且悬在水面上。路过的百姓对此感到不可理解。姜尚却意味深长地说："姜太公钓鱼，愿者上钩。"

这件事很快传到周文王的耳朵里。他觉得姜尚一定是个奇才，便带着厚礼，亲自前去请姜尚。姜尚毫不客气地答应了，但是提出一个十分苛刻的条件：要周文王亲自为他拉车。

周文王虽然答应了，但是实在没有出过这样的力气。他拉着车往前走了一段路，就累得气喘吁吁了。姜尚鼓励周文王再努力拉一段路。于是周文王又咬牙坚持走了几十步，便再也爬不起来了。这时候，姜尚说："你拉车载着我一共走了八百零八步，我就保你周朝江山八百零八年吧。"周文王一听，顾不上劳累，连忙站起来又要拉车。姜尚说："不行，说破就不灵了。"所以周朝的天下真的就存在了八百零八年。

延伸阅读：孟姜女到底姓什么？

孟姜女哭倒长城的传说妇孺皆知，但是，你知道吗？孟姜女其实并不姓孟。"孟"为兄弟姐妹中排行老大的意思，"姜"才是她的姓氏。"孟姜女"实际意思是"姜家的大女儿"。

孟姜女的原型是《左传》中记载的"杞梁妻"：春秋时期，齐国有个叫杞梁的人战死疆场。他妻子因为没有子嗣，娘家婆家都没有亲属，所以"就其夫之尸于城下而哭之"，哭声十分悲苦，过路人无不感动。十天以后，"城为之崩"。后来经过六朝和隋唐说书人的不断加工，创造出"孟姜女"这个人物形象。在传说中，她是秦朝人。丈夫万喜良被秦始皇的官吏抓去修长城，因劳累饥饿而死，被埋在长城下面。孟姜女见丈夫多年未归，她思念丈夫，就长途跋涉，去寻找丈夫。当知道丈夫死后，孟姜女趴在长城上哭泣不止，最终长城被哭倒了一段，露出了丈夫的尸骨。

记一记

含有"姜"字的俗语：

姜还是老的辣

冬吃萝卜夏吃姜

姜太公钓鱼——愿者上钩

姜桂之性

一个被人厌弃的小名，一个想得到母爱的孩子

"寤"是形声字，上面的"宀"旁表示房子，左边的"爿"旁表示床，"吾"是声旁，表示读音，指自己，也是醒悟的"悟"的简省文字。这三个部分合起来表示，睡醒后才知道自己及身边的情况。因此本义是睡醒。

"寤"同觉悟的"悟"，表示了解、觉悟。如不寤、寤思、寤语等。

寤 寤 寤 寤
金文 篆书 隶书 楷书

春秋时期，郑国国君郑武公娶了姜姓的女儿，因郑武公谥号是武，故称武姜。武姜生了两个儿子：郑庄公和共叔段。庄公出生的时候，脚先出来，头后出来，武姜因此疼得死去活来。虽然最后幸好母子平安，但是武姜一看到郑庄公，就想起当时的痛苦经历，因而非常不喜欢他，给他起名"寤生"，即倒着生的意思。

汉字故事：郑庄公兄弟相争

郑庄公是郑武公的大儿子，因为倒着出生的原因，始终得不到母亲的疼爱。自从有了小儿子共叔段后，武姜多次到郑武公面前进言，

求立小儿子共叔段为太子。好在郑武公并不糊涂，没有答应武姜的要求。郑庄公当上国君后，武姜不断地替小儿子共叔段要这个要那个，甚至要求把"京"（今河南荥阳东南）这个战略要地封给他。郑庄公听从母亲的话，把段封到"京"这个地方，因而共叔段被称作"京城太叔"。共叔段仗着母亲武姜的宠爱，骄纵跋扈，不断扩张自己的势力。

有些大臣提醒郑庄公，一定要提防他这个颇有野心的弟弟共叔段。郑庄公说："多行不义必自毙，一个人如果坏事做得太多，一定会走上死路的。我们再等等吧。"

在哥哥郑庄公的一再退让下，共叔段果然得寸进尺。他修整城池，备好兵马，甚至要推翻哥哥郑庄公的统治，想自己当国君。武姜甚至还答应给小儿子共叔段做内应。郑庄公听说这个事情后非常伤心。他号令众臣，积极做好应战的准备。经过几次大战，共叔段被郑庄公的军队打败了。共叔段逃到别的国家，不久死去。

郑庄公怨恨母亲武姜偏心眼儿，就把她安置到偏远的地方，并且发狠誓说："不到黄泉，再不见面。"一个叫颍考叔的孝子听到这件事后，决定规劝他。一次跟郑庄公吃饭时，颍考叔把一些非常好吃的肉和菜留出来，请求带回家给母亲。郑庄公看颍考叔这么孝顺，心里很羡慕，就把母亲的事都跟他说了，并且说自己非常后悔当时的决定。颍考叔说："这很简单，您让人挖一条地道，挖出泉水为止，您不就跟母亲在黄泉相见了吗？这样也没人能说您违背了誓言。"郑庄公便照着他的话做了。

人们在挖地道的过程中果然挖出了泉水。于是郑庄公走进地道与母亲武姜相见，母子俩从此和好如初。

延伸阅读：千奇百怪的小名

春秋战国时，诸侯国之间战争不断，社会阶层和社会礼仪遭到了很大的破坏。就连给孩子起名字这样的大事都显得十分随便。当时人们多以贱名为时尚。如晋惠公的儿子叫"圉（yǔ）"，马棚的意思；女儿叫"妾"，小老婆的意思；鲁文公的儿子叫"恶"，不好、讨厌的意思；晋献公的小名叫"虿（chài）"，蝎子的意思；周桓公的小名叫"黑肩"，可能出生时肩膀上有一颗黑痣；晋成公小名"黑臀"，估计屁股上有一块黑痣；齐桓公小名"小白"，估计皮肤白。

记一记

古代"睡觉"的不同说法：

睡：坐着打瞌睡。

卧：伏在矮桌上睡觉。

眠：闭上了眼睛但不一定睡着。

寝（qǐn）：躺在床上睡觉。

寐（mèi）：睡着了。

觉（jué）或寤（wù）：睡醒了。

丘

小山丘下的大人物，影响中国几千年

"丘"是象形字，本义是"小土山"。"丘"的甲骨文字形很形象地表示出两座小山的样子。和表示较高的"山"字相比，"丘"专指"低矮的小土山"，如沙丘、荒丘、丘陵等。由于坟墓与小土山外形相似，因此"丘"又引申为"坟墓"的意思，如丘墓、丘冢等。

甲骨文　　金文　　篆书　　隶书　　楷书

"丘"这个字在中国文化中蕴意深远。

田园诗人陶渊明在《归园田居》中写道："少无适俗韵，性本爱丘山。"表达了不慕富贵、热爱自由、向往自然的质朴情怀和高洁性情。

爱国诗人屈原写道："鸟飞反故乡兮，狐死必首丘。"即便飞鸟飞遍山山水水，到达千里之外也终会回到故乡；而流离荒野的狐狸临死时，头必然朝向它的洞穴所在的故丘。

古人以"胸中有丘壑"指绘画作文时，心中已把握到深远的意境，也比喻对事物的判断处置自有高下。

汉字故事：完美的老师孔子

孔子名丘，字仲尼，鲁国陬邑（今山东曲阜）人。春秋时著名思想家、政治家和教育家，儒家学派创始人。

关于孔子名字的来历，主要有两种说法。第一种是《史记·孔子世家》记载：孔子出生时头顶上有个小凹，因而名"丘"。为什么头顶有个小凹就取名"丘"呢？因为古代"丘"有"中间低四周高"的意思。第二种说法是，鲁国有座尼丘山，在今天山东曲阜东南。据说，孔子出生前，他的母亲曾私祷于此，乞求自己能顺利生下孩子，孩子能顺利长大，孔子因而名"丘"，字仲尼。根据古代伯仲叔季的排行，孔子在家里排行老二。

孔子在他生活的时代非常有名。他打破了"学在官府"的局面，首开私人办学之风。

孔子在培养人才的过程中非常重视因材施教，即根据学生不同的品行、志趣和能力，采用不同的教育方式。即使学生用同样的问题来问他，他也会做出不同的回答。有一天，学生子路问孔子："听到一件事情后，就要立刻去做吗？"孔子回答："有父亲和兄长在世，要去问问他们的意见，看他们是否同意。"学生冉有向孔子问了同样的问题，孔子却回答说："是啊，听到一件事情以后就应该马上去做。"

学生公西华在旁边听了非常疑惑。他问孔子，为什么二人问了同样的问题却给了不同的答案。孔子说："因为冉有的个性比较懦弱，做事常常退缩不前，所以我教导他要勇于进取。与之相反，子路比较争强好胜，做事容易冲动，所以我教导他要谦卑，做事要缓和一些。"

孔子对学生的因材施教取得了非常好的效果。尽管孔门弟子在禀赋、才能方面有很大的差异，但是最终都学有所成。

延伸阅读：孔子的弟子颜回

颜回是孔子最得意的弟子。他非常贫穷，但是非常好学。孔子对颜回的德行给予极高的评价："一箪食，一瓢饮，在陋巷，人不堪其忧，回也不改其乐。贤哉，回也。"意思是说，一竹篮饭，一瓢水，住在简陋的小巷里，别人都忍受不了这种穷困清苦，颜回却没有改变好学的乐趣。颜回的品质是多么高尚啊！古人的名与字往往有意义上的关联。颜回，名回，字子渊。《说文解字·水部》说："渊，回水也。""回"与"渊"互训，意思是"回水"，即旋涡激流中的水。

记一记

少无适俗韵，性本爱丘山。

误落尘网中，一去三十年。

羁鸟恋旧林，池鱼思故渊。

开荒南野际，守拙归园田。

方宅十余亩，草屋八九间。

榆柳荫后檐，桃李罗堂前。

暧暧远人村，依依墟里烟。

狗吠深巷中，鸡鸣桑树颠。

户庭无尘杂，虚室有余闲。

久在樊笼里，复得返自然。

——晋·陶渊明《归园田居》

赢

秦国国姓是赢，但秦始皇小时候姓赵

"赢"是形声字，其中的女字旁是形旁，表示意义，其余部分是声旁，表示读音。"赢"的本义是形容女子轻盈貌美。金文中"赢"的字形像一只蜂。古代赢政的"赢"和"输赢"的"赢"通用，表示获胜、满了、有剩余的意思。后来，女字旁的赢专门用作秦朝的标志性代称。赢秦是指秦国或秦王朝，赢女是指传说中秦穆公之女弄玉，赢项是赢秦和项楚的并称。

甲骨文　篆书　隶书　楷书（繁体）楷书（简体）

金文　篆书　隶书　楷书

汉字故事：秦始皇姓什么？

秦始皇的父亲名叫异人，后改名子楚。异人是秦昭襄王之子安国君的儿子。由于母亲死得早，异人不被父亲喜爱。渑池会盟后，秦国把异人送到赵国做人质。异人经常因为秦赵战争而成为赵国的出气筒，每天过得战战兢兢。

第四章

杰出人物篇

有一次异人上街，被大商人吕不韦看到了。在了解异人的身份和地位后，吕不韦觉得他"奇货可居"，便决定进行一笔政治投资。那就是帮助异人成为秦国太子，进而成为秦国国君。主意打定以后，吕不韦一方面拿出重金，让异人以"秦国王孙"名义结交四方贤士，扩大影响力。另一方面吕不韦亲自拜见秦国太子安国君

最宠爱的妃子华阳夫人。华阳夫人没有孩子。吕不韦在华阳夫人面前不断地称赞异人的才华，并说服华阳夫人认异人做义子。吕不韦还劝华阳夫人给安国君建议立异人为太子，这样华阳夫人就能母凭子贵。华阳夫人听了非常高兴。不久，安国君听从华阳夫人的建议，立异人为太子，并改名子楚。

吕不韦还把自己府中能歌善舞的美女赵姬献给子楚，让他们结为夫妻。第二年正月，赵姬生下一子。因生于赵国，母亲姓赵，所以这个男孩以赵为姓，又因正月出生，故起名为政，与正月的"正"谐音。

一切如吕不韦计划的那样，安国君顺利地当上了秦国国君，史称秦孝文王。不久秦孝文王便因病去世。子楚被接回秦国后顺理成章地继承王位，当上秦国国君，史称秦庄襄王。赵政和母亲赵姬也从赵国回到秦国。这时赵政才改为秦国国姓，更名嬴政。"嬴"是当初周王分封秦国先祖时候的正式姓氏，一直被秦国国君所沿用。

嬴政当上皇帝后，为了避讳，民间不再把一月叫成"正月"或"政

月"，而是改成音近的"遮月"或"端月"。为了避秦始皇父亲子楚名讳，"楚"字也不能随便使用，于是"楚地"被改成"荆地"，这也是湖北省被称为"荆楚大地"的来由。

延伸阅读：一字千金的故事

"奇货可居"的计划成功后，吕不韦当上了秦国丞相。为了提高个人威望，他让自己的三千多名门客各著所闻并汇编成书，内容涉及天地、万物、古今之事，无所不包，这部庞大的典籍名为《吕氏春秋》。书写成之后，吕不韦命人将书抄写出来，悬挂在咸阳城门旁，并发布告示：谁能把书中的文章增加、减少或者改动一个字，都可以得到一千金的奖励，结果竟无一人能改动。

其实洋洋洒洒、旁征博引的《吕氏春秋》当然会有可以增删改动之处，只是当时嬴政尚且年幼，吕不韦以丞相之名行国君之实，已是权倾朝野、一手遮天的权威人物。他著书立说就是要让自己的威名更显赫，谁擅自改动岂不是和丞相过不去？在那样的环境下，自然是没有人愿意，也没有人敢触这个霉头。

就这样，吕不韦和《吕氏春秋》一时间名扬天下，也形成了"一字千金"这个成语。

记一记

形似字辨析：

输赢　赢弱　嬴政　螳螂

邦

想当皇帝于是改了名，后来果然成功了

"邦"是形声字，本义是"国"。区别而言，城郭之内曰国，四境之内曰邦。《尚书》中说："协和万邦。"甲骨文中"邦"由"田""丰"两个部分构成，"田"表示人们赖以生活的地方，"丰"表声。"丰"和"邦"在古代读音相近。金文中"邦"把"田"字旁换成了"邑"，"邑"是人们的聚居地。

后来"邦"也指诸侯封国。如邦土、邦士、邦纪、盟邦、友邦等。

| 甲骨文 | 金文 | 篆书 | 隶书 | 楷书 |

汉字故事：刘邦改名的秘密

刘邦原名刘季，刘季其实不是特别正式的名字，按照古代兄弟"伯仲叔季"的排行次序，在兄弟中排行第四换成今天的话就叫刘四。

按《史记》中的记载，刘季出生于小户人家，其父亲母亲在史书中都没有留下名字，父亲被叫作刘太公，母亲被叫作刘媪，就是刘老头、刘老太太的意思。

随着刘季地位的不断提高，尤其刘季当了沛公后，大家都觉得刘季这个名字与他的身份不符，所以后来就流传出萧何为刘季改名"刘邦"的故事。

有一次，萧何对刘季说："您现在是沛公了，统领这么多军队和人马，总不能让别人称呼您刘季。当年，诸侯们朝拜周天子时，有人曾说过：'天子万年，安家定邦。'我觉得这个'邦'字挺好，邦国、邦纪、万邦来朝，这预示着您将来一定要当帝王。"刘季听了大为认同，于是改名为"刘邦"，"季"成了他的字。

有趣的是《史记》中从来没有出现刘邦的名字。其实，想一想也可以理解。古人认为，称呼别人的字是对别人的尊重，所以对别人称字不称名。比如，楚汉争霸中项羽名"籍"，字"羽"，人们都叫他项羽。刘邦名"邦"，字"季"，直接称呼刘邦显然不礼貌，所以《史记》和萧何等都称呼刘邦为刘季，也是出于对他的尊重。但是后世广为流传的却是他的名，而不是他的字。

汉代为了避刘邦的名讳，凡行文时遇到"邦"字，都以"国"字代替，于是把"邦家"一词都改为"国家"，这反倒让"国家"一词流行开来。

延伸阅读：兄弟之间的排序

在古代，兄弟之间一般按照长幼顺序以伯、仲、叔、季来排列，其中"伯"是老大，"仲"是老二，"叔"排行第三，"季"排行第四。

因此古人的名字也时常会体现这种长幼顺序。比如，东汉末年孙坚的长子名孙策，字伯符；次子名孙权，字仲谋；三子名孙翊，字叔弼；四子名孙匡，字季佐。另外，古人有重男轻女的封建观念，所以伯、仲、叔、季的排序只包括男孩，不包括女孩。

记一记

大风起兮云飞扬。

威加海内兮归故乡。

安得猛士兮守四方！

——汉·刘邦《大风歌》

莽

篡位的鲁莽行动，让他被骂了几千年

甲骨文中，"莽"的字形中间是一只小狗的样子，周围是四株小草。这里用四株小草来表示一片草丛。有人会问，狗在草丛里干什么？其实，这是一只猎犬，它隐藏在草丛中等候猎物。

所以"莽"的本义是滋生百兽、可供狩猎的山野草丛。"莽"后来引申出"狂野、草率"的意思，于是就有了"莽撞"一词。

甲骨文	篆书	隶书	楷书

汉字故事：王莽篡汉

王莽的成功史听起来非常套路。年轻时他刻苦求学，品学兼优。虽然王莽是皇亲国戚，姑姑王政君是皇太后，但是王莽他在很长一段时间都无官无爵，过着简朴清贫的生活。

王莽为人谦恭，十分孝顺，尽心尽力地服侍母亲和寡嫂，并且抚育去世哥哥的孩子。王莽的良好品德得到了大家的赞誉。后来，在大司马伯父王凤的推荐下，王莽当上黄门郎，专门为皇帝跑腿。

王莽有了稳定的工作，变得更加谦虚自重。他常常把微薄的俸禄分给门客和平民，甚至卖掉马车接济穷人。王莽的妻子因为穿得过于破旧，被客人误认为女仆。

更让人叹服的是，王莽用很高的德行标准来要求自己和全家。有一次，王莽的儿子不小心杀死了一个奴仆。按照西汉律法，贵族杀人，只要交一些罚金就可以免罪。但是王莽认为儿子"德行有亏"，硬逼着儿子自杀。这件事为他赢得了天下为公、圣人再现的美誉。

不但这样，王莽还用很高的"德行"来要求皇帝、群臣和一切人。皇帝不听他的话，他就在酒宴上公开训斥皇帝的亲奶奶；群臣不听他的话，他就利用手中的权力排斥异己，提拔依附顺从他的人。再加上西汉末年，接连几任皇帝年龄都很小，王莽的官就越做越大，后来就掌握了朝廷的一切权力，皇帝只是一个摆设。

后来，王莽决定自己当皇帝，按照他的标准来对天下进行改革。结果由于政令过于苛刻、繁杂和不切实际，触动了各方面的利益，各地起义连绵不断。再加上自然灾害频频发生，仅15年王莽和他的新政权就烟消云散了。

王莽没篡位之前被誉为"周公在世"，篡位后却被后世唾骂，被说成是"乱臣贼子"。所以在他之后，尽管历朝历代都有外戚干政的情况，但是再也没有敢公开篡位的了。

延伸阅读：莽张飞的故事

中国历史上曾经出现过一位因莽撞而闻名的人物，他就是三国时期的蜀汉大将张飞，字益德。张飞以作战勇猛、疾恶如仇而著称，有"万人敌"的美誉。

208年，曹操挥师南下。由于实力悬殊，刘备大败，只好带着几十万百姓南逃。刘备在长坂坡被曹操大军追上，刘备的军队很快就被曹操击溃了。刘备慌乱中派张飞断后。张飞召集二十余人立于当阳桥上，立马扬鞭对着曹军大喊："我就是张益德，谁来与我决一死战？"由于张飞的声音过大，只听"咔嚓"一声，桥体被震得断裂了。曹操的军队都害怕张飞的勇猛，没人敢上前迎战，刘备及其随从因此获救。这就是著名的"张飞喝断当阳桥"的故事。

记一记

北国风光，千里冰封，万里雪飘。

望长城内外，惟余莽莽；大河上下，顿失滔滔。

山舞银蛇，原驰蜡象，欲与天公试比高。

须晴日，看红装素裹，分外妖娆。

江山如此多娇，引无数英雄竞折腰。

惜秦皇汉武，略输文采；唐宗宋祖，稍逊风骚。

一代天骄，成吉思汗，只识弯弓射大雕。

俱往矣，数风流人物，还看今朝。

——现代·毛泽东《沁园春·雪》

秀

刘秀是个好皇帝，谦和而包容，坚持而努力

"秀"是会意字，上"禾"，下"乃"，本义是"谷类抽穗开花"或"草类结实"。谷类抽穗开花或草类结实都是好的事情，因此"秀"又引申为"花""茂盛""优秀""俊美"等意思。

《论语》中说："苗而不秀者有矣夫，秀而不实者有矣夫。"意思是说，庄稼出了苗而不能吐穗扬花的情况是有的，吐穗扬花而不结果实的情况也有。这是孔子以庄稼的生长、开花到结果来比喻一个人的求学过程，告诫人们做事情应坚持始终，不能半途而废。

秀　秀　秀
篆书　隶书　楷书

汉字故事：宽容的刘秀

据说，刘秀的名字是当洛阳县令的父亲刘钦给起的。当时刘钦管辖的地域庄稼收成不错，禾苗长势喜人。有的禾苗一个茎上竟然长了九个穗。这是天下太平、五谷丰登的好兆头。这时，刘钦的儿子出生了。刘钦就给他起名叫刘秀。因为是第三个儿子，所以刘秀字文叔。

父亲刘钦死后，刘秀一家人的生活陷入困顿。9岁的刘秀便和哥哥姐姐一起投奔叔父，长大后回到故乡务农。刘秀曾在太学里学习5年。有一次，刘秀看到了京师卫戍官执金吾出行时声势显赫的仪仗队伍，非常震惊，不由地感叹道："仕宦当作执金吾，娶妻当得阴丽华。"意思是说，做官就要做执金吾这样威风八面的官，娶妻就要娶阴家小姐阴丽华那样美貌的妻子。阴丽华是当时豪门的大家闺秀，刘秀对阴丽华倾慕不已，后来果然娶了她做妻子。

刘秀能当上皇帝有很多因素在起作用。首先，西汉末年王莽篡位和复古改制，大大激化了阶级矛盾，引发了遍及全国的反抗浪潮。这为刘秀崛起创造了机会。其次，刘秀的大哥刘演最先起兵反抗王莽，是当时汉军的主要指挥者。这为刘秀积累人脉打下了基础。最后，刘秀与豪门的联姻，使他得到豪门的大力支持。

此外，刘秀宽容大度，崇奉博爱思想和以柔治国方针。他对待投降的士兵和将领不是赶尽杀绝，而是诚恳对待，一切从宽。比如，大将冯异镇守关中，威望很高，被称为"咸阳王"。有人劝刘秀早做戒备。冯异得知有人在刘秀面前诬陷自己后，惶恐不安，主动请求调离关中。但是，刘秀对冯异却始终信任，即使冯异打了败仗也不惩罚。这让冯异对刘秀无比感激，忠心跟随。

有一次，刘秀突然十分想念故乡和亲人，便带人衣锦还乡，到老家摆下流水席，请四乡八邻的乡亲们吃饭。同族人吃喝高兴了，有人在敬酒时笑着对刘秀说："你这孩子打小就对人厚道，不计较小事，什么都好，就是太'柔'了点儿。"刘秀听后哈哈大笑，说："我现在治天下，也正打算用'柔'的办法。"

刘秀当了皇帝后，人们为避刘秀名讳，凡遇"秀"字皆改为"茂"，所以"秀才"也称"茂才"。

延伸阅读：阴丽华是管仲的后代

阴丽华是刘秀的皇后。据说阴丽华先祖是春秋时大名鼎鼎的管仲，管仲凭借雄才大略辅佐齐桓公称霸天下而一举成名。到了管仲的七世孙管修时，迁往楚国，当了阴大夫。因此，子孙就以阴为姓，居于河南南阳。阴氏是河南的大家族，后世子孙陆续向全国各地迁移。南北朝时，阴氏在甘肃武威曾显赫一时。

记一记

木秀于林，风必摧之；

堆出于岸，流必湍之；

行高于人，众必非之。

——三国·李康《运命论》

亮

前人死而后已，后人乐不思蜀

"亮"是会意字，本义是明亮的意思。上面是"高"字的一部分，下面是"几"字旁，表示高处明亮，以及桌几多放在明亮处。

篆书　　隶书　　楷书

一提到"亮"字，尤其是用做人名时，很多人首先想到的就是诸葛亮。

诸葛亮是诸葛一姓中的杰出代表，他生活于三国时期，一生为了蜀国"鞠躬尽瘁，死而后已"，死后被追封为忠武侯，是中国传统文化中忠臣与智者的完美典范。

诸葛亮姓"诸葛"，诸葛是复姓，大部分"诸葛"姓由"葛"姓衍化而来。商朝时，伯益的后裔葛伯被封为诸侯。商朝灭亡后，葛伯的后裔有一支迁居今天的山东诸城。由于当地已有葛姓，为了与当地"葛"姓区分，葛伯的后裔取"诸葛"为姓。秦始皇时在山东设置琅琊郡，即现在山东省诸城市、临沂市一带。这一带现在还生活着不少复姓诸葛的人家。

第四章　杰出人物篇

汉字故事：诸葛亮和《出师表》

在中国四大名著《三国演义》中，诸葛亮被塑造成了一个上知天文、下晓地理，聪明智慧，像"神仙"一样的人物。

诸葛亮在还是"躬耕于南阳"的农民时，足不出户就尽知天下事。刘备为了请诸葛亮出山而三顾茅庐。诸葛亮被刘备的诚意所感动，高瞻远瞩地为四处流浪的刘备指明了今后的奋斗方向和实现路径——先占领荆州、益州，然后以蜀地为大后方，前可攻，退可守，就可以称霸一方，夺取天下了。

刘备老老实实地按照诸葛亮指出的目标努力，果然从一无所有成功地当上一方霸主，与曹操、孙权形成三足鼎立。所以，有人调侃说：一个卖草席草鞋的小贩（刘备）、一个卖猪肉的黑老张（张飞），一个杀过人的红脸流窜犯（关羽），在一个没文凭、没资历的青年诸葛亮的鼎力相助下，脱颖而出，淘汰群雄，使得桃园三结义，成了一部满满正能量的偶像励志剧。

在这部励志剧中，诸葛亮无疑是贯穿其中的重要角色之一。他提出"隆中对"，为刚崛起的刘备集团指明"三分天下"的大势；他"舌战群儒""巧借东风"，和东吴大将周瑜并肩实行"火攻"战略，以少胜多，在赤壁大战击碎曹操吞并天下的野心；他有胆有识，摆出空城计，以区区几千人吓退司马懿的几十万大军；在刘备"白帝城托孤"后，他更是鞠躬尽瘁，死而后已，励精图治，使蜀国呈现一派兴旺繁荣景象……尤其值得一提的是，诸葛亮在亲自带兵、征服西南夷族反叛之前，写下了感人肺腑的《出师表》，告诫后主刘禅要"亲贤臣，远小人，此先汉所以兴隆也；亲小人，远贤臣，此后汉所以倾颓也"。言辞恳切，表达出一片忠诚之心，感动了后世无数的仁人志士。

延伸阅读：《百家姓》中的复姓

什么是复姓？就是指两字或两字以上的姓。比如《百家姓》中的司马、上官、欧阳、尉迟、公羊、慕容等。

复姓的来源较多，有从官名来的，如太史、乐正等；有以封邑命名的，如令狐、羊舌等；也有以居住地而来的，如东郭、南郭等。有些则跟职业有关，如漆雕；还有一些则源于少数民族改姓，如拓拔和尉迟、万俟等；也有以物品名称而来的，如谷梁；甚至有自创的复姓，如赫连。

记一记

中国姓氏有很多，比如，赵、钱、孙、李，周、吴、郑、王，诸葛、东方，上官、欧阳……

——《姓氏歌》

第四章

杰出人物篇

【每日一字】　　　　　　　　　　　　之

父子名中有同一个字，不犯忌讳？

"之"是指事字，甲骨文中"之"字的上面是一只脚，下面的横画表示出发的地方，象征一个人从这里出发。"之"的本义是往、到……去的意思。《战国策》中有："臣请为君之楚。"意思是说，我请求代替君王到楚国一趟。后来，"之"字多借用为虚词。

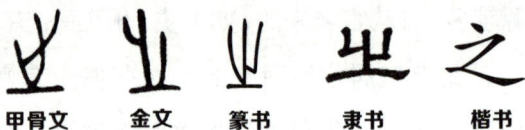

| 甲骨文 | 金文 | 篆书 | 隶书 | 楷书 |

魏晋时期，道家玄修之风盛行，加上名门望族崇尚风雅，起名要求格外高致。而"之乎者也"既能代表道家的太极阴阳，也听上去风雅文言，所以成为最时髦的名字用字。如晋代大书法家王羲之，不但一门兄弟皆名"之"，儿孙辈的名字也都带"之"字。王羲之有七个儿子，分别叫作王玄之、王凝之、王涣之、王肃之、王徽之、王操之、王献之，每个人的名字都有"之"字。孙子里面还有叫王祯之、王静之的。

近代，孙中山字载之，胡适字适之，毛泽东字润之……可见大家取名用"之"字的热情仍然不减。

汉字故事：王献之练书法

王羲之是晋朝时著名书法家，由于"近水楼台先得月"的缘故，他的七个儿子书法都很好。其中，小儿子王献之的书法尤其出色。

王献之从六七岁就开始练习书法，第一个老师自然是他的父亲王羲之。有一次，王羲之悄悄走到正在专心致志练书法的儿子王献之背后，用手抽他的毛笔。由于儿子抓笔牢固，王羲之没有拔掉。于是王羲之便称赞儿子王献之将来必成大器。

十来岁时，王献之认为自己的书法已经写得很好了。于是他跑去问父亲王羲之："我现在的水平只要再练两三年就可以了吧？"王羲之笑了笑，并没有回答。王献之母亲看了儿子的书法，摇着头说："还差很远。"

于是王献之又问："我再练习五年总可以了吧？"结果母亲仍是摇头。王献之终于急了，问："我究竟要练习多久才能练好字？"父亲王羲之走到窗前，指着院中一排大缸说："只要你把院中十八口大缸的水全部染黑用完，也许你的字就练好了。"

王献之听后，开始夜以继日地练习。他这一练就是五年。一天，他带着自己的得意之作给父亲王羲之看。父亲没有回答，只是在"大"字下面加了一点，改成"太"字。王献之见父亲没有说话，闷闷不乐。他又带着作品给母亲看。母亲指着王羲之加的那一"点"说："我儿练了这么久的字，唯有这一'点'像羲之啊。"

王献之顿时感到十分羞愧，开始更加勤奋地练习书法。经过很长时间，他终于学有所成，成为一代书法大家。后人将王羲之和王献之父子并称"二王"。

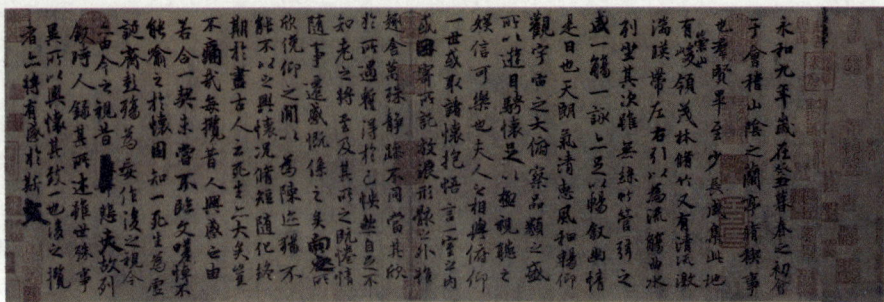

延伸阅读：古代为什么那么多"之"？

按照中国古代"避讳"的传统，爷孙、父子名字中不能有相同的字，因此，王羲之、王献之父子的名字，看上去似乎"犯忌"了。怎么会发生这种事呢？

民国史学大师陈寅恪解释这一文化之谜时说：王羲之一家都是当时道教的一个流派——六朝天师道成员。这一教派信徒多以"之"字为名。"之"在名中代表宗教信仰，这与佛教徒以"释""法""昙"为名类似。所以东晋末年王氏家族才会有那么多叫"之"的。

记一记

"之"在现代汉语中，更多是作为没有实际意义的助词出现的，比如：

燃眉之急、一面之词、一以贯之、一丘之貉、无根之木、无源之水等

元

改革压力大，为民族融合而杀子

386 年，拓跋部首领拓跋珪建立北魏政权。439 年，北魏统一了黄河流域。拓跋部出自鲜卑族，相传为黄帝后裔。黄帝娶妻嫘祖，生了一个儿子叫昌意，昌意娶了蜀山之女昌仆，生下了高阳氏颛顼。昌意的小儿子名悃，被封在北土（即今中国北部地区）。黄帝以土德之瑞称王。鲜卑族谓"土"为"拓"，谓"后"为"跋"，故以"拓跋"为姓，意思是"土地的后人"，意即黄帝的后代。

北魏孝文帝拓跋宏改革时，为了更好地融入汉文化，他以身作则，率先把表示尊贵身份的"拓跋"一姓改为"元"。"元"的意思是最高、第一。例如，古代军队最高统帅称元帅，天上最大的神仙称为元始天尊，国家最大的官称为元首。因拓跋宏为帝，帝为天下之首，所以拓跋宏改姓为元，从此叫"元宏"。

汉字故事：北魏孝文帝为改革杀子

鲜卑族拓跋氏原本居住在东北地区的大兴安岭，是传统意义上的游牧民族，后来逐渐南下，进入中原。看到先进的汉族文化及生产方式后，北魏王朝的皇帝对此非常向往。到了北魏孝文帝拓跋宏时，他大胆改革，成了民族融合的推手。

为了方便和汉族沟通，更好地学习汉族的先进生产方式和文化，拓跋宏把都城从山西平城（今大同）迁到当时汉人的文化中心河南洛阳。他大胆地实行了四项改革：不许族人再穿鲜卑服，全部改穿汉服；不许再说鲜卑话，一律讲中原汉语；改姓；与汉族通婚。

很多贵族接受不了这种大刀阔斧的改革。太子元恂第一个反对这种放弃鲜卑民族传统的做法。迁都洛阳后，元恂不习惯这里的炎热天气，一心想回到北方去。加上他对老爸的改革一肚子意见，明里暗里都保持"非暴力不合作"态度。

有一次，元恂趁孝文帝到南方作战，和左右合谋，秘密选取 3000 匹马，准备带着一批人逃回平城。洛阳禁军首领听到密报后大惊，封锁各个城门，派人飞马报告给了孝文帝。孝文帝匆匆赶回，数落元恂的罪过，亲自杖责，然后废他为庶人。

一年后，有人想拥立 15 岁的元恂谋反。孝文帝派人把元恂赐死。自此，反对汉化的声音渐渐小了。丧子之痛给孝文帝造成了沉重的打击。孝文帝想在有生之年完成统一大业，但是南征过程中胜少败多，加上洛阳的不稳定，鲜卑贵族的反对又让他疲惫不堪。孝文帝的身体一天比一天差。元恂死后第三年，年仅 33 岁的孝文帝病逝于军中。

延伸阅读：北魏孝文帝改革的意义

余秋雨在《中国文脉》一书中写道："由鲜卑族建立的北魏王朝，由于文明背景的重大差异，本该对汉文化带来沉重劫难……谁料想，北魏鲜卑族统治者中有一些杰出人物，尤其是孝文帝拓跋宏（元宏），居然虔诚地拜汉文化为师，快速提升统治集团的文明等级，情况就发生了惊人的变化……中国北方出现了前所未有的世界文明大会聚。"

记一记

云冈石窟：中国四大石窟之一，位于山西大同。北魏时期的皇家工程，也是皇帝自建的家庙，"雕饰奇伟，冠于一时"，是中国佛教史上的辉煌巨制。

龙门石窟：中国四大石窟之一，北魏孝文帝迁都洛阳后，又在洛阳龙门伊水河两岸大规模营造石窟。这就是著名的龙门石窟。龙门石窟前后由不同朝代修建 400 余年，造像 11 万余尊，其中最大佛像高 17.14 米；最小佛像在莲花洞中，每个只有 2 厘米，称为微雕。龙门石窟是一座石刻艺术的宝库，2000 年被联合国科教文组织列为世界文化遗产。

坚

树立勤俭节约模范，捣毁儿子宫殿

隋文帝杨坚是一个汉化的鲜卑人。他的祖先生活在民族大融合年代，四世祖杨元寿被北魏任命为武川镇司马，其父杨忠跟随北周文帝宇文泰起兵关西，因军功被赐姓普六茹氏，封为随国公。北周宣帝继位后，又让鲜卑姓为普六茹、鲜卑名为"那罗延"的杨坚做了上柱国、大司马。

北周皇帝宇文赟去世后，杨坚趁机夺了天下，改国号为隋。当了皇帝后，杨坚恢复汉姓"杨"，并让鲜卑化政策中改姓的汉人都恢复了汉姓。

杨坚的"坚"字是形声字。"土"是形旁，表示意义，意为硬如干结的土，上面部首为声旁，表示读音，指手握得结实、坚固的意思。"坚"字的本义是硬、坚实。考虑到杨坚在夺取政权过程中忍辱负重、坚韧不拔，这个"坚"字还真是很合适他。

堅　坚　堅　坚

篆书　隶书　楷书（繁体）楷书（简体）

汉字故事：节俭的杨坚

隋文帝杨坚不但异常勤政，而且非常节俭。他当皇帝时，宫殿不用金玉做饰品，宫中妃妾不以美服美饰夸耀，饭桌上肉菜一次不能超过两道。有一次，他拉肚子，需要一两胡粉来配止痢药，找遍宫中也没找到。又有一次，车马用具坏了，他派人去修补，并且不许做新的。杨坚教育儿子们说："自古以来，没听说奢侈腐化而且能长治久安的。你们都是我的儿子，应当注意节俭。"

杨坚的三儿子秦王杨俊在灭陈时立下战功，受到奖励。杨俊觉得自己是皇子，又有战功，生活越来越奢侈，根本不把法律放在眼里。他指使手下放高利贷，敲诈勒索，使许多官吏和百姓倾家荡产。他还大胆地模仿皇宫建造自己的宫殿，用外国进贡的香料涂抹墙壁，用美玉、黄金装饰台阶，宫殿墙上到处镶着镜子。他还从民间选来许多美女，日夜寻欢作乐。

隋文帝知道后，非常生气，罢免了杨俊的官职，并且把他圈禁起来。很多大臣为杨俊求情，都被隋文帝驳回。杨俊在担心害怕中病倒了。他给隋文帝上书，表示认罪，请求宽恕。但是没想到几天后，杨俊就病死了。杨俊死后，隋文帝吩咐人把杨俊府中奢侈华丽的装饰全部毁掉。

隋文帝推行均田制，调动了农民的生产积极性，加上隋文帝的节俭勤政，短短二十多年，隋朝经济就繁荣起来，国家仓库都装满了粮食。一直到隋朝灭亡后二十年，隋朝仓库的粮食还没有用完。

延伸阅读：杨坚和独孤皇后

隋文帝杨坚的皇后叫独孤伽罗。伽罗是一个极富佛教色彩的名字，意为香炉木、沉香木、奇楠香。孤独伽罗的祖辈为依附拓跋鲜卑政权的匈奴贵族。父亲独孤信容貌俊美，举止风流，在历史上留有"侧帽风流"的典故。这个典故是说，独孤信打猎归来，被风吹歪了帽子。人们看到他歪戴着帽子很帅，于是纷纷模仿他，故意把帽子歪着戴。

记一记

老当益壮，宁移白首之心？穷且益坚，不坠青云之志。

——唐·王勃《滕王阁序》节选

民

人需要常照镜子，看自己的缺点

"民"是象形字。现代人可能想象不到"民"的本义竟然是"奴隶"，古时候人们用尖器刺瞎俘虏的左眼，强迫他们为奴隶。金文中"民"的字形证明了这个史实。

| 甲骨文 | 金文 | 篆书 | 隶书 | 楷书 |

《说文解字·民部》说："民，众萌也。"古代"民"被写作萌芽的萌，意思是像草一样的人，所以有"草民"这一说法。在有的典籍里，"民"还写作流氓的"氓"，但那时"氓"并不是指想占女生便宜的坏人，而是指亡国的、四处流动的人。这种人是奴隶身份，无家可归，没有亲人管教，没有职业约束，没有法律意识，自然就容易犯错误。"流氓"这个词就是这么来的，最初指居无定所的无业游民，后专指道德败坏，无事生非的人。民由本义引申为"百姓、人民"。也用来专指某一类人。如农民、牧民等。"民"也用作形容词，指民间的，如民俗、民歌等。

汉字故事：善于纳谏的李世民

在我国古代，皇权是至高无上的，但它也不是完全不受约束的。

为了更好地治理国家，保证皇权永续，皇帝往往要受到"谏官"的约束。

谏官的职责就是对皇帝的决策提出意见，对君主的过失直言规劝。

历史上，唐初名臣魏徵就以直言敢谏著称。他曾写过著名的《谏太宗十思疏》，劝谏唐太宗"居安思危，戒奢以俭"。关于魏徵直言进谏的故事有很多。有一次，皇后打算把大臣郑仁基的女儿收为唐太宗的嫔妃。当册封的诏书写好后，有人好奇地说了一句："她不是已经与人定亲了吗？"魏徵调查后发现确有此事，便向唐太宗进谏道："陛下住着高台楼阁，也应该努力让百姓有安身立命的房子；陛下吃着美味佳肴，也应该让百姓吃饱喝足；陛下拥有那么多嫔妃，也应该让百姓都有称心的婚姻。现在陛下把已经与人定亲的女子夺过来，这明显不合为君之道啊！"唐太宗听后便取消了对郑仁基女儿的册封。

贞观十五年（641），有一次唐太宗问魏徵："守江山是困难，还是容易？"魏徵回答："很难啊。"唐太宗不解，接着问："只要国君能够选拔任用贤才、接受建议，这有什么困难呢？"魏徵说："据我观察，自古以来，帝王在危难忧患时能够选举贤才、接受忠告；到了天下太平时反而懈怠政务、疏远敢于直言进谏的人。这样日复一日、年复一年，国家就会逐渐濒临灭亡。正因为如此，古人圣人才要居安思危。您想一想，国家太平无事，倒要时时使国君心怀忧惧，这难道不难吗？"

唐太宗听了连连点头，觉得魏徵讲得非常有道理。

延伸阅读：长孙皇后一家

唐太宗李世民在位时，执掌后宫的是长孙皇后。长孙皇后的父亲是有着"一箭双雕"传说的长孙晟。据说"长孙"姓氏，最初来自北魏皇室拓跋珪的长子沙莫雄。本来北魏皇族都姓拓跋，但后来拓跋宏执政时，明确规定拓跋氏只能用于北魏皇族宗室的长门，其他都要改姓，沙莫雄就让儿子改姓"长孙"，"长孙"一姓由此而来。

根据史料记载，唐太宗与长孙皇后非常恩爱，唐太宗是一代明君，长孙皇后则是一代贤后。她除弊兴利，以身作则，治理六宫，辅佐太宗开创一朝盛世，上上下下无不佩服。长孙皇后去世后，唐太宗像丢了魂一样，下朝后常常独自一人溜达到长孙皇后居住过的宫殿，暗暗地回忆着从前夫唱妇随的美好时光。

记一记

唐太宗名李世民，古代要避君王的讳，所以"世""民"两字都不可以随便用。柳宗元的《捕蛇者说》中最后一句"故为之说，以俟夫观人风者得焉"，就把"民风"改为"人风"。

〈 每日一字 〉

曌

第一个女皇帝的专用字，却不刻在墓碑上

在中国历史上，武则天是唯一一位女皇帝。她是唐高宗的皇后，又称武后。"武则天"一名因何而来呢？一种说法是武后驾崩后，她的儿子中宗复位，给了她"则天大圣帝"的尊号。这是最早出现"则天"这个特殊称谓，也是"武则天"的由来。

另一种说法是武后在则天门宣布改唐为周，故称武则天。则天门始建于隋炀帝隋大业元年（605），是洛阳紫微城正南门。"则天"一词来自《论语》中的"唯天为大，唯尧则之"，意思是以天道为法则。这确实够大气的。

| 甲骨文 | 金文 | 篆书 | 隶书 | 楷书（繁体） | 楷书（简体） |

"则"字最初的意思是用刀在鼎上刻画文字，以此作为后人的典则。本义是"准则""法典"，后引申为"效法"等义，并用作虚词。

"天"字最初的意思是"头顶"。因为头顶上面是天空，所以借以表示"天"。甲骨文中的人头为了刻写方便，多做方形或横画。金文中的人头多做圆形。

甲骨文　金文　篆书　隶书　楷书

汉字故事：武则天造字

武则天是中国历史上第一位女皇帝，也是唯一一位女皇帝。她具有哪些超人的能力，能在男尊女卑的社会里脱颖而出，一举登上皇帝宝座呢？我们从她驯马的故事里可以对她有些了解。

有一年，西域地区的少数民族给唐太宗进贡了几匹汗血宝马。唐太宗非常高兴，就在下朝后带着妃子和大臣们一起观看。唐太宗对一匹叫"狮子骢"的马赞不绝口，却又慨叹其野性太大，恐怕无人能驯服。

那时，武则天只是唐太宗后宫里地位较低的才人。她对唐太宗说："皇上，您给我三样东西，我就可以驯服它。"唐太宗忙问："哪三样东西呢？"武则天回答："第一件是铁鞭，它不服，我就用铁鞭抽，告诉它什么是规矩；第二件是铁锤，它再不听话，我就用铁锤击打，告诉它这样的后果很严重；第三件是匕首，如果上面两种方法都不管用，我就用匕首刺死它，这么不听话的马也就不用留了。"

从这个故事可以看出，武则天聪明、大胆、争强好胜，敢于作出决断。在她后来的夺权过程中，这些特点都表现得淋漓尽致。当上皇帝后，武则天前期把国家管理得非常好，到了晚年才逐渐豪奢专断、弊政颇多。

除了处理政事外，武则天还有随意造字的癖好。比如，她为自己改名为"曌"，同"照"。曌是武则天造的一个字，寓意为日月当空照、光芒万年长的意思，多么吉利，也非常容易被人记住。但其他字就没那么高明了。

比如，国家的"国"字。其繁体字，外面是口，里面是或者的"或"字。有人对武则天说，国字里的"或"和迷惑的"惑"发音一样，有迷乱的意思。国家要安定，必须依靠武力来镇压。因此，建议将国字里的"或"改为"武"。

武则天一听正合心意，便欣然接受这个建议。不久，又有人对她说，"武"字被关在口中，跟囚犯一样，太不吉利。武则天一想确实是这样，于是又把国字里的"或"字改为"八方"，意思是四面八方都是武家的天下。可见，武则天改字造字都是从皇统万年、长治久安的意思出发。

延伸阅读：武则天的无字碑

非常有意思的是，武则天生前热衷于各种造字，等到她死了，却在自己墓前立了一块"无字碑"。武则天的无字碑是用一整块的石头雕成，碑额有八条蟠龙盘绕，碑两侧有升龙图，碑座正面是一幅狮马图，骏马屈蹄俯首，雄狮威严挺立。雕刻之精细，为历代墓碑之罕见。为什么武则天不在碑上刻文字呢？至今这仍然是一个谜。

有一种说法认为，武则天自认为功高盖世，一块小小的石碑哪刻得下这震天动地的伟业呢？无字正是为了表示她自己的成就大到不可想象。

另一种说法认为，武则天以女子身份登基，是古往今来第一例。天下臣民对此议论纷纷，褒贬不一。武则天虽贵为天子，也堵不住百姓悠悠之口，于是决定在死后立下无字碑，就是千秋功罪任人评说的意思。

还有一种说法认为，武则天晚年宠信面首，任由奸佞小人罗织罪名陷害朝臣，昏聩不已，全不复早年登基时的英明睿智。这使她对篡位之举感到羞愧，所以立下无字碑，意为还政于李唐江山，一切归零的意思。

记一记

"武"姓名人：

历史上唯一的女皇帝　　　　武则天

《水浒传》中的打虎英雄　　武松

北宋画家　　　　　　　　　武宗元

元代戏曲家　　　　　　　　武汉臣

轼

他太有才华，父亲就为他取名无用之木

"轼"是形声字。左边的"车"是形旁，表示意义，篆书中"轼"的字形像古代车子，表示和车子有关；右边的"式"是声旁，表示读音，"式"有供人依照的法式等意思。"轼"的本义是古代车厢前面用作扶手的横木。后来引申指扶轼表示敬意。

轼　　轼　　軾　　轼

篆书　　隶书　　楷书（繁体）楷书（简体）

"轼"用于人名时，首先会让人想到苏轼，他是我国历史上著名的文学家、政治家、书画家。

对于苏轼的名字，其父亲、"唐宋八大家"之一的苏洵这样解释说：轼，是古代车前用作乘车人扶手的横木。和车轮、车辐、车盖、车底的横木相比，"轼"仿佛没有什么作用。可是，如果一辆马车没有车上用作扶手的横木，总让人觉得不完整。于是，这个没有实际作用的轼，就只剩下装饰作用了。苏洵给儿子起这样的名字，是因为儿子才华过人，但也霸气外露，不懂得掩饰自己的真心和真性情，将来会吃亏。所以他要用这个名字提醒苏轼，希望他能够收敛锋芒，做一个对国家、对百姓有用的普通人，而不必追求高位显名。

汉字故事：苏轼为什么叫苏东坡？

历史上，以诗文著述触犯禁忌而引发的刑事案件，被称为"文字狱"。宋朝著名文学家苏轼也曾受到"文字狱"的牵连。

苏轼调任湖州时，按照朝廷制度，要向皇帝上奏"谢表"。当时王安石实施改革，苏轼对此颇有异议。他忍不住以文讽刺，在谢表中写道："我生不逢时，不能追赶上王安石举荐的这些政治新星了。你们觉得我年纪大了，在外面也翻不起什么风浪，就把我调到湖州，帮你们管管小老百姓。"谢表一到朝中，他就被扣上包藏祸心、诽谤谩骂的罪名。

后来，苏轼写了一首咏桧诗，诗中写道："根到九泉无曲处，世间惟有蛰龙知。"诗句本来的意思是说，两棵桧树树干笔直，耸入云天，它的根在九泉之处也毫无弯曲，这只有潜伏地下的蛰龙才能了解。苏轼以桧树喻人，赞美表里如一、刚正不阿的优良品德。

可是有人抓住这句诗不放，指责苏轼是在以诗讽刺皇帝，皇帝如飞龙在天，苏轼却要向九泉之处寻蛰龙，这不是对皇帝的大不敬吗？不仅苏轼因此被捕入狱，苏轼的亲友三十几人也受此牵连而受到处罚。

苏轼因"乌台诗案"被贬到黄州，挂名"团练副使"，诏令"不得签书公事"。苏轼由此成了一个有名无实的闲官。随后，他的弟弟苏辙将其家属送来，一家人团聚于此，生活非常困难。他的好朋友马正卿多方活动，才把城东的一块坡地拨给苏轼。从此苏轼一家老小起早摸黑，在此开荒种田。苏轼把开辟出来的荒地称为"东坡"，并自号"东坡居士"。这就是"苏东坡"的来历。

延伸阅读：一肚子不合时宜

苏轼为人耿直，每当看到朝廷在某些方面做得不对时，他就直言上书，提出意见。王安石变法时，苏轼

清·萧晨《东坡博古图扇页》

提出了一些不同的意见，因此遭到贬谪。以王安石为首的新党失势后，苏轼因为看到王安石变法的一些优点，所以站出来为新党说话，因此又被以司马光为首的旧党贬谪。有一次，苏轼饭后，指着自己鼓起来的肚子问身边的仆从："你们谁知道这里面有什么？"有人答："一肚子好文章。"也有人说："满肚子见识。"一个心直口快的侍女笑着回答："您整天上书，四处碰壁，回家就发牢骚，我看您是一肚子的不合时宜。"苏轼闻言哈哈大笑，认为她说得太对了。

记一记

上古的车及其主要部位

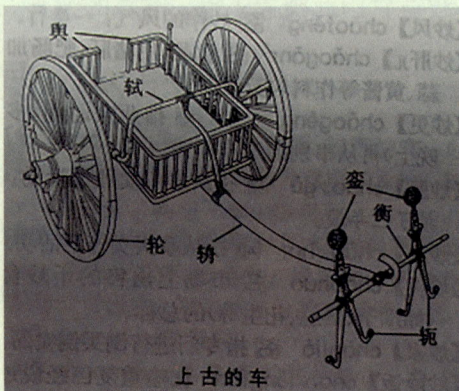

上古的车

翁

年纪轻轻就叫翁，心酸无奈跟谁诉

"翁"字里面为什么有"羽"，难道和鸟有关系？"翁"是形声字。下面的"羽"是形旁，表示意义。篆书中"羽"的形状像鸟的羽毛；上面的"公"是声旁，表示读音。公是古代五等爵位公侯伯子男之首，有居上之意，表示"翁"是鸟颈上的毛，后来泛指年老的男人。

我们称年老的男性为老翁，称捕鱼的老人为渔翁，称有钱的人为富翁，神仙里还有一个代表长寿的南极仙翁。

翁　　翁　　翁

篆书　　隶书　　楷书

汉字故事：陆游为什么字放翁？

南宋有位著名爱国诗人叫陆游，他20岁时就写下了"上马击狂胡，下马草军书"的诗句，希望自己骑上马就能驰骋疆场，攻击来犯的敌兵，下了马回到营帐则草拟作战文书，表达了好男儿慷慨激昂的报国壮志。

可惜陆游生不逢时，一次次被罢免官职，无法施展抱负。朝中性格懦弱的大臣们安于现状，主张求和，想要收复中原、一统河山的陆游自然被他们排挤。陆游心里郁闷，就常常喝酒写诗，抒发自己的爱国情感。这时的陆游不谙官场游戏规则，豪放不羁，被一些人讥笑为"不拘礼法，待酒颓放"，他知道后索性给自己起了个别号，叫"放翁"。

因为宋朝国势日衰，屡战屡败，靖康之后更是偏安一隅，这使得文人们慷慨之志日减，衰迟之感日增，故而起名时也显出了萎靡不振、未老先衰的心理状态。于是一些人便以"翁"为名，如叶绍翁、文及翁、张才翁、魏了翁，等等。名字里带个"翁"字，也算是当时颇为流行的一种风尚。

陆游一生热爱祖国，盼望祖国能实现统一。临终前，他感慨山河破碎，满腹伤心地写下《示儿》："死去元知万事空，但悲不见九州同。王师北定中原日，家祭无忘告乃翁。"清代诗人赵翼评价说：陆游的诗才气豪健，语句精炼，力透纸背。

延伸阅读：塞翁失马的故事

有位老人住在靠近边塞的地方，人们叫他塞翁。有一次，他的马无缘无故跑了，邻居都来宽慰他。塞翁却说："说不定这是一件好事！"

过了几个月，那匹跑丢了的马带回了好多匹马。邻居都来祝贺。塞翁又说："说不定这是一件坏事！"

老人的儿子爱骑马，看到家里来了这么多好马，就整天骑着马跑，结果不小心从马背上掉下来，摔断了腿。邻居跑来宽慰老人。老人说："说不定这是件好事！"

一年后，敌人大举入侵，村里的健壮男子都被抓去当兵。只有塞翁的儿子因腿瘸而免征，保全了性命。

塞翁失马的故事，讲述了坏事可以变成好事，好事也可以变成坏事的道理，告诫我们，不管身处顺境，还是逆境，都要调整好自己的心态，积极让事态往好的方向转化。

记一记

> 千山鸟飞绝，万径人踪灭。
>
> 孤舟蓑笠翁，独钓寒江雪。
>
> ——唐·柳宗元《江雪》

第四章 杰出人物篇

考试真题

1. 历史上"焚书坑儒"的是哪位皇帝？_____

2. 唐朝盛世"贞观之治"出现于哪位皇帝执政时期？_____

3. 认为"以铜为镜，可以正衣冠；以史为镜，可以知兴替；以人为镜，可以明得失""水能载舟，亦能覆舟"的封建帝王是？（　　　）

A. 隋文帝　　　B. 唐太宗　　　C. 武则天　　　D. 唐玄宗

4. 首开武举选拔人才的女皇帝是？_____

5. "三苏"指的是谁？_____

考试真题答案

第一章　神话人物篇

1.B　2.C　3.A　4.B　5.D　6.C

7.D　8.A　9.B　10.B　11.C　12.B

第二章　历朝历代篇

1.

秦朝		杨坚
汉朝		刘邦
隋朝		赵匡胤
唐朝		李渊
宋朝		朱元璋
元朝		嬴政
明朝		皇太极
清朝		忽必烈

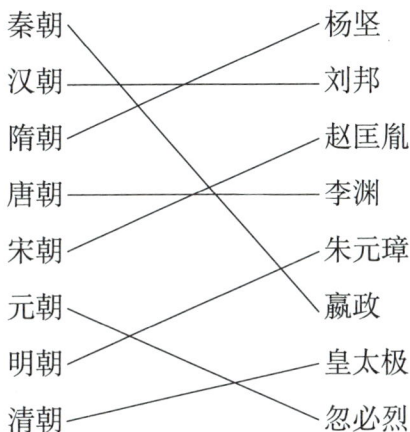

2.汉朝　3.探花　4.A　5.D　6.B　7.蒙古族，满族　8.郑和

第三章　地理风物篇

1.B　2.西安　3.黑龙江　4.山东　5.承德　6.安徽　7.四川

8.四川、山西、贵州　9.成都　10.长沙　11.江西　12.京剧

13.广州　14.山东

第四章　杰出人物篇

1.秦始皇　2.李世民　3.B

4.武则天　5.苏洵、苏轼、苏辙

第四章

杰出人物篇

有故事的中国汉字

下册

邓文华 ◎ 著

天津出版传媒集团

天津人民出版社

五行属金篇

锄	铜	铁	钟	锁	镜
钗	铃	锦	钱	铭	钵

锄

木头、竹子、鹿角、青铜，都曾用来制作锄头

"锄"是形声字。左边的"金"是形旁，表示锄是用金属制成的；右边的"助"是声旁，表示读音，也有"锄草助苗长"之意。锄的本义就是锄头，一种松土和除草用的长柄农具。

锄头在中国农业经济中出现较早。它的最前面是一个平薄的锄刃，上面装着一根长长的圆形木棍做锄柄。锄柄使耕作者不必把腰弯得特别低，有利于减轻劳动强度，提高劳作效率。

上古先民们曾用石头制作锄头，不同的地方还因地取材，也有用木头、竹子、鹿角等做锄头的。考古还发现了青铜做的锄头。不过，青铜在当时非常珍贵，能够使用的人非常少。春秋战国以后，铁的冶炼技术大为发展。铁比青铜坚韧锋利，又廉价很多，所以得到了广泛应用。这对当时发展农业生产起了很大的推动作用。到了今天，由于拖拉机、播种机等现代农具的出现，锄头及其他农具的作用逐渐减弱。但是在广大农村地区，在田间地头和农家院落中，还可以偶尔看到锄头这种农具。

鉏　锄　鋤　锄

篆书　隶书　楷书（繁体）楷书（简体）

汉字故事：锄与中国的农耕文化

锄禾日当午，

汗滴禾下土。

谁知盘中餐，

粒粒皆辛苦。

这是唐代诗人李绅的诗《悯农》。这首诗的意思是说：

农民在正午的烈日下挥舞锄头给庄稼除草，汗水都滴到了地上。你饭盘里一粒粒的粮食，都是农民辛苦劳作得来的，所以一定要珍惜粮食，不要浪费。

"一粥一饭，当思来之不易；一丝一缕，恒念物力维艰。"

这句话出自《朱子格言》。李绅的《悯农》可谓这一格言的生动体现。

生活在大城市中的孩子，衣来伸手，饭来张口，可能根本没有机会体验田间耕作的艰辛。不止孩子，就是在城市里长大的成年人，也没有三伏天耕作的体验。明代张翀的《浑然子》中记载了一个农民与一个城里人关于锄田的故事。

一个农民在田里锄草，累得气喘吁吁，汗如雨下。一个路过的城里人看了，觉得这种锄草方法太慢。锄草有这么困难吗？于是，农民请城里人下田，让他给自己示范如何锄草更快。城里人脱掉身上的衣服，深吸一口气，使出全身力气连续挥动锄头。不一会儿，他就用尽力气，累得趴到田头不想动了。他对农民说："今天，我可知道种田的不容易了。"

在古代，农民种田是一件非常辛苦的事情。如果风调雨顺，庄稼就能

第一章

五行属金篇

有好的收成。如果遇到干旱或洪涝灾害，农民常常连温饱问题都解决不了。晋代著名诗人陶渊明在归隐后亲自下地耕作，体会到了农民种田的不易。他写过好几首《归园田居》，其中有一首写道：

> 种豆南山下，
>
> 草盛豆苗稀。
>
> 晨兴理荒秽，
>
> 带月荷锄归。

这几句诗的意思是说：

我在南山下种了一畦豆子，因为不善于打理，豆苗稀稀疏疏的，草却疯狂地生长。我一大早就扛着锄头下地劳作，到了晚上才披着月光回家。可见，当一个农民，下地耕种真不是一件容易的事！

延伸阅读：黛玉葬花

《红楼梦》中林黛玉出身高贵，母亲是贾府的千金小姐，父亲是满腹经纶的世家秀才。她从小锦衣玉食，从没有做过重活儿，更别提下地种田了。但是，她也和锄头结过缘分。然而，林黛玉拿的是花锄，她做的是一件极其风雅的事——葬花，为此还写了一首长长的《葬花词》，感慨自己身世飘零就像鲜花盛极而衰一样。

记一记

除了锄头之外，农业生产中经常用到的其他农具还有：

铲、犁、镐、杈、锨、耙。

铜

中国第一位女将军名字刻在青铜上

"铜"是形声字。左边的"金"是形旁，表示它是金属；右边的"同"是声旁，表示读音。"同"有"在一起"的意思，表示这种金属元素容易和别的金属元素熔合在一起成为合金。"铜"的本义是一种金属，呈紫红色，富有延展性，导热、导电性能良好。"铜"引申为铜制品。

铜是一种贵重的金属，根据铜含量及与其他化学元素组合的不同，铜可分为红铜、紫铜、青铜、黄铜等。其中，青铜比较常见，因铜锈呈青绿色而得名。

青铜熔点低、硬度高、化学性能稳定，适于铸造各种生产和生活器物。人类自从发现了这种材料，就用它代替石器，促进了社会经济的发展和文明的进步。历史学家把大量使用青铜器的阶段称作"青铜时代"，如中国的商周时期。那时，青铜不仅是国家财富、力量和权力的象征，还被制成各种王室用具和国家礼器，如鼎、簋、编钟、钺等。

金文	篆书	隶书	楷书（繁体）	楷书（简体）

第一章

五行属金篇

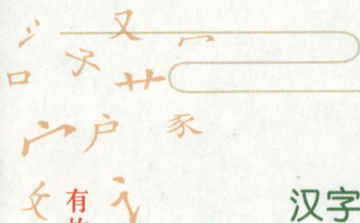

汉字故事：纪念第一位女将军的青铜器

你知道中国历史上都有哪些女将军吗？

第一个有确切历史记录的女将军是谁？

如果你去过河南安阳的殷墟遗址，肯定不会对这位女将军的名字感到陌生——她就是商朝第23代商王武丁的妻子，妇好。

武丁是一个很有能力、很有抱负的帝王。他在位期间，商朝在政治、军事和文化等方面都取得了很大发展。这一时期在历史上被称作"武丁中兴"。在武丁指挥军队开疆拓土的过程中，他的妻子妇好也给他帮了很大的忙。

虽然是一个女子，妇好却有胆量，有气魄，身体强健也超出常人。殷墟出土的大量甲骨卜辞表明：妇好曾率领士兵攻打西北少数民族羌族，抓回大量俘虏，并且把其中的很多俘虏做了祭祀天地的祭品。在对一个叫巴方的民族作战时，妇好巧妙地设下埋伏，截断对方的退路，和武丁一起把敌人消灭在包围圈中。

武丁非常赞赏和佩服妇好，命人用文字记录下她的不凡功绩，还赐给她许多封地和奴隶，让她参与各种国家大事，甚至有时让她代替自己主持祭祀。妇好死后，武丁为她陪葬了无数的奴隶和珍宝。妇好墓中出土的青铜器、玉石器、象牙器等随葬品近两千件。其中很多铜器上都刻有铭文"妇好"或"好"。这些都表明妇好是中国历史上第一位有名有姓的女将军！

延伸阅读：青铜器收藏大家宋徽宗

"靖康耻，犹未雪，臣子恨，何时灭。"

宋朝第八位皇帝宋徽宗赵佶虽然当皇帝非常失败，在"靖康之耻"中被北方的金国掳走，最后悲惨死去，但他是一位杰出的艺术家和收藏家。宋徽宗曾命人编纂《宣和博古图》，该书记录了宋代皇室收藏的839件青铜器，上自商代，下至唐代，许多现在仍非常有名的青铜器都在其中。以其藏品的珍贵程度看来，宋徽宗绝对是一位名副其实的青铜器大收藏家。

记一记

破铜烂铁：指不值钱、无多大价值的东西。

满身铜臭：指过于看重钱财，唯利是图的人。

每日一字

铁

失去金子的光辉，廉价金属却可以征服世界

"铁"是会意字。简体从"金（钅）"字旁，表示铁是金属；简体字"铁"右边是失去的"失"字，表示铁是失去金属原有贵重价值的一种廉价金属。

铁这种金属元素，坚固耐用又廉价易得，所以在工业上用途极广，古代主要用它来制作农具和兵器，如铁锄、铁铲、铁锨、铁甲、金戈铁马等。

当我们说一个人"手无寸铁"时，指的是他手里没有任何可以防身的武器；当我们说一个国家"铜墙铁壁"时，是指这个国家非常团结，很难攻克，就像有铜铁做成的墙壁一样。

汉字故事：桓宽和他的《盐铁论》

你可能听说过西方的《资本论》《国富论》等经济学著作。但是，你知道吗，中国早在西汉时期就已经有了正统意义上的经济学著作——《盐铁论》。

盐是生活必需品，人人都得吃，家家都得用；铁是国家用来制作

农具和兵器的重要金属——它们代表经济生活中最基本的两个要素。因此，围绕盐、铁、酒等必需品应该由国家垄断，还是让私人自由买卖，该怎么向老百姓征税，该怎么稳定物价，该怎样发行货币等一系列涉及国计民生的重大问题，西汉时期举行了一场全国范围内、长达数月的大讨论，史称"盐铁会议"。

"盐铁会议"是西汉昭帝始元六年（前81）召开的。出席这次会议的人分成两派：

一派是朝廷从全国召集来的社会名流和地方上的儒生，共60多人，代表人民。另一派是以御史大夫桑弘羊为首的政府官员，代表国家。

当时，桑弘羊担任治粟都尉，负责管理全国的盐铁事务。他主张，国家直接掌握盐铁业务，并零售给百姓。这种方法既能避免商人的盘剥，又能增加国家收入。

代表人民的一方则倡导儒家的"道德、仁义"思想，并且指责官府垄断工商业是不对的，是跟私人工商业争利益。他们提出以下主张：

废除盐铁等物资的国家专卖权，让民间自主经营。同时，应该大力扶持农业。

会议讨论的结果是废除全国的酒类专卖和关内铁官。

30年后，一个没有名气的小官桓宽根据这次会议的官方记录，以及当时参会者的介绍，把双方互相责难的问题详尽地记述出来，写成了一部10卷包含60篇文章的《盐铁论》，内容涉及政治、经济、军事、文化等各个方面。《盐铁论》采用对话体写法，各篇之间互相联系，被称为"对话体的历史小说"，具有极高的文献价值。

延伸阅读："铁观音"茶的由来

传说，清代乾隆年间安溪尧阳松岩村有个老茶农叫魏荫（1703—

1775）。他勤于种茶，笃信观音菩萨。每天早晚他都会在观音菩萨像前敬奉一杯清茶，几十年如一日，从未间断。

一天晚上，他朦胧中梦见自己扛着锄头走出家门，来到一条溪涧旁边。他在石缝中发现了一株茶树。只见这株茶树枝壮叶茂，芳香诱人，跟自己见过的所有茶树都不同……

第二天早晨，他顺着昨夜梦中的道路寻找，果然在一个石隙间找到了梦中的那株茶树。魏荫十分高兴，将这株茶树挖回家种在一口铁鼎里，悉心培育。因为这茶是观音托梦得到的，在铁鼎中生长，故取名"铁观音"。

记一记

趁热打铁：指趁着铁烧热时及时捶打。比喻抓住有利时机，及时行动，毫不拖延。

斩钉截铁：意思是砍断钉子，切断铁。比喻说话或行动坚决果断，毫不犹豫。

汉字界通才：吃饭喝酒计时，还能演奏音乐

"钟"是形声字。左边的"金（钅）"是形旁，说明由青铜等金属制成；右边的"中"是声旁，表示读音。

鑋　銅　鐘　鐘　钟

金文　　篆书　　隶书　　楷书（繁体）楷书（简体）

在古代，钟鼓的"钟"字和酒盅、茶盅的"盅"字通用，是一种容量单位，也表示一种用来盛酒、盛茶的器皿。古代官员的俸禄常以粮食计算，"千钟粟"就是官俸一千钟粮食，这是非常丰厚的俸禄。古时一钟约等于现在的172斤。

此外，古代的"钟"还指一系列由青铜铸成、能发出悦耳声音的打击乐器，这就是编钟。比如，湖北随县出土的曾侯乙编钟，由65件大小不同的青铜编钟组成，按音调高低次序排列，能够演奏非常复杂的乐曲。

现在，"钟"多指一种专门计时的器具，用途较为单一。

汉字故事：北京钟鼓楼的故事

北京的钟楼、鼓楼（合称钟鼓楼）坐落在地安门外大街北，处于北京南北中轴线的最北端，两者相距百米，是元、明、清三代都城的报时中心。在我国的城市钟鼓楼建造史上，北京钟鼓楼的规模最大、规制最高，是文明古都的标志性建筑之一。

我国古代一般使用铜刻漏计时，这是一种古老的计时器，相当于后来的钟表。据说，北京建钟鼓楼之前曾有一座宋朝遗存的铜刻漏，制作极其精妙，可惜没有保存下来。

关于北京钟楼上的大钟，民间还流传着一个凄美的传说：

钟楼原有一口铁钟，但是声音不够洪亮。于是皇帝下令召集天下工匠来另铸一口铜钟。3 年过去了，铜钟仍然没有铸好。皇帝龙颜大怒，要求在限定时间内铸好铜钟，完不成就要重罚全体工匠。

负责铸钟的师傅名叫华严，是当时有名的铜匠。为了铸造这口大钟，他日思夜想，耗尽心血，但是要铸的铜钟体积太大，难度太高，怎么也铸不好。有的工匠说："这是不是炉温上不去造成的？按古代做法，这需要有人洒血祭钟！"华严听后沉默不语。华严的女儿华仙听了却暗暗动起心思。

铸钟的最后期限到了，朝廷大小官员都到现场监看。眼见最后一炉铜水又要失败，数百名工匠的性命危在旦夕。紧要关头，华仙突然从人群中飞奔而出，纵身跳进火炉。刹那间，炉火升腾，铜水翻滚，工匠们忍痛含泪，一齐努力，终于铸成了铜钟。为了纪念这位为铸钟献身的美丽姑娘，人们尊称华仙为"铸钟娘娘"，并为她修了一座庙，称为"金钟娘娘庙"。

延伸阅读：暮鼓晨钟

"日出嵩山坳，晨钟惊飞鸟。"

我国古代城市用钟鼓声报时，早上敲钟，晚上击鼓，所以有"晨钟暮鼓"的说法。

古人将黑夜分为五个更次，每更次为一个时辰，相当于现代的两个小时。晚七时到九时为一更，表示天黑了；九时到十一时为二更；十一时到凌晨一时为三更，此时正是半夜，所以有"半夜三更"的说法；凌晨一时到三时叫四更；三时到五时叫五更。

清代乾隆以后规定，一更时击鼓，同时也是关闭城门的时间；五更时撞钟，表示要打开城门了。

记一记

钟鸣鼎食：指吃饭时敲着钟，列鼎而食，用来形容富贵人家的豪奢生活。

情有独钟：指对某人某事有特殊的感情，把心思和感情都集中到他身上。

锁

关得住金银财宝，藏得了世间真情

"锁"是会意字。左边的"金（钅）"旁表示锁一般用金属制成；右边由"小、贝"两部分组成，意思是小贝壳，表示"锁"和贝壳一般大小。

锁的本义是锁头、门键，是安装在门窗、器物等开合或连接处，使人不能随便打开的金属器具，需要用特制的钥匙、密码、磁卡等才能打开。随着科学技术的不断进步，"锁"的形式也日渐多样化，有指纹锁、面部锁、程序锁等。

后来"锁"也用作动词，如锁住、锁门、封锁等。当我们说"锁定目标"时，其中"锁定"的意思是"紧紧跟定"，更侧重抽象的意义。

锁　鎖　鎖　锁

篆书　隶书　楷书（繁体）　楷书（简体）

汉字故事：锁麟囊

《锁麟囊》是一出著名的京剧，讲述了一个知恩图报的中国传统故事。

山东登州有一个富户人家的女儿薛湘灵要出嫁。按照当地风俗习惯，女儿出嫁上轿前，母亲要送她一只绣有麒麟的荷包，里面会装满珠宝首饰，作为女儿的"体己（个人的私蓄）"，寓意是希望女儿生活富裕，婚后早得贵子。这只荷包锦袋就叫"锁麟囊"。

因为是家里唯一的女儿，家境又好，薛湘灵就特别挑剔。母亲为了让女儿开心，就在锦囊中多装了一些金银珠宝，薛湘灵这才满意地坐上花轿离开家。谁想走到半路遭逢一场大雨，薛湘灵等人只好到一个亭子里避雨。不久，有人抬着一乘简朴的花轿进来，轿中是贫穷人家的女子赵守贞。赵守贞看到薛湘灵的众多随从和丰厚嫁妆，再想一下下自己的穷困窘迫，不由地为前途发愁，一时忍不住啼哭起来。

听到对方花轿里的哭声，善良的薛湘灵派人前去询问缘由。得知实情后，她很同情赵守贞的遭遇，便隔着轿帘，让仆人把价值不菲的锁麟囊慷慨赠予对方。

六年后，薛湘灵的夫家遭遇洪水，所有家当都被洪水冲走。她与家人在洪水后失散了。无奈之下，她逃难到了莱州，给当地的大户人家卢家做女仆。她专门负责照管卢家的刁蛮小公子卢天麟。

有一天，卢天麟在家里玩球时，故意把球抛入一个锁着门窗的小楼，然后逼着薛湘灵进去取球。薛湘灵费劲地进入小楼，不经意间看到自己当年赠给贫家女赵守贞的锁麟囊被供在香案上。她一时间百感交集，忍不住痛哭失声。

卢夫人赶来后，问清事情的原委，连忙待她为上宾。原来卢夫人就是当年的赵守贞，夫妻二人就是凭锁麟囊里的珠宝起家，如今过上了富足殷实的生活。当弄清薛湘灵就是当年慷慨赠送锁麟囊的恩人时，卢氏夫妇好生感激，还帮她找到了在洪水中失散的亲人。两家从此结为亲戚。

延伸阅读：清朝末年的闭关锁国政策

闭关锁国，就是关闭与外国贸易往来的海陆通道，把整个国家封锁起来，不与外界接触。鸦片战争前，清政府实行闭关锁国政策。除了保留广州的通商口岸外，清政府关闭了其他所有的通商口岸。清政府对进口货物征收高额关税，同时限制出口货物的品种和数量。外商来华进行贸易必须通过清政府特许的公行商人，活动也仅限于指定的范围。这些政策严重阻碍了社会经济的发展，最终导致中国近代的落后。

记一记

莫失莫忘，仙寿恒昌。

——《红楼梦》中贾宝玉通灵宝玉上的题字

不离不弃，芳龄永继。

——《红楼梦》中薛宝钗金锁上的题字

镜

也曾虚幻，也曾深情，更能刚正不阿

"镜"是形声字。左边的"金（钅）"是形旁，表示镜子是由金属制成的；右边的"竟"是声旁，表示读音。镜的本义是镜子。

镜子能用来照相貌，原本是一种日常生活用具，但在中国传统文化中，它被渐渐转化成揽镜自省或反思世界的一种象征物，如《西游记》中的照妖镜、《红楼梦》中的风月宝鉴等。

镜子照物，其中能呈现出影像，但是里面不存在实物，就好像水中只有月亮的影子，却抓不住高高挂在天空中的月亮一样。因此，后人常常用"镜花水月"来比喻空幻缥缈的东西。

鏡	鏡	鏡	镜
篆书	隶书	楷书	简体

汉字故事：破镜重圆的故事

杨素是隋朝开国功臣。他为隋文帝统一天下立下了汗马功劳，被封为越国公。有一年，杨素带兵打败了南陈后主陈叔宝，俘虏了南陈皇帝皇妃和很多皇亲国戚，其中就有陈叔宝的妹妹乐昌公主。当时，她已经嫁给徐德言为妻。

由于杨素破陈有功，加之乐昌公主风华绝代，隋文帝就乱点鸳鸯谱，将乐昌公主送给杨素做小妾。杨素很欣赏乐昌公主的才华，又觉得她长得漂亮，因此格外宠爱她，并为她专门营造了宅院。然而乐昌公主却终日郁郁寡欢，默无一语。

原来乐昌公主与前夫徐德言感情深厚。在陈国即将被攻破时，徐德言流着眼泪对妻子说："以你的才貌，亡国后必定会被掳到隋朝的豪门贵族之家。如果老天可怜，能够让我们再相见，我们先要准备一个凭证。"于是他将一面铜镜摔成两半，夫妻各藏一半，约定明年正月十五那天，到热闹的集市上卖铜镜，以此来寻找对方。

一对恩爱夫妻就这样被拆开。第二年正月十五，徐德言按照约定，来到集市上寻找卖铜镜的人。他果然见到一个老头在卖半片铜镜，价格高昂。徐德言将老头领到住处，拿出自己收藏的半片铜镜一对比，正是妻子的信物。于是老头将乐昌公主的现状告诉他。徐德言一听妻子成为越国公杨素的侍妾，而且极受宠爱，知道自己与妻子复合无望。悲伤之余，他在妻子的半片铜镜后题了一首五言诗《题半镜》：

镜与人俱去，镜归人未归。

无复姮娥影，空留明月辉。

老头拿着镜子回来。乐昌公主看到丈夫的题诗，想到与丈夫咫尺天涯却难相见，不仅失声痛哭，终日忧愁烦闷，悲伤不已，最后病倒了。杨素再三盘问后知道了事情真相，被二人的深情打动。他立即派人将徐德言召入府中，让他们夫妻二人团聚。宴中，杨素令乐昌公主赋诗。公主当场念道：

今日何迁次，新官对旧官。

笑啼俱不敢，方信做人难。

乐昌公主此诗，很好地写出了她当时难堪的处境，老老实实地向杨素陈述了自己的感情。杨素听后更为感动，于是送他们夫妻二人回了江南老家。人们听说这个故事后，都为乐昌公主二人的爱情和杨素的宽宏大度而感叹，所以就有了破镜重圆的典故。

延伸阅读：戏曲里"明镜高悬"的来历

　　晋代葛洪在《西京杂记》中记载：秦始皇有一面方镜，非常明亮，能照见人的五脏六腑，甚至能看出人心善恶。秦始皇常用它来照宫里的人，看哪些人对他不满，就严厉惩处。因为此镜出于秦地，所以被称为"秦镜"，又因此镜功能奇特，后来人们就以"秦镜高悬"来比喻官吏明辨是非，判案公正严明。也比喻办事明察秋毫，公平无私。

　　在后来的戏剧节目中，官员断案时都会在公堂上悬挂"秦镜高悬"的匾额，以标榜其清廉公正。因为早先时候戏曲观众大多文化水平不高，对"秦镜高悬"的典故不熟悉，所以后来人们就把"秦镜高悬"改为"明镜高悬"。

记一记

　　以铜为镜，可以正衣冠；以史为镜，可以知兴替；以人为镜，可以明得失。

——五代后晋刘昫等撰《旧唐书·魏徵传》

第一章 五行属金篇

每日一字

钗

可以美化女性的外表，也可以借指女性

"钗"是形声字。左边的"金（钅）"旁表示钗大多是用金属制成；右边的"叉"旁，表示钗形似叉子，用来插在头发上。"叉"同时可以表示读音。

钗的本义是旧时妇女别在发髻上的一种首饰，如金钗、玉钗等。因为妇女常穿裙子，头发上别着发钗，所以人们常用"裙钗"借指妇女。古代穷人家女子只能用树枝当发钗，用粗布做裙子，因此常用"荆钗布裙"来形容妇女的装束朴素。因为富贵人家的女子都是用绫罗绸缎做衣裳，用金银珠宝做发钗。这也许就是没有对比就没有伤害吧。

钗　　钗　　钗　　钗

篆书　　隶书　　楷书（繁体）　楷书（简体）

汉字故事：陆游泣写《钗头凤》

南宋著名爱国诗人陆游，一辈子过得并不舒坦。他的仕途不顺利不说，就连爱情生活也很不幸。20岁那年，陆游和青梅竹马的表妹唐

婉结了婚。婚后过了一段幸福生活。但是，陆游的母亲不喜欢唐婉，认为她光引诱着陆游嬉戏游乐，阻碍了他的事业前途，最后甚至逼迫陆游和唐婉离婚。一对相爱的年轻人就这样被迫分开了。

十年后的一个春天，陆游去山阴城的一处花园散心。陆游借酒浇愁时，意外碰到了唐婉和她丈夫赵士程。唐婉征得丈夫同意后，给陆游送来一杯酒。陆游看到昔日深爱的妻子虽近在身旁，却无法倾心交谈，不禁悲从中来。他一口气喝完酒，转头在粉墙上写了一首词《钗头凤》：

红酥手，黄縢酒，满城春色宫墙柳。

东风恶，欢情薄，一怀愁绪，几年离索。

错！错！错！

春如旧，人空瘦，泪痕红浥鲛绡透。

桃花落，闲池阁，山盟虽在，锦书难托。

莫！莫！莫！

题完词后，陆游便作别唐婉，怅然离去。唐婉一个人站在那里，反反复复地看了几遍陆游的词，忍不住失声痛哭起来。回到家中，她愁怨难解，在一个风雨的黄昏也写了一首《钗头凤》作为回应：

世情薄，人情恶，雨送黄昏花易落。

晓风干，泪痕残，欲笺心事，独倚斜栏。

难！难！难！

人成个，今非昨，病魂尝似秋千索。

角声寒，夜阑珊，怕人寻问，咽泪装欢。

瞒！瞒！瞒！

不久，唐婉郁郁而终。陆游得知唐婉的死讯后，痛不欲生。为了抒发内心的隐痛，他多次来到题诗的花园徘徊，默默念着唐婉的名字。

延伸阅读：《红楼梦》中的薛宝钗

中国古典名著《红楼梦》中的女主角之一薛宝钗，不仅家里非常富有——"珍珠如土金如铁"，而且她长得非常漂亮，脸若银盆，眼如水杏，举止娴雅，善于处世。更让人称奇的是，她绝对是一个超级学霸，对文学、艺术、历史、医学以至诸子百家、佛学经典，都有广泛的涉猎和渊博的知识。

记一记

我国古代女子的代称：

在我国古代，除了钗、裙钗代指女子之外，红袖、红裙、红粉、婵娟、粉黛、蛾眉、红颜、巾帼等也是女子的代称。这些代称大多是从妇女的容貌和服饰两方面着眼的。

铃

杨玉环的美丽，如《雨霖铃》般悲惨

"铃"是形声字。左边"金（钅）"是形旁，表示铃是金属制成的响器；右边"令"是声旁，表示读音。同时，令有善、美好等义，表示铃声清脆悦耳，给人以美的感觉。

"铃"在古代曾作为乐器，形状有点儿像钟，但是比钟小。"掩耳盗铃"的故事在有些古籍中注明被偷的不是铃，而是钟。

当下，"铃"泛指一些音响器具，如门铃、车铃、电话铃等。后来也用来称呼像铃一样的东西，如哑铃、棉铃等。

铃	鈴	鈴	鈴	铃
金文	篆书	隶书	楷书（繁体）	楷书（简体）

汉字故事：雨霖铃的故事

唐朝"安史之乱"后，唐玄宗慌乱中出逃四川。唐军在马嵬坡发生兵变，要求唐玄宗把引发国家动乱的杨玉环赐死，否则军队就不往前走了。唐玄宗无奈之下，只好下令赐杨玉环自尽。

杨玉环死后，唐军继续进发。在阴雨连绵之夜，唐玄宗行于蜀中栈道之上，马铃和着潇潇雨声，更添寥落与凄惨。唐玄宗想着自己身为一国之君，却连心爱的妃子都保护不了，顿时悲从中来，口中不由得说出"雨淋铃"三个字。返回长安后，唐玄宗命教坊"采其声为《雨霖铃》曲，以记恨焉"，并把一些伶人叫来吹奏。从此，《雨霖铃》曲流传于世，专门用来抒写悲伤哀怨一类的情感。

后来，"雨霖铃"成了著名的词牌名，"雨霖铃"的创作在宋代时达到高峰，其中"奉旨填词"的柳永创作的这首《雨霖铃》非常有名：

> 寒蝉凄切，对长亭晚，骤雨初歇。
>
> 都门帐饮无绪，留恋处，兰舟催发。
>
> 执手相看泪眼，竟无语凝噎。
>
> 念去去，千里烟波，暮霭沉沉楚天阔。
>
> 多情自古伤离别，更哪堪、冷落清秋节！
>
> 今宵酒醒何处？杨柳岸，晓风残月。
>
> 此去经年，应是良辰好景虚设。
>
> 便纵有千种风情，更与何人说？

这首词抒写了作者仕途失意，心情压抑，决定离开京城到外地去，但又不得不和心爱的人痛苦分离的事情。全词凄凉的意境渲染出一种浓浓的别离之情，跟雨霖铃的整体基调是高度吻合的。

这首词的作者柳永，虽然才情卓著但一生仕途坎坷。他在第二次科举考试落榜后发牢骚，写下了"忍把浮名，换了浅斟低唱"的词句，意思是说，要那些虚浮的名声有什么用，还不如把它换成喝酒、唱歌、作词的生活。

延伸阅读：掩耳盗铃

从前有个既愚蠢又自私的人，总爱占别人的便宜。有一次，他看到别人门前挂着一个铃铛，便想把它偷走卖钱。可是当他伸手去摘铃铛时，铃铛响个不停，声音传出好远。于是，这个人把自己的耳朵堵起来。他以为只要自己听不见铃声，别人同样也听不见。当他大着胆子去摘铃铛时，铃声把周围的人都引了过来。他因偷盗罪被送进官府。后来就有了"掩耳盗铃"这个成语，用来比喻自己欺骗自己，明明掩盖不了的事情偏要设法掩盖。

记一记

蜀江水碧蜀山青，圣主朝朝暮暮。

行宫见月伤心色，夜雨闻铃肠断声。

——唐·白居易《长恨歌》节选

锦

比黄金还要珍贵和绚丽的布匹

　　"锦"是形声兼会意字。左边的"金（钅）"是声旁，表读音，兼表色彩，有华丽、贵重的意思，表示锦是一种有彩色花纹且比较贵重的丝织品；右边是布帛的"帛"是形旁，帛也是一种丝织品。

　　什么是"锦"？古代"锦"泛指有彩色花纹的丝织物，更多是特指用联合或复杂组织织造的经纬线重叠交织的多彩丝织物。这种经纬重叠的织物织起来难度比较大，是古代最贵重的织品。所以古代有这样的说法："锦金也，作之用功重，其价如金。"人们甚至把它看成和黄金等价。

　　"锦"的本义是有颜色和花纹的丝织品，如锦缎、锦旗、如花似锦、锦上添花等。后来"锦"也用来形容色彩的鲜明华丽，如锦鸡、锦霞、花团锦簇等。

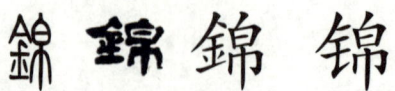

錦　錦　錦　锦

篆书　　隶书　楷书（繁体）楷书（简体）

汉字故事：一幅壮锦的故事

　　我国是一个幅员辽阔的多民族国家。居住在我国西南部的广西、云南、贵州和湖南等地区的壮族妇女，很久以前就以织造美丽精致的丝织品著名。她们织出来的锦缎被称作壮锦。壮锦广泛用于婚礼、聚会等重要场合，是人们非常喜爱的丝织品之一，在市场上往往能卖出很高的价钱。

关于壮族人民对壮锦的喜爱，有这样一个动人的民间故事。

有一位老妈妈带着三个儿子艰辛地生活。儿子们还小，老妈妈只能起早贪黑地编织壮锦，以此来换取一些基本生活用品。

有一天，老妈妈卖完壮锦准备回家时，看到集市上有人在卖一幅画，画上绘有绿色的田园池塘、漂亮的房屋、成群的鸡鸭牛羊，处处洋溢着丰衣足食的喜悦。老妈妈一看就喜欢上了这幅画。她掏出身上所有的钱，把这幅画买回了家。

回家后，老妈妈就按照这幅画编织一幅壮锦。她不分昼夜地编织，忘了吃饭睡觉。三年过后，一幅美丽的壮锦终于完成了。可是老妈妈没有来得及高兴，一阵奇怪的风吹来，把壮锦吹走了。老妈妈非常着急，连忙让大儿子去找回壮锦。

大儿子循着壮锦的方向追去。半路上，一位老婆婆告诉他："壮锦被东方太阳山的仙女借走了。去太阳山的路上要经过熊熊的火焰山和冰冷的冻海，没有人到达那里。"大儿子一听就害怕了。他不敢再往前走，并把老婆婆的话告诉了妈妈。老妈妈又让二儿子去追，二儿子也说自己不敢去。这时，勇敢的三儿子站出来说："妈妈，我去吧。我一定能找回来的。"

三儿子说完就出发了。他咬紧牙关，翻过了烈焰腾腾的火焰山，渡过了寒冷刺骨的冻海，终于来到仙女们居住的地方。

仙女们弄明他的来意，对他非常热情。仙女们说，只要她们仿照老妈妈的壮锦织完了，就把壮锦还给他。其中，一位穿着红衣服的仙女因为太喜欢老妈妈织的壮锦中的美景，忍不住把自己的像也织到了壮锦上。

三儿子拿回壮锦后，因为丢失壮锦而伤心生病的老妈妈一下子就恢复了健康。她刚刚站起身，壮锦里的景物就变成了现实：绿色的田园池塘，漂亮的房子，数不清的鸡鸭牛羊，还有一个穿着红衣服的漂亮仙女。后来仙女和勇敢的三儿子结婚了。从此，老妈妈一家过上了幸福的生活。

延伸阅读：中国四大名锦

一般而言，中国的四大名锦是指四川的蜀锦、南京的云锦、苏州的宋锦、广西的壮锦。四大名锦以年代久远、工艺独特而被誉为"东方瑰宝""中华一绝"，是中国珍贵的传统文化遗产。

记一记

锦上添花：在织锦上再绣花。比喻美上加美，好上加好。

锦衣玉食：华美的衣服，精美的食物。形容奢侈豪华的生活。

花团锦簇：形容五彩缤纷、十分华丽的景象。

衣锦还乡：古时指做官以后，穿了锦绣的衣服，回到故乡向亲友夸耀。

钱

钱不是万能的，钱多的人也会被活活饿死

"钱"是形声字。左边的"金（钅）"是形旁，说明最初"钱"与金属有关，本义为铁铲；右边的"戋"是声旁，表示读音，同时"戋"与"残"通用，有小的意思，这里是说铁铲可以使土变成小块。后来"钱"专指货币，如铜钱、金钱、银钱、钱票、钱币等。

现在"钱"所指的范围扩大了很多，既可以表示财物费用，如金钱、饭钱、有钱有势等；也可以用来指圆形的、像铜钱一样的东西，如榆钱、荷钱、纸钱等。

錢　錢　錢　钱
篆书　隶书　楷书（繁体）楷书（简体）

汉字故事：被饿死的西汉首富邓通

西汉初年延用秦朝的圆形方孔钱。因为这种货币比较重，交易起来不方便，所以朝廷允许民间私人铸钱。我们今天就来讲一个拥有铸钱大权却被活活饿死的西汉首富邓通的故事。邓通原来是汉文帝时的一个船夫，以拉船为生。当时船夫都戴一顶黄帽子，所以邓通被称为"黄头郎"。有一天，汉文帝梦见自己欲飞上天做神仙，却怎么也飞不起来，

第一章　五行属金篇

221

在摇摇欲坠时有一位腰带反系的黄头郎把他推了上去。梦醒后，汉文帝就开始留心寻找梦中的黄头郎。有一次，汉文帝坐船时发现邓通正好戴着黄帽子，反系着腰带，很像梦到的黄头郎。于是，汉文帝认为邓通就是在梦中帮自己的人。汉文帝大力提拔邓通，让他做了高官，并且给了他很多钱。从此，邓通衣食无忧。

有一次，汉文帝让算命先生给自己算命，邓通正好进来向汉文帝汇报工作。汉文帝就让算命先生顺便也给邓通算一卦，结果邓通却抽到了"活活饿死"的下下签。汉文帝一听就很不高兴，说："这个人在梦里都在帮助我，是我的大恩人，我怎能让他活活饿死呢？"于是，汉文帝赌气似的赐给邓通一座铜矿山，并批准他可以私自铸钱。不久，邓通铸的钱流通天下，邓通也因此成为全国最富有的人。

邓通对汉文帝感恩戴德，服侍他比服侍父母还要上心。有一次，汉文帝身上长了一个毒疮，里面的脓怎么也挤不出来。医生无奈，希望有人能用嘴把汉文帝毒疮里面的脓吸出来。正当其他人面面相觑时，邓通却主动站了出来，心甘情愿地帮汉文帝吸脓。有一次，汉文帝让太子来为自己吸脓。太子虽然照办，为汉文帝吸了脓，但是满脸的不乐意。汉文帝十分感慨地对邓通说："还是你对朕好啊，朕的亲生儿子都不如你。"从此，汉文帝更加信任邓通。太子听说了这件事，心里非常忌恨邓通。

几年后，汉文帝驾崩，太子即位，他就是汉景帝。不久汉景帝便把邓通革职，剥夺了之前封赏给他的铜山，没收了他所有的家产，并且不让任何人接济他。就这样，曾经富可敌国的邓通，最后竟变成了乞丐，活活饿死在街头。

延伸阅读：压岁钱的传说

春节时，小孩子最高兴的事之一就是可以收到长辈给的压岁钱。

相传压岁钱可以压住邪祟，因为"岁"与"祟"谐音，压岁即压祟，得到压岁钱的孩子因此就可以平平安安度过一岁。

还有一种说法认为，分压岁钱给孩子，当恶鬼妖魔或叫"年"的怪兽去伤害孩子时，孩子就可以用这些钱贿赂它们，从而逢凶化吉。即使到现在，长辈为晚辈分送压岁钱的习俗仍然盛行。

记一记

钱钱成长记：

贝壳货币 —→ 布帛丝绸 —→ 金银货币 —→

纸币、硬币 —→ 信用货币 —→ 虚拟货币

铭

再富贵的豪宅也比不上屋主的品质

"铭"是形声字。左边的"金（钅）"是形旁，表示与金属有关；右边的"名"是声旁，既表示读音，也表示铭刻。

"铭"的本义是铭文，多指刻在器物或碑碣上记述生平、事迹或警戒自己的文字。如墓志铭——旧时刻在坟墓石碑上的文字；座右铭——古人写出来放在座位右边的格言，后来泛指人们激励、警戒自己的格言等。"铭"用做动词时，表示牢记不忘，如铭记、刻骨铭心等。

鉊	銘	銘	銘	铭
金文	篆书	隶书	楷书（繁体）	楷书（简体）

汉字故事：刘禹锡和他的《陋室铭》

山不在高，有仙则名；水不在深，有龙则灵。斯是陋室，惟吾德馨。苔痕上阶绿，草色入帘青。谈笑有鸿儒，往来无白丁。可以调素琴，阅金经。无丝竹之乱耳，无案牍之劳形。南阳诸葛庐，西蜀子云亭。孔子云："何陋之有？"

这是唐朝诗人刘禹锡的《陋室铭》。该文用 81 个字，淋漓尽致地写出了一个正人君子安于陋室、豁达乐观的精神，成了无数文人雅士追求的至高境界。但是，你知道吗？这篇家喻户晓的"铭文"，其实是被"气"出来的。

刘禹锡关心黎民百姓，要求革新，因此得罪了当权派。他被贬到安徽和州当了一名通判，也就是知州的副手。不幸的是，刘禹锡的新上司知州是一个气量狭小的赃官。知州见刘禹锡没有送自己见面礼，就有些生气，于是故意刁难他。知州在行人稀少的城南门，拨给刘禹锡三间破旧的小屋子。

刘禹锡并没有把屋子的新旧大小放在心上，但是对能够观看江边风景十分高兴。知州见刘禹锡无所谓，决定再刁难一下他。这次，知州只给了刘禹锡一间半屋子，还让他搬到了行人更加稀少的城北门。刘禹锡仍旧不计较，他不嫌麻烦地搬到了新居。

知州知道刘禹锡仍不买账后，更生气了。他让刘禹锡搬到县城中部居住，只给他一间小屋子，里面仅有一床、一桌、一椅。刘禹锡想到这个势利上司一再欺人的可恶行径，忍不住心中愤怒，一口气写下了前面那篇表明心志的《陋室铭》。写完后，他请人刻在石碑上，立在门前。

《陋室铭》写得太好了，大家口口相传，不久就传到了京城。朝廷里的忠义之士为刘禹锡多方说情。不久，知州被革职，刘禹锡被重新召回京城。可见一篇好文章很重要啊！

延伸阅读：世界伟人的墓志铭

活过，爱过，写作过。——法国作家司汤达

真实如钢，耿直如剑。——英国作家阿瑟·柯南道尔

我和这个世界有过情人般的争吵。——美国作家弗罗斯特

我的耳朵宛如贝壳，思念着大海的涛声。——中国音乐家聂耳

记一记

以吾人数十年必死之生命，立国家亿万年不死之根基，其价值之重可知。

——孙中山座右铭

钵

不看学历看能力，衣钵传人有深意

"钵"是形声字。左边的"金（钅）"是形旁，表示陶器硬如金石；右边的"本"是声旁，表示读音。钵是食器，以本为声，表示人以食为本。

鉢　　钵　　钵

隶书　　楷书（繁体）楷书（简体）

"钵"的本义是僧人用的饭碗。一般是用陶土或铁制成，形圆稍扁，底平，口略小。《汉语大字典》的解释为：一种盛东西的敞口器具，形似盆而小，一般为陶制。在普通百姓人家，钵的主要用途是盛食物、贮水等。

据考古发现，钵出现于新石器时代，虽然现代生活中已经不常用，仅作为僧人化缘的容器，但是它在中国器皿文化史上占有重要地位。

汉字故事：神秀和六祖慧能的故事

禅宗是中国佛教的一个重要宗派。禅宗的传法方式以心传心，即不通过语言文字的表达来传授，而是依靠自己的领悟与顿悟。南北朝时，佛教禅宗的第五代弘忍大师已经上了年纪。他决定在弟子中选一个继承人。他要求弟子们各做一首禅诗，看谁做得好，就把衣钵和教法传

第一章　五行属金篇

给谁。大弟子神秀，半夜起来，在院墙上写了下面这首诗：

> 身是菩提树，
>
> 心为明镜台。
>
> 时时勤拂拭，
>
> 勿使惹尘埃。

第二天，很多僧人围着这首诗看，都对其赞不绝口。大家认为，这首诗表达了刻苦修行、不断提升的境界正是大多数人要努力做到的。

在看诗的僧人中，有一个专门在厨房做饭的僧人叫慧能。他不认识字，也不会写字。听别人说诗好，他便请旁边的人读给自己听。听完后，他觉得这首诗和自己平时的想法有些不同。受这首诗的启发，他也拟了一首，请别人帮忙写在上一首诗歌的旁边，内容是：

> 菩提本无树，
>
> 明镜亦非台。
>
> 本来无一物，
>
> 何处惹尘埃。

有人把慧能的这首诗告诉给了弘忍大师，弘忍大师听后暗暗叹服：这个厨房小工的悟性太高了，已经达到了禅宗的最高境界。但是弘忍大师考虑到神秀是自己的大弟子，在北方的势力和名气太大，弘忍大师可能会不放过这个悟性比自己高的师弟慧能。怎么办？

于是，弘忍大师叫来慧能，当着他和众人的面说，这首诗写得乱七八糟，然后脱下鞋把这首诗擦掉，并且在慧能的头上打了三下。慧能立刻明白了弘忍大师的意思，半夜三更时去了弘忍大师的禅房。弘忍大师为慧能讲解了重要的佛教经典，并且把自己经常穿的袈裟、经常用的饭钵传给了他。弘忍大师让慧能连夜逃离，以防止神秀的人谋害他。

慧能出逃南方。隐居十年后，慧能出示了弘忍大师传给他的袈裟和钵盂，以证明自己是禅宗派的"衣钵传人"。后来他正式创立了禅宗的南派。

延伸阅读：唐三藏的紫金钵盂

《西游记》中唐三藏化缘及喝水用的紫金钵盂，是唐太宗李世民赐给他的。当师徒四人经历了九九八十一难，终于可以从如来佛祖那里取得真经时，如来的两个徒弟阿傩、伽叶却向唐僧索要好处。当没能达到目的时，他们就把无字经给了唐僧师徒。发现上当后，孙悟空去如来佛祖面前告状，如来佛祖却为两个徒弟开脱："不能让后代儿孙没钱使用呀。"无奈之下，唐僧只好把唐太宗赐的紫金钵盂奉上。

记一记

春雨楼头尺八箫，何时归看浙江潮？
芒鞋破钵无人识，踏过樱花第几桥。

——清·苏曼殊《本事诗·其九》

考试真题

1. 请将下列成语补充完整：

____强扶弱　　　刻骨____心　　　____花水月

见____眼开　　　繁花似____　　　____墙铁壁

连____反应　　　解____还需系____人

2. 请将下列诗句补充完整：

（1）金樽清酒斗十千，玉盘珍羞直万____。

（2）不知明____里，何时得秋霜。

（3）想当年，金戈____马，气吞万里如虎。

3. 宋人称："柳郎中词，只合十七八女郎，执红牙板，歌'杨柳岸晓风残月'。学士词，须关西大汉，铜琵琶，铁绰板，唱'大江东去'。"

其中"柳郎中"指的是_____，他是宋词中_____派的代表；

其中"学士"指的是_____，他是宋词中_____派的代表。

4. 吴承恩创作的《西游记》里有这样两句诗："裙钗本是修成怪，为子怀仇恨泼猴。"这里"裙钗"指的是谁？她因何"为子怀仇恨泼猴"？

_____

_____

第二章

五行属木篇

本　柳　桃　李　茶　楼
棋　床　棺　采　闲　禁

本

《本草纲目》，体会万物最细微的生存

"本"是指事字，本义是"树木的根"。甲骨文中没有这个字，金文中才出现。金文中"本"的字形是一棵树的根部有一个点儿，指明这是根部所在。《说文解字》说："木下曰本，从木，一在其下。"徐锴说："一，记其处也。"后来引申为"草木的茎、干"和"事物的基础或主体"等义，如"根本""本末倒置""本位""本钱"等。

| 金文 | 篆书 | 隶书 | 楷书 |

汉字故事：李时珍和《本草纲目》

明朝李时珍（1518–1593）是我国著名医药学家。他的祖父和父亲都是医生，他从小就受到医药方面知识的熏陶。由于他幼时多病，对病人的痛苦和医药的重要性有着更加深刻的体会。虽然 14 岁时李时珍就考中了秀才，但是他在后来的科举考试中屡次失败。因此他毅然放弃了传统的当官之路，转而把毕生精力投入到药物学研究方面。

34 岁时，李时珍开始编写《本草纲目》。为什么叫《本草纲目》呢？"本"是"根本、最重要"的意思。"本草"指的是最根本、最重要

的药物。

为了写好这本书，李时珍不但大量阅读了前人的药物学著作，而且为了尽量减少错误，不辞辛苦，实地调查，先后到湖北武当山、江西庐山、江苏茅山、南京、安徽、河南以及河北等地收集动植物标本与药材，切实弄清它们的药用功能。

有一次，李时珍来到湖北武当山，听当地的道士说那里产一种"榔梅"，吃了能使人长生不老。当地官吏都把它当成"仙果"，严禁老百姓采摘。为了弄清真相，李时珍冒险爬到山上，偷偷地采了一些"榔梅"。他经过仔细研究，发现这种果子和普通梅子一样，只是能生津止渴，并没有什么特殊效果。

还有一次，李时珍对前人关于穿山甲的记载产生疑问。书中说，穿山甲喜食蚂蚁，生性狡猾，白天爬上岸，张开鳞甲，然后装死，以此引诱蚂蚁进入鳞甲。之后，穿山甲关闭鳞甲潜入水中，再张开鳞甲吞食蚂蚁。李时珍多次上山观察穿山甲，发现穿山甲的确喜欢吃蚂蚁，但它不是诱蚁入甲，再下水吞食，而是直接挖开蚁穴，舔食蚂蚁。

经过30多年的调研和写作，李时珍终于完成药物学经典著作《本草纲目》。该书记载了1892种药物，一万多个药方，附图一千多幅，被称作"中国古代的百科全书"

阅读：书为什么叫"书本"？

中国古代的书籍，不论竹木简还是布帛做成的，起先都是以卷的形式出现的。书卷起来后，里面的内容看不见，不便于检索，人们便像给车装上轴一样，在书卷的一端加上一根长木棍，让书卷绕于轴而缩展。轴比卷稍长一些，露出两端，用绳系上标签，写上书名、作者或简介，让读者对书的内容一目了然。这轴的下端，即为"书本"，书本一词就是这样来的。

记一记

兰叶春葳蕤，桂华秋皎洁。

欣欣此生意，自尔为佳节。

谁知林栖者，闻风坐相悦。

草木有本心，何求美人折！

——唐·张九龄《感遇》

柳

柳宗元如果是女子，就可称咏絮之才

"柳"是形声字。甲骨文中"柳"字形由上下两个部分组成，但与金文的部件相同，只是金文的"柳"字形变成了左右结构。左边是"木"字旁是形旁，古文字形像一棵树，表示柳树；右边是"卯"字旁，是声旁，表示读音。

甲骨文	金文	篆书	隶书	楷书

"柳"的本义是柳树，一种落叶乔木或灌木。枝条柔韧，叶子狭长，种类较多，有垂柳、旱柳等。"柳"也用作姓，如"唐宋八大家"之一的柳宗元、坐怀不乱的柳下惠等。

如果一个女子在诗文创作方面颇有才华，我们便赞誉这个女子有"咏絮之才"。"咏絮之才"的典故源于东晋女诗人谢道韫。谢道韫是当时指挥"淝水之战"的名将谢安的侄女。有一年冬天，谢安召集家人论文写诗。雪越来越大，谢安让后辈子侄各写一句形容雪的诗句。有人吟诵道："撒盐空中差可拟。"谢道韫吟诵道："未若柳絮因风起。"谢安听后对谢道韫的诗句大为赞赏。于是后人称在诗文创作方面卓有才华的女子为"咏絮之才"。

第二章 五行属木篇

汉字故事：柳宗元的故事

柳宗元是我国唐代著名文学家、思想家，也是"唐宋八大家"之一。805 年，柳宗元因参与永贞革新失败被贬为永州司马，后迁柳州刺史。因他本姓柳，在柳州做刺史，所以世称"柳柳州"。

柳宗元被贬后，他的政敌保守派们仍不肯放过他，不断地对他造谣中伤。残酷的政治迫害、艰苦的生活环境，加之遭遇几次火灾，使得柳宗元的身体健康受到严重损害，竟到了"行则膝颤、坐则髀痹"的程度。柳宗元的老母亲已经是 67 岁高龄，由于生活艰苦，水土不服，在他被贬永州后不到半年就去世了。

然而，贬谪生涯所经受的种种迫害和磨难，并未动摇柳宗元的政治理想。他在给朋友的信中明确表示："虽万受摈弃，不更乎其内。"意思是说，虽然受到万人的反对和抛弃，我也不改变内心的初衷。如果不能在政治上有所贡献，那就只好寄情山水，以排遣心中的孤独和苦闷，升华自己的精神境界。所以，柳宗元一生创作并流传至今的诗文作品多达六百余篇，散文的成就高于诗歌，主要包括杂文、寓言、传记和山水游记等，其中多篇散文选入中学语文教材，如《黔之驴》《捕蛇者说》《种树郭橐驼传》《始得西山宴游记》《小石潭记》等。

延伸阅读：古人怎样送别

折柳送别

由于"柳"和"留"谐音，古人送别时往往折柳相送，以表达依依惜别的情意。这一习俗始于汉代，在唐朝时十分盛行。

柳条折尽花飞尽，借问行人归不归？

——无名氏《送别诗》节选

此夜曲中闻折柳，何人不起故园情。

——李白《春夜洛城闻笛》节选

唱歌相送

古代的诗、歌合为一体，诗是可以合乐唱出来的，所以送别歌和送别诗基本上是一回事。

李白乘舟将欲行，忽闻岸上踏歌声。

——李白《赠汪伦》节选

饮酒饯行

请将要远行的朋友一起吃一顿饭，多备些美酒畅饮，送上一些美好的祝福为朋友饯行，这样的习俗从古代流传至今，上至达官显贵，下至平头百姓，在今天依然是中国人每逢离别的主要仪式。

劝君更尽一杯酒，西出阳关无故人。

——王维《送元二使安西》节选

记一记

山重水复疑无路，柳暗花明又一村。

——宋·陆游《游山西村》节选

每日一字

桃

从"桃之夭夭"到"人面桃花相映红"，怎一个情字了得

"桃"是形声字。左边的"木"是形旁，表示桃是果木；右边的"兆"是声旁，表示读音。为什么用"兆"做声旁呢？比较令人信服的说法有以下三种：

篆书　　　隶书　　　楷书

第一种：李时珍在《本草纲目》里说：桃木开花比较早，容易种植而且果实繁多，所以其字从木从兆。此外，"兆"还是数词，指一万亿，形容数目非常多。

第二种：桃花虽然艳丽，但容易凋落，尤其怕雨。三月桃花盛开，这时正是插秧季节。稻秧喜雨，它们的荣枯可以从桃花的盛衰上预测，所以桃从兆声。兆，就是兆头的意思。

第三种：古人认为，刻甲骨文的龟甲或兽骨烧裂后，可以根据其裂纹方向预卜吉凶。裂纹也称为"兆"。桃子的果实是向两边裂开的，而且上面有裂纹，所以写成"桃"。

汉字故事：人面桃花最相思

唐代诗人崔护年轻时相貌英俊，性格有点儿孤僻。有一年，他进京赶考落榜，心情十分抑郁。崔护趁着清明时节天气晴好，去郊外踏青。

他独自一人走到了长安城南郊外的一处小村庄。村庄周围种满了桃树，桃花怒放。崔护游玩半日，觉得口干舌燥，便敲响了村口一户人家的门，想讨杯水喝。一个俊俏的姑娘出来开门，弄清崔护的来意后，就把他请进院内坐下，自己去屋里给他倒杯茶。崔护一边喝茶，一边暗暗打量这位姑娘。只见她伫立在一株开满花的桃树下，低头含羞，分外妩媚动人。崔护不由得对姑娘心生爱慕之情。但是，崔护发现姑娘家中没有别人，不好意思久留，只能起身告辞，约定明年清明节再登门拜谢。

崔护回到住处后，意外得知父亲生了重病。他赶紧收拾行李，连夜赶回老家。这一去就耽搁了很长时间。当崔护再次回到长安城，便急匆匆地来到南郊与姑娘相见。不料多次敲门之后，皆无人应答。崔护看着满院桃花依然盛开，不由惆怅地在门上题诗一首。

去年今日此门中，

人面桃花相映红。

人面不知何处去，

桃花依旧笑春风。

署上"博陵崔护题"几个字，他便无奈地回城了。

过了几日，崔护又一次来到南郊的那户人家，远远地就听到屋里传来哭声。敲门之后，一位老伯走出来，一见崔护的面就问："来的可是博陵崔护？"崔护连忙答是。老伯哽咽着讲述了事情的原委：原来他的女儿早就对崔护动情，一心等着崔护的到来，前几天有事外出，回来看到门上的题诗后，以为再也无缘相见，竟然郁郁寡欢，一病不起。崔护连忙进去探望，少女看清眼前就是日思夜想的崔郎时，激动地哭泣着一头扑进他的怀里……少女身体康复以后，崔护便娶了她。

崔护一生写了不少诗，大多散佚了。只有这首脍炙人口的《题都城南庄》最为著名，连同这个故事一起在社会上广泛流传。后代文人常用"人面桃花"来指所爱慕而不能再见的女子，以及由此而产生的怅惘心情。

延伸阅读："桃符"和"春联"

爆竹声中一岁除，

春风送暖入屠苏。

千门万户曈曈日，

总把新桃换旧符。

每年农历正月初一清晨，古人在桃木板上分别写上"神荼、郁垒"二神的名字，分挂在大门左右，以驱鬼镇邪。后来，人们把门神的名字换成了一些吉祥喜庆的话，以此来表达美好的愿望。到了宋代，桃木板被红色纸张代替，也就成了我们今天熟悉的春联。

记一记

桃之夭夭，灼灼其华。之子于归，宜其室家。

——先秦·佚名《诗经·周南·桃夭》节选

李

李树何谓人才？秋食甘果，夏以乘凉

"李"是形声字。上面的"木"字旁是形旁，篆书中"李"的字形像一棵树，表示李是果木；下面的"子"字旁是声旁，表示读音，子有果实的意思，表示李也指李树的果实。

| 甲骨文 | 金文 | 篆书 | 隶书 | 楷书 |

《说文解字·木部》的解释是："李，果也。从木，子声。"在古代，李既指李树，又指李树结的果实。古人常常将这两者混用。如《诗经·大雅》中："投我以桃，报之以李。"这里的"李"就是指李树的果实。意思是，你送给我桃子，我以李子来回报你。

"李"在中国传统文化中具有丰富的文化内涵。在古人看来，"李"字是由"十""八"加上"子"构成的，简称"十八子"。再加上人们认为"李"是一种结果的树，每逢金秋季节，李树上便会挂满累累的果子。因此，人们常把它作为子孙满堂、生机勃勃的象征。

在古代中国，农业是社会的主要支柱，需要庞大的劳动人口来支撑。而且，古代的医疗条件非常落后，儿童的死亡率非常高，人均寿命很短。再加上古代战争频繁，常常会造成人口锐减。因此，古代统治者和普通百姓都看重"多子多福""人丁兴旺"。李树易成活，易结果，对生长条件要求不高，正是"多子"的象征，所以深得古代中国人的喜爱。

第二章 五行属木篇

汉字故事：恃才傲物的李白

古代有才华的人往往恃才傲物，诗人李白就极为典型。李白富有诗情，唐玄宗的妹妹玉真公主被他的诗歌打动，向玄宗推荐了他。那年正是秋季，李白 42 岁。接到玄宗的诏书后，李白觉得自己的惊世才华终于有了施展的机会，挥笔写下"仰天大笑出门去，我辈岂是蓬蒿人"的诗句。其意思是说：

我朝天大笑，走出门去长安。像我这样有才华的人，哪能长期在平庸中虚度时光呢。

唐玄宗爱才。据说对李白的迎接相当隆重——唐玄宗亲自下轿，步行接见李白，设宴招待他，还直接把李白安置到翰林院供职。皇帝的这种礼遇，让李白的人生荣耀达到了顶点。但是，李白狂放不羁的性格，却让他的大好机遇没能维持很长时间。

一次，唐玄宗让李白陪他喝酒。因为一向看不惯皇帝宠臣高力士的颐指气使，李白便借着醉酒，高声呼喊高力士过来为他脱靴。高力士不愿意扫唐玄宗的兴致，就按照李白说的做了。但是，宴会一结束，高力士就在唐玄宗面前说了李白的不少坏话："李白如此目中无人，将来指不定会干出什么出格的事来！"唐玄宗不久就冷落了李白，贬了他的官，并且迫使他离开了京城长安。

关于李白的狂傲，其他诗人的诗作中也有所描述。比如，杜甫在《饮中八仙歌》中写道：

李白斗酒诗百篇，

长安市上酒家眠。

天子呼来不上船，

自称臣是酒中仙。

"天子呼来不上船"，虽然不见得是真事，可能只是艺术夸张，但是能够强烈地表现出李白恃才傲物的狂放性格。

延伸阅读："桃李满天下"的出处

"桃李"一词，出自西汉韩婴的《韩诗外传》：

春秋时期，魏国大臣子质得势时提拔了一批专门投其所好、品行不端的人。

后来子质获罪逃亡，却没有一个人帮助他。他对老朋友简子抱怨说："今后再也不培养人了。"

简子毫不客气地回答："只有品德高尚的人才会感恩报德。这就如同栽培桃李的人，夏天可以在树下乘凉，秋天可以吃到甘甜的果实；而种植蒺藜的人，不仅夏天不能在树下乘凉，秋天也只能被荆棘刺伤。关键在于你栽培的是什么？"

简子用生动的比喻批评了子质不识人的错误。后来人们就把优秀的人才叫作"桃李"。"桃李满天下"一词最早见于唐代白居易的诗《春和令公绿野堂种花》："令公桃李满天下，何用堂前更种花。"后来用"桃李满天下"比喻所推荐的贤士或所栽培的门生众多，到处都有。

记一记

桃李不言，下自成蹊：桃树、李树不会说话，但是因为有花和果实，人们经常在它下面走动或赏花，或采摘果实，自然就有了小路。比喻为人真诚笃实，自然就能感召人心，无需张扬夸耀。

瓜田不纳履，李下不整冠：走过瓜田，不要弯下身子提鞋；经过李树下面，不要举起手来整理帽子。比喻人要学会避免嫌疑，不要惹别人疑心。

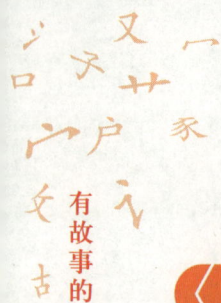

茶

人在草木之间，从喝茶中净化心灵

　　"茶"的本字是"荼"。"荼"字是形声字。"艹"为形旁，表示与草木有关，"余"为声旁，表示读音，本义指一种苦菜，由于茶和苦菜一样都有苦味，所以人们将茶也称为"荼"。南北朝时，人们开始将表示苦菜的"荼"读为tú，将表示茶的"荼"改为读chá。到了唐代，人们将表示苦菜，读tú的仍写作"荼"，将表示茶，读chá的则去掉一横写作"茶"。茶本义指茶树，为一种常绿灌木，其嫩叶可加工成茶叶。后来"茶"转指茶叶用开水冲泡后形成的饮料，后来又引申为茶叶、茶水、茶色等。

甲骨文	篆书	隶书	楷书

汉字故事：陆羽和《茶经》

　　唐朝时，有一天清晨，竟陵龙盖寺的智积禅师外出化缘。他在寺路旁听到了婴孩的哭声。智积禅师寻声找到一个被抛弃的婴儿。智积禅师便把他抱回寺

中收养，并给他起名陆羽，意思是这孩子就像天地间的一根羽毛，无足轻重。

陆羽长大后跟着禅师识字看书，打扫烹茶，时间一长，渐渐学会了许多关于茶的知识，掌握了烹茶的各种技艺。陆羽也逐渐成了一个爱好饮茶的人。

二十三岁时，陆羽借机出游，先后游历了峡州、升州、丹阳等茶区，考察了当地的茶叶生产。不久，安史之乱爆发，陆羽不得不随难民北上。其间，他遍历长江中下游和淮河流域，考察、搜集了有关茶叶生产和其他茶事的资料。

760 年，陆羽在盛产茗茶的湖州苕溪结庐隐居，并且每年都背着采制茶叶的工具前往湖、苏、常、杭、越等地区的深山中采制春茶，向茶农学习经验，考察茶叶生产。他将游历考察中的见闻随时记录下来，同时在实践中丰富自己的茶叶知识和制茶烹茶的技能。这些都为他写作《茶经》奠定了坚实的基础。

为了总结茶叶生产和制茶、烹茶的相关技术经验，陆羽决心写一部茶学专著，这就是《茶经》的初稿。后来，陆羽在实践基础上，又对《茶经》做了补充修订，尤其对书稿中"七之事"作了增订。于是就有了我们目前看到的《茶经》，它是世界现存最早、最完整、最全面的茶学专著。

延伸阅读："大红袍"等茶叶名称的由来

大红袍：相传，福建武夷山的和尚用一种神茶治好了一个进京赶考的举人的病。举人考中状元后，为感谢神茶的救命之恩，重回武夷山，把身上的红袍脱下来披在茶树上，该茶因此得名"大红袍"。

碧螺春：碧，茶的颜色碧绿；螺，茶的形状近似螺旋；春，该茶多采摘于春季。因此叫作"碧螺春"。

普洱茶：普洱茶产于云南西双版纳、大理等地。因该茶原来的运输集散地是云南普洱，所以叫"普洱茶"。

西湖龙井：浙江西湖有一个龙井村，村落的丛林深处有一股蜿蜒流淌的清泉，蜿蜒似龙，此处生产的茶叶非常好喝。后来有人在泉水附近开了一口井，以泉为名，叫作"龙井"。龙井茶也由此传开。

记一记

山好好，水好好，入亭一笑无烦恼；

来匆匆，去匆匆，饮茶几杯各西东。

——福州某地的茶亭对联

楼

黄鹤楼上的一首诗，让李白自叹不如

"楼"是形声字。左边的"木"是形旁，表示架木为楼；右边的"娄"是声旁，表示读音。娄和屡次的"屡"通用，有很多的意思，表示楼有很多层。

樓　　樓　　樓　　楼

篆书　　隶书　　楷书（繁体）楷书（简体）

有一种说法认为，楼这种建筑的得名和它的门窗特点有关。《释名·释宫室》中说："楼，言牖户诸射孔娄娄然也。"射孔，指门窗上各个可以照进阳光的孔格；娄娄是空疏的意思。楼房一般指两层或两层以上的建筑。与平房相比，它的门窗照进的光线更多，因而室内显得宽敞明亮，故称"楼"。楼可以组成很多词语，如楼房、楼阁、楼台、城楼、岗楼、高楼大厦等。

汉字故事：李白和黄鹤楼

唐代诗人李白与黄鹤楼可谓有缘。他不仅在诗歌《送孟浩然之广陵》中写过黄鹤楼，而且还亲自登临黄鹤楼，并且试图和崔颢的《黄鹤楼》一诗一较高下。据说，李白登上黄鹤楼远眺，望着烟雾升腾、滚滚东

第二章　五行属木篇

去的长江，不由得诗兴大发。正当他准备为黄鹤楼题诗一首时，不经意间抬头看到正厅大匾上镌刻着崔颢写的《黄鹤楼》：

昔人已乘黄鹤去，
此地空余黄鹤楼。
黄鹤一去不复返，
白云千载空悠悠。
晴川历历汉阳树，
芳草萋萋鹦鹉洲。
日暮乡关何处是，
烟波江上使人愁。

李白越读越觉得崔颢的诗歌写得精妙，连连称赞。崔颢的诗从传说入笔，抒发岁月如梭、世事多变的感慨。尤其是后四句，实写登楼所见到的美好景色，又借景抒发了诗人胸中的缕缕乡愁。

楼主人听说诗人李白到此，连忙送上纸墨笔砚，请李白为黄鹤楼题诗。李白却淡淡地一笑，说："眼前有景道不得，崔颢题诗在上头。"

主人不解其意："您是一代大诗人，为何见了崔诗就不再题写了呢？"李白呵呵一笑说："大诗人也不是圣人、完人。我若勉强题写，也绝不会写出高于崔诗的好诗来，何必再画蛇添足呢？"大家见有"诗仙"之名的李白竟能有如此自知之明，不禁交口称赞。

李白离开黄鹤楼后，脑子里却不时闪现《黄鹤楼》一诗的精妙。他决心学习崔颢的这种写作方法。不久，他仿写的一首诗《登金陵凤凰台》便问世了：

凤凰台上凤凰游，

凤去台空江自流。

吴宫花草埋幽径，

晋代衣冠成古丘。

三山半落青天外，

二水中分白鹭洲。

总为浮云能蔽日，

长安不见使人愁。

延伸阅读：只要第三层楼

从前，有一个愚蠢的富翁去别人家作客。登上别人家高高的三层楼，他感觉视野开阔，清风徐来，心中无比羡慕。

于是，他把造这栋楼的工匠找来，让工匠给他建一座一模一样的楼。工匠答应下来，接下来的几天里便忙着量土地，砌砖块，开始造楼。

愚蠢的富翁等了几天，觉得楼怎么还没造好啊，便跑到工地上去看。他看到工匠正在砌第一层楼，便生气地说："我不要一二层楼，我只要第三层楼。"

工匠和周围的人大笑道："从来没有听说不造第一层、第二层楼，而能直接在空中造第三层楼的。"

记一记

中国四大名楼

湖南岳阳的岳阳楼　湖北武汉的黄鹤楼

云南昆明的大观楼　浙江嘉兴的烟雨楼

棋

世事本如一盘棋，都在游戏中度过

"棋"是形声字。古人最早是用木头来做棋子的，所以用"木"做形旁；右边的"其"是声旁，表示读音。

棋是中国古人发明的一种文娱用具，有围棋、象棋等多种。围棋是我国古代军事家根据当时的战略战术创造出来的。因此，它的许多术语，如杀、征、冲、断等，都是从古代的军事用语转化而来。围棋在古代称作"弈"，在春秋时期已经很流行。后来，琴棋书画并列成为文人雅士的必修课。爱好下棋的人多了，名家高手就像雨后春笋一样不断涌现，使得我国古代的围棋发展达到很高水平。

甲骨文	篆书	隶书	楷书

汉字故事：偷听学棋艺

唐代安史之乱时，唐玄宗由长安逃到成都，许多官员也纷纷跟着逃向成都，其中就有一位下围棋的翰林王积薪。到了蜀地后，每到晚间休息时，路边驿站及近处民居早就被有权势的官员圈占了。王积薪找不到住处，只好沿着水流走到大山深处，找到一户孤零零的人家借宿。

这家只有婆媳二人，不方便让他进屋，就拿了一床被子叫他睡在屋檐下。

天刚黑，婆婆和媳妇就关门睡了。王积薪躺在屋檐下睡不着，半夜突然听见婆婆对媳妇说："这么长的夜，我们下一盘棋吧。"媳妇说："那敢情好。"王积薪看到屋里没有亮光，也没有听到棋子落盘的声音，这棋怎么下呢？于是他就格外好奇地听起来。

只听婆婆说："我先走了，起东五南九置子。"媳妇应道："我在东五南十二置子。"婆婆又说："我起西八南十置子。"媳妇又应道："我西九南十置子。"婆媳二人每下一子，都要想很长时间。她们一直下到四更天，才下了三十六个子。王积薪把婆媳二人的每一招都牢牢地记住了。这时他突然听见婆婆说："媳妇，你输了，我赢了你九枰。"媳妇听后想了想说："对的，我输了。"然后屋内二人就没有了声音。王积薪却一点儿也不明白，二人怎么这样就分出了胜负。

第二天一大早，王积薪整理好衣冠，恭恭敬敬地向她们请教。婆婆说："你将你最拿手、最厉害的招儿摆出来我看看。"王积薪于是从行李中拿出棋盘，尽最大本事布局，才摆了十几个子。婆婆就对媳妇说："可以教他一点儿寻常的阵势。"于是媳妇指点王积薪攻、守、杀、夺、救、应、防、拒的方法，但是讲的都很简略。王积薪求她说得详细一点儿。婆婆笑着说："这已经是人间无敌了。"王积薪诚心地向二人道了谢，继续赶路。

从此，王积薪的棋艺突飞猛进，天下无敌。每逢闲暇，他总要把那天夜晚记下来的婆媳对局摆出来，苦苦思索怎么才能使婆婆胜九枰，可是怎么也解不了那盘棋。

延伸阅读：象棋的由来

相传，秦末刘邦和项羽争夺天下时，江西有两个读书人，常常在项羽和刘邦谁能夺得帝位的问题上争执不休。他们在地上画图布阵，用石子、瓦片做兵、马、车、炮、帅等十六个子，又请木匠将木头锯成一个个圆圆的棋子，以便分清双方的兵力。对弈之后，因走法不同，他们又商量着画出一张棋盘，中间留出一个空地，称作楚河汉界。这就是最初的象棋。其中的"象"是模仿的意思。下象棋，就是模仿在战场上交手，进行一场想象中的战斗。

记一记

黄梅时节家家雨，青草池塘处处蛙。

有约不来过夜半，闲敲棋子落灯花。

——宋·赵师秀《约客》

床

本来是去相亲的，却坐在床上看起了字帖

甲骨文中"床"的字形像一张竖起的床。古人睡觉时不卧床，只有病人例外，所以甲骨文的"床"字以病字旁为偏旁，像病人卧于床上的形状。因为古代的"床（爿）"与"片"字形相近，为避免混淆，金文在"床"的右边增加了"木"字旁作"牀"。战国文字、篆书、楷书都承继了金文的字形，后简化为现在的"床"字。

"床"的本义指供人躺在上面睡觉的家具，如单人床、双人床、床铺等。当我们说到"胡床"时，它指的是一种坐具，主要功能不是供睡觉用的。

李清照曾有词云："藤床纸帐朝眠起，说不尽无佳思。"意思是说，初春的早晨在藤床纸帐这样清雅的环境中醒来，却有一种说不尽的伤感与思念。可见古时候的床有些是用藤条做的。

甲骨文	金文	篆书	楷书（繁体）	楷书（简体）

汉字故事：东床快婿

王羲之是东晋时大名鼎鼎的书法家，被后人称为"书圣"。他的

第二章 五行属木篇

代表作品《兰亭集序》被誉为"天下第一行书",为历代书法家所敬仰。在书法受到推崇的同时,王羲之被选为"东床快婿"的故事也为大家津津乐道。

王羲之的叔叔王导是东晋丞相,是当时十分显赫的琅琊王氏家族的领导人物。王导和太尉郗鉴的关系很好。郗鉴有个女儿,年方二八,聪慧过人。郗鉴将女儿视为掌上明珠,要为她寻觅一位如意郎君。郗鉴觉得丞相王导的家族子弟甚多,且都品学兼优,于是希望能从中找到女婿的理想人选。

一天,郗鉴把这一想法告诉了王导。王导慨然说:"那好办,我的家族子弟甚多,您就到家里去挑选。凡是您相中的,不管是谁,我都同意。"于是郗鉴就命管家带上厚礼,来到丞相王导的府邸。

王家子弟听说太尉郗鉴派人为宝贝女儿挑选意中人,就一个个精心打扮一番,正襟危坐,盼望自己能够被选中。只有一个年轻人敞开衣襟,若无其事地斜倚在东边床上。这个人正是王羲之。

原来王羲之此时正沉迷于东汉著名书法家蔡邕的古碑帖,早把选婿之事忘得一干二净。因为天气实在太热,就随手脱掉外衣,袒胸露腹,一边喝着茶,一边模仿着蔡邕的书法。管家见他这般神情,惊得目瞪口呆。

郗府管家回到府中,对太尉郗鉴说:"王家的年轻公子个个出类拔萃,但是听说郗府前去选婿,都不免有些拘谨。唯有东床上的一位公子袒腹手书,旁若无人。"

郗鉴笑着说:"哈哈,这位年轻人很不错,我要选的女婿就是他。"郗鉴来到王导府上,见王羲之既豁达又文雅,当场下了聘礼,择为快婿。后来,"令坦"或"东床"就成了对别人女婿的尊称。

延伸阅读："下榻"的由来

宋太祖赵匡胤曾说："卧榻之旁，岂容他人鼾睡。"这句话的意思是说，自己的床铺旁边，哪能容得别人呼呼大睡。比喻不许别人侵入自己的利益范围。

榻是古代的床。其功能和现在的床没有大的区别，既可以睡，也可以坐，不过比现代的床要低很多。古时的榻可以悬挂在空中，用的时候才取下来。

"下榻"是我们今天常用的一个词，意为客人住宿。为什么住宿又叫作"下榻"呢？这里面有一个历史故事：东汉时有一个名臣叫陈蕃。他性情耿直，清正廉洁，喜欢结交道德高尚、品行端正的人。他家的墙上挂着一个榻。凡是来了品德好、学问深的客人，比如周璆、徐稺，他就把榻从墙上拿下来，让客人在上面睡觉，所以叫"下榻"。"下榻"一词就是这么来的。

记一记

妾发初覆额，折花门前剧。

郎骑竹马来，绕床弄青梅。

——唐·李白《长干行·其一》节选

棺

有人死了埋在墓地，有人却挂在峭壁

"棺"是形声字。左边的"木"是形旁，篆书中"棺"的字形像一棵树，表示棺材是用木材制成的；右边的"官"是声旁，表示读音，兼表在远古棺中的死者多是官员或有地位的人。棺的本义是棺材，就是一种装殓死人的器具。

金文　　篆书　　隶书　　楷书

我国古代的墓葬形式，追求"造化之内，天人一体"的理念。贵族的墓室一般分为前中后三部分：前面叫作"明殿"（冥殿），多按照墓主人生前的堂屋布置，甚至摆有各式家具，这些家具称为"明器"（冥器）；中间叫作寝殿，棺椁一般都放在这里；后面叫作"配殿"，墓主人的陪葬品大多放在这里。

汉字故事：《红楼梦》中秦可卿的棺木之谜

《红楼梦》第十三回，在秦可卿死后有这样一段描述："贾珍见父亲不管，亦发恣意奢华。看板时，几副杉木板皆不中用。可巧薛蟠来吊问，因见贾珍寻好板，便说道：'我们木店里有一副板，叫作什

257

么樘木，出在潢海铁网山上，作了棺材，万年不坏。这还是当年先父带来，原系义忠亲王老千岁要的，因他坏了事，就不曾拿去。现在还封在店内，也没有人出价敢买。你若要，就抬来使罢。'贾珍听说，喜之不尽，即命人抬来。大家看时，只见帮底皆厚八寸，纹若槟榔，味若檀麝，以手扣之，玎珰如金玉。大家都奇异称赞。贾珍笑问：'价值几何？'薛蟠笑道：'拿一千两银子来，只怕也没处买去。什么价不价，赏他们几两工钱就是了。'贾珍听说，忙谢不尽，即命解锯糊漆。贾政因劝道：'此物恐非常人可享者，殓以上等杉木也就是了。'此时贾珍恨不能代秦氏之死，这话如何肯听。"

秦可卿何许人也？红学家刘心武考证认为，秦可卿是康熙废太子胤礽的女儿。所以，她完全有资格使用上等棺木。即便秦可卿不是废太子胤礽的女儿，那棺材因是义忠亲王老千岁要的，档次肯定不低。那么"樘木"是一种什么木材呢？事实上世间并无"樘木"这种木材，"樘木"是曹雪芹杜撰的。但是从曹雪芹对"樘木"的特征描写来看，最为接近的就是楠木。

曹雪芹故意在此隐去楠木，应该是还有其他原因。那么，这个原因是什么呢？据乾隆《清会典则例》卷一百六十三《内务府·掌仪司》记载：清代帝后"梓宫，以楠木为之"，"床以杉木为之"，皇太子"金棺，以楠木为之"，皇子"采棺，以杉木为之"。

由此可见，在清代，楠木棺材只有皇帝、皇后、太子才可以使用，其他人，包含皇子、贵妃都无权使用。因此，在等级森严的古代，曹雪芹如果在文中给秦可卿使用楠木棺材是犯忌的。所以秦可卿即使真的使用楠木棺材，"楠木"一词也不能出现。

延伸阅读：悬棺之谜

悬棺崖葬，就是把死者的棺木放置在高高的悬崖绝壁上，这是四川等南方一些地区的民俗现象。有专家指出，把死者的棺木放置在悬崖绝壁上，可能是在战火频发的时代，保证棺木安全的一种举措。但是在刀耕火种的年代，如何把沉重的棺木悬置于悬崖之上，至今还是一个谜。有人说凿岩为路，把棺材放好后再毁掉路。有人说先以土石填埋崖壁，放好棺材后再把土石运走；也有人说从崖顶放下绳索，将棺木用绳索吊上去。时至今日，人们还没有找到确证的答案。

记一记

> 刘项家人总可怜，英雄无策庇婵娟。
>
> 戚姬葬处君知否？不及虞兮有墓田。
>
> ——宋·范成大《虞姬墓》

第二章 五行属木篇

采

《诗经》娇艳如花朵，都是一点一点采集来的

"采"是会意字。甲骨文中"采"的上部像人的一只手，下部像一棵长满果实的树，树上有硕大的果实。"采"表示用手摘取树上的果实。金文中"采"下部表示树上果实的偏旁进一步简化。楷书中其字形简化为现在我们所熟悉的"采"，字形构意为用手在树上采摘。

| 甲骨文 | 金文 | 篆书 | 隶书 | 楷书 |

采的本义是"摘取"，如采摘、采茶等。后引申为"开采、选取、搜集"等，如采煤、采矿、采取、采购等。

上古时，采还用来借指"色彩"，引申为"彩色的丝织品""光彩""纹饰"等。

汉字故事：《诗经》和采风传统

《诗经》是我国第一部诗歌总集，分为风、雅、颂三部分。其中，《风》

是从周南、召南、卫、王、郑等十五个诸侯国采集的民间歌谣，又称"十五国风"。这些诗篇采用赋、比、兴的艺术手法，反映了先秦时期劳动人民的真实生活和情感，是《诗经》中的精华，极具思想性和艺术价值，是中国现实主义诗歌的源头。

采风，意思是搜集民间歌谣，借此机会深入民间记录民俗风情等。周代设置了专门的官员"采诗官"，其任务是采集周王直接管辖地区及各诸侯国的民间诗歌，并且通过这些诗歌，使周王了解各地的风俗民情及政治得失。

为什么采用写诗这种方式来提意见呢？因为用诗来反映社会情况，比较曲折委婉，能将意见寓于讽刺之中，诗人不致冒犯当时的法律而获罪，而这些讽刺诗却可以使当权者听到后有所警惕。这样才能上下通气，消除隔阂，关系和顺。

自从周朝灭亡秦朝兴起，一直到隋朝，汉魏晋等朝代都不再设置"采诗官"。皇帝祭祀天地和祖庙时，所唱的歌词都是一些歌功颂德的话。其结果必然使得朝廷上充满了阿谀奉承的人。

但庆幸的是，许多文人学者常常私下里进行采风。比如，司马迁写《史记》就建立在长期采风的基础上。唐朝杜甫的"三吏"（《新安吏》《石壕吏》《潼关吏》）"三别"（《新婚别》《无家别》《垂老别》）和柳宗元的《捕蛇者说》都是以诗劝诫的典型例子。明朝后期的冯梦龙等文人也致力于搜集民间歌谣、笑话等。新文化运动时，民俗学从国外传入中国，从此，"采风"又有了新的含义，用来泛指采集民间歌谣、民俗风情、民间传说故事或相关实物等活动。

延伸阅读："采"和"彩"的区别

上古时，只有"采"字而无"彩"字，所以"采"兼具"采摘"和"色彩"的双重功能。后来，为了减轻"采"字的负担，人们另造了"彩"字来表示"色彩"及其引申义。

篆书　　隶书　　楷书

但是，在现代汉语中，人们更多按照"形""神"之别来区分两者的意义，表示客观形态的色彩用"彩"，如彩云、剪彩、张灯结彩、丰富多彩等；然而，表示主观精神状态用"采"，如神采、风采、兴高采烈、无精打采等。

记一记

采菊东篱下，悠然见南山。

——晋·陶渊明《饮酒·其五》节选

闲

文学产生于闲着发呆的时候

"闲"是会意字,由"门"和"木"构成,意思是门前的木制设施,即木栅栏,也表示防御。"闲"也可理解为用木头把门顶上,由此产生不出门的含义,表示闲暇,没有事情做。

也有人说,"闲"的另一个繁体字由"门"和"月"构成,表示从门缝中偷窥月色,这自然更有一番别样的情趣。此外,閒还读作(jiān)或(jiàn),是"间"的异体字,意为中间、间隙等。也有人说,这表示通过门缝看太阳、月亮、树木等外面的东西,都表示了人的一种休闲状态。

| 金文 | 篆书 | 隶书 | 楷书(繁体) | 楷书(简体) |

汉字故事:古代隐士的闲情逸致

在忙碌的日常生活中,保持一份闲情逸致,是人们进行书法、绘画和诗歌创作的主要源泉。诗歌最初产生于原始巫术和宗教,作为天人沟通的一种神秘方式,后来又演变为君臣、三公九卿、士大夫和文人之间的一种交流手段。东汉中期以后,诗歌才逐渐成为表达个人情趣的一种重要途径。

第二章 五行属木篇

我国古代的士大夫阶层，有一种与生俱来的使命感，认为"天下兴亡，匹夫有责"，应"家事、国事、天下事，事事关心"。"闲情逸致"则往往是古代文人刻意疏离这种使命感，进而寻求精神自由与人格独立的"情感倾向"。他们或寄情山水，或着眼生活点滴，以闲适的文人情趣回避厚重的社会历史命题。于是出现了山水田园诗派，代表人物有东晋的陶渊明，南北朝时期的谢灵运、谢朓，唐代的王维、孟浩然、韦应物、柳宗元等。他们的作品较多地反映了宁静淡泊的思想意境。

其中，有"诗佛"之称的田园派诗人王维是其中的重要代表。他曾写过一首诗《鸟鸣涧》，集中体现了闲情逸致对于诗歌创作的重要：

人闲桂花落，夜静春山空。

月出惊山鸟，时鸣春涧中。

这个"闲"字用得格外巧妙。正是因为闲，诗人王维才有了细腻敏感的审美嗅觉，才看到了细小桂花的纷纷飘落；也正是因为闲，才能感受到静悄悄的黑夜之美。正是因为春山的夜晚太安静了，当月亮升起，散发出皎洁的光辉时，竟然使习惯了静默的山鸟也惊觉起来，不时地发出几声响亮的叫声。

延伸阅读："闲者便是主人"

江山风月，本无常主，闲者便是主人。

这几句话出自宋代苏轼的《临皋闲题》，意思是说，一切自然界的东西，本来就没有固定不变的主人。只要你有闲心闲情去欣赏，你就是整个大自然的主人。苏轼真正要表达的或许是，人要想获得自主权，学会悠闲对待生活，不汲汲于名利或许是最好的方式。

记一记

才饮长沙水，又食武昌鱼。万里长江横渡，极目楚天舒。不管风吹浪打，胜似闲庭信步，今日得宽馀。

——毛泽东《水调歌头·游泳》节选

禁

一种禁忌，一种警戒，要禁得起考验

"禁"是会意字。《说文解字》中说："禁，吉凶之忌也。从示，林声。""禁"本是古时放置酒樽的器具，取其以酒为戒之意。"禁"是多音多义字，读 jīn 时，表示承受、耐得住的意思。比如禁得起、禁不起、弱不禁风、情不自禁等。这里的"禁"都是平声，不能读去声。

禁　禁　禁
篆书　隶书　楷书

当"禁"字读 jìn 时，义项较多。一表示不许，制止，比如禁烟、禁行、严禁等；二指法律或习惯上制止的事，比如禁忌、违禁等；三古代称帝王的地方，如宫禁、紫禁城等；四表示拘押，监狱也叫作"禁"，比如监禁。

汉字故事：紫禁城中的衣食住行

紫禁城这个名字和中国古代哲学和天文学有关。中国古人认同"天人感应"和"天人合一"的理论，因此地上的宫殿应模仿传说中的"天宫"营造。古代天文学把恒星分为三垣，其中紫微垣（北极星）正处中天，是所有星宿的中心。紫禁城之紫，就是"紫微正中"之紫，意为皇宫也位于人间的"正中"。"禁"则指皇帝居住之所，尊严无比，严禁侵扰。

紫禁城一共居住过 24 位皇帝，第一位是明代永乐皇帝朱棣，最后一位是清代宣统皇帝溥仪。在自传《我的前半生》一书里，末代皇帝溥仪详细地描述了皇帝在紫禁城中的衣食住行。

衣：清朝时最尊崇黄色，尤其是明黄色，认为只有皇帝、皇后、太子才能使用。自亲王以下只能用杏黄，而不能用明黄。

食：皇帝每天的三顿饭异常丰盛，食材包括：猪肘子五十斤，猪一口，羊一只，鸡鸭各二只，新细米二升，紫米一升五合，江米三升，白面十五斤，荞麦面一斤，面筋一斤八两，豆腐二斤，青酱二两，醋五两，鲜菜十五斤……

住：溥仪入清宫之后，最初住在钟粹宫，后来又住在长春宫。当他稍大之后，便移到养心殿去住。养心殿是一座"工"字形房屋，据说从雍正起一直到溥仪，历代皇帝都曾在这里住过。

行：即使太后和皇帝要从甲宫到乙殿或是偶尔到御花园散步，也得有几十个太监、宫女前簇后拥。这些太监、宫女包括开路的、徒手随行的、捧马扎的、捧替换衣服的、提药的、拿伞的，甚至还有捧着大小便器的。

1911 年辛亥革命后，末代皇帝溥仪退位，但是仍被允许暂居紫禁城。1924 年，冯玉祥发动"北京政变"，将溥仪驱逐出宫，同时成立"清室善后委员会"，接管紫禁城。1925 年 10 月，故宫博物院正式宣告成立，此后紫禁城才改称"故宫"。

延伸阅读：中国最早的禁酒令——《酒诰》

《酒诰》是我国发布的最早一道禁酒令，见于五经之一的《尚书》。这是周公命令其幼弟康叔在卫国宣布禁酒的一篇诰词。

周公平定武庚叛乱之后，把康叔封为卫国君主，统治卫国。卫国处于黄河和淇水之间，是殷商统治的中心地带。殷商百姓多数有酗酒滋事的不良习惯。而且殷商末代君主纣王是一个暴君，嗜酒如命，因沉湎于享乐而导致国家灭亡。周公害怕这种不良风俗蔓延开来，酿成大乱。于是周公命令康叔在卫国宣布戒酒令：不许官员随意饮酒，不许百姓聚众饮酒，违者判刑。不按照禁令行事的执法者，同样判刑。周公还把饮酒的历史教训、戒酒的重要性和禁止官民饮酒的条例详细地告诉康叔，让他转告卫国的官员和百姓，以防重蹈殷商的覆辙。

这道禁酒令的发布，距今已有三千余年，但是仍然不失其现实意义，值得我们深思。

记一记

各种禁止的符号，你都认识吗？

考试真题

1. 在我国古代教育家中，主张"有教无类""因材施教"的是_____。

A. 荀子 B. 孟子 C. 庄子 D. 孔子

2. "郎骑竹马来，绕床弄青梅。"这两句诗生动地描绘了两小无猜的情形。请问这里的床是指什么？_____

A. 睡觉的床 B. 坐卧之具 C. 井栏

3. 《三国演义》中"桃园结义"是指哪三个人？

_____

4. 《红楼梦》被称为最伟大的现实主义长篇古典小说，是中国古典小说发展的高峰。它的作者是谁？生活在哪个朝代？

_____

5. 连一连，下列文化名人的"号"分别是什么？

陶渊明　　　　　东坡居士

欧阳修　　　　　六一居士

苏轼　　　　　　青莲居士

李白　　　　　　五柳先生

6. 请将下列诗句补充完整：

(1) 千门万户曈曈日，总把新_____换旧符。

(2) 枝上_____绵吹又少，天涯何处无芳草。

(3) 无丝竹之乱耳，无_____牍之劳形。

(4) 欲穷千里目，更上一层_____。

五行属水篇

江	河	湖	海	洛	溪
清	鸿	渔	游	酒	法

江

水稻产生于七千年前的长江边上

"江"是形声字。左边的"氵"是形旁，表示江与水有关；右边的"工"是声旁，表示读音。

金文　　篆书　　隶书　　楷书

江的本义指长江，如江汉、江淮、江左等。后来泛指大的河流，如珠江、黑龙江、金沙江等。也有人说，南方的河流多称"江"，如长江、湘江、漓江等；而北方的河流多称"河"，如黄河、洛河、渭河、漳河等。

长江是中国最长的河流，发源于青海省，流入东海。长江是中国古文化的发源地之一，孕育了著名的河姆渡文化、荆楚文化、巴蜀文化等。李白、白居易、苏轼、陆游等诗圣文豪都曾徜徉于长江三峡的青山碧水之间，留下了千古传诵的诗章。长江也是三国古战场，曾是无数英雄豪杰驰骋征战之地。孙刘联军曾依据长江天险打败曹操大军。刘备曾在长江边上的白帝城托孤。

汉字故事：长江与河姆渡文化

1973 年，在长江下游的浙江省余姚市河姆渡村发现了一处新石器时代的遗址，这就是后来闻名遐迩的河姆渡遗址。河姆渡遗址的发现，说明早在六七千年前，长江下游就已经有人居住，并发展出了一种比较先进的原始文明。

很长时间以来，中国人都认为中华文明的发源地是黄河流域。作为贯穿中华大地六千多千米的长江，它以前的文明并不为人所知。河姆渡遗址的发现，说明长江和黄河一样，也是最早的中华文化发源地。

在河姆渡遗址的发掘中，有以下几个令人振奋的发现：

陶器　河姆渡遗址挖掘出大量用黑灰色陶土烧制而成的黑陶和灰黑陶，结实耐用，上面有野猪、鸟等各种精美图案。

干栏式建筑　因为南方雨水多，河姆渡人把房子建在木栏杆架起的二层楼上，这样可以防水防潮。这是和北方建筑明显不同的地方。现在南方有些地方盖房子，仍然把底层空出来养家畜或存放农具、杂物，也是同样的道理。

骨器　河姆渡文化的骨器制作比较先进，有翻土用的农具耜，有扎鱼用的镖，有射鸟用的箭头镞，还有哨子、匕首、锥子等，都磨制得很锋利，有些上面还雕刻有精美的图案。

水稻栽培　在出土文物中，发现了大量的稻谷、稻壳、稻秆、稻叶等。经过碳 −14 年代测量法分析，这是七千年前的稻米。这是目前世界上最古老、最丰富的稻作文化遗址。许多考古学者据此认为，河姆渡可能是中国乃至世界稻作文化的最早发源地。

延伸阅读：江郎才尽的故事

　　南朝时有位著名文学家叫江淹。他年轻时非常有才气，写文章可以一气呵成。有一天，江淹在亭中午睡，梦见一个白胡子老爷爷走到他身边，对他说："江郎，我有一支笔在你那里已经放了很久了，现在应该还给我了吧？"江淹听了，便顺手从怀里取出一支五色笔递给了梦中的老爷爷。从此，江淹才思枯竭，再无好的诗文问世。所以就形成了一个成语"江郎才尽"。

记一记

江南好，
风景旧曾谙。
日出江花红胜火，
春来江水绿如蓝。
能不忆江南？

——唐·白居易《忆江南》

河

普通的河从低地流过，黄河却悬在空中

"河"是形声字。左边的"氵"是形旁，表示河与水有关；右边的"可"是声旁，表示读音。河的本义指黄河，是专名，如河套、河防等。《庄子》有"百川灌河"，《山海经》有"夸父……饮于河渭"，这里"河"特指黄河。"河"后来作为河流的通称，也用来指水道，比如河道、河沟、河谷、河流等。

甲骨文　金文　篆书　隶书　楷书

作为中华民族文明的源头，黄河是中华民族的文化符号之一，千百年来得到了无数文人墨客的吟诵。

唐代诗人李白曾在诗中写道："黄河之水天上来，奔流到海不复回。""欲渡黄河冰塞川，将登太行雪满山。"王之涣曾这样描述过："黄河远上白云间，一片孤城万仞山。""白日依山尽，黄河入海流。"刘禹锡写过这样的诗句："九曲黄河万里沙，浪淘风簸自天涯。"等等。

在中国古代，"河"特指黄河，并没有冠"黄"字。《诗经》

第三章

五行属水篇

中许多篇章都提到过，那时黄河水还比较清亮，黄河上游以及山西、陕西一带森林植被还比较繁茂。只是由于近一两千年的气候变化以及人为破坏等，才导致黄土高原一带的泥沙大量注入黄河，黄河才变成了今天这个浑浊不堪的样子。于是人们逐渐称其为黄河。

汉字故事：黄河流域的仰韶文化

　　黄河流域孕育了我们祖国最早的原始文化。仰韶文化便是其中的一种。它是我国新石器时代的一种文化，距今约六千年。因为首次发现于河南渑池县仰韶村，所以叫"仰韶文化"。

　　1921 年 10 月，河南渑池仰韶村来了三位金发碧眼的洋人和几位身穿长袍的中国人，他们是北洋政府农商部的矿业顾问、瑞典地质学家安特生，以及中国地质学家袁复礼、陈德广等。他们对仰韶村进行了首次考古发掘，并获得了大量陶片及石斧、石铲等出土文物，确认是我国远古文化的遗存。这些都表明人类文明早期黄河流域已经有了发达的农业。另外还在一处墓室的陶罐里发现了粟，也就是小米。经进一步挖掘和检测后断定，粟是当时的主要农作物。

　　考古发掘中还出土了很多骨锥、古针和古轮，这说明当时原始居民已经掌握了初步的缝纫和纺织技术。出土的猪、牛、马的骨骼说明，当时已经有了畜牧业。还出

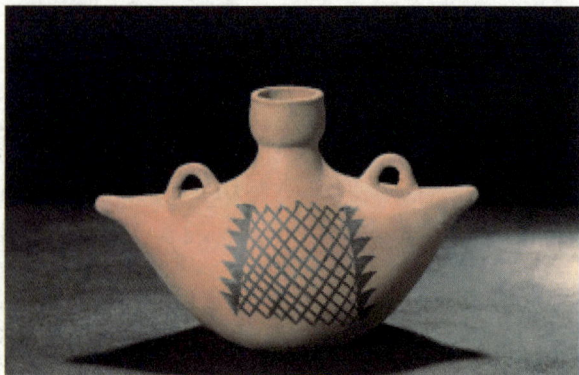

土了一些由石头或动物骨骼做成的箭头，这说明那时人们已经开始使用弓箭。

彩陶是仰韶文化区别于其他文化的重要标志，因此仰韶文化也被称为"彩陶文化"。先民们全凭两手捏制各种陶坯，再画上各种颜色的精美图案，放进窑中用火烧制成彩陶。

仰韶文化从公元前5000年一直持续到公元前3000年，然后与新石器时代晚期的其他文化融合，形成后来的夏商周文化。长江流域的古文化起源可能比黄河流域的还要早，但是后来都中断消失了。然而，传承有序的黄河流域的古文化从未中断，从仰韶文化、龙山文化到夏商周文化再到如今。

考古人员还在河南灵宝市西坡村发现了一个属于仰韶文化的遗址，并在该遗址中发现了一座宫殿。据推测，它很有可能就是黄帝的宫殿。考古人员还在周围发现了一座可以居住20多万人口的都城，它应该是当时部落联盟的聚居地。据推测，仰韶文化很有可能就是黄帝族文化。

延伸阅读：河套地区的由来

滚滚黄河，东流入海，这是黄河的总流向。黄河发源于青海，流到甘肃境内时向北拐了个弯，流经宁夏、内蒙古、陕西、山西，然后又在陕西、山西交界处拐回头向南，在潼关处转向东，经河南、山东入海。这拐弯的形状像一个绳套，所以这一带称为河套地区。

在古代，河套地区以北生活着匈奴人。秦始皇为了防止匈奴入侵修筑了长城；刘邦曾在白登山被匈奴大军包围；汉武帝曾派卫青、霍去病北击匈奴，封狼居胥，至今甘肃还有纪念他们的石碑；张骞、班固出使西域，苏武牧羊等故事，也都发生在这一地区。

记一记

　　口若悬河：悬河指瀑布。说起话来像瀑布倾泻一般滔滔不绝。形容人善于辞令。

　　海晏河清：晏指平静。黄河的水清了，大海也平静了。比喻天下太平。

湖

湖边最盛行的传说，一定是白蛇和青蛇

"湖"是形声字。左边的"氵"是形旁，表示湖汇聚了河水；右边的"胡"是声旁，表示读音。"胡"字本来指牛颈下的垂肉，其形较平展宽阔，正像湖那样平展而宽阔。

"湖"的本义是湖泊，指陆地上聚积的大水，比如湖水、湖泊、洞庭湖等。后来"湖"也指湖北省和湖南省。如两湖、湖广等。

| 金文 | 篆书 | 隶书 | 楷书 |

汉字故事：西湖断桥与白蛇传说

中国最著名的四大民间故事之一《白蛇传》，就发生在杭州西湖。它讲述了一个女子追求爱情，并为了幸福而努力抗争的故事。

传说宋朝时的西湖旁，有一个修炼千年的蛇妖化为美丽的女子。她给自己起名叫白素贞。因为想要报答一个书生许仙前世的救命之恩，白素贞不辞辛苦到处寻找，后来遇到了青蛇小青，两人结伴而行。

有一天，许仙去灵隐寺附近上坟，返回途中突降大雨，无法行走。他行至西湖断桥时决定雇船回家，正好碰上白素贞。两人便一起乘船

第三章 五行属水篇

而行，于是彼此暗生情愫。许仙先下了船。临行前，他把雨伞借给了白素贞，相约第二天上门取伞。

第二天，许仙如约登门，受到盛情款待。在小青的撮合下，许仙与白素贞决定当晚成婚。结婚后，两人开了一家小药店，施舍药物，很受周围百姓欢迎。两人日子过得很幸福。

镇江金山寺的主持法海和尚神通广大。他认出白素贞的身世，要除掉白素贞。一天，他假装化缘来到许家，把白素贞身世的真相告诉了许仙。端午节那天，许仙在法海的挑拨下，让白素贞喝下雄黄酒。白素贞现出了蛇身原形。许仙吓得当场晕倒，生命垂危。白素贞醒来后，不顾危险赶到天庭，盗取仙草灵芝将许仙救活。法海将许仙骗至金山寺并软禁起来。白素贞与小青一起找法海斗法，水漫金山寺，却因此而伤害了其他生灵。

白素贞因为触犯天条，在生下孩子后被法海收入钵内，镇压在雷峰塔下。后来，白素贞的儿子许仕林考中了状元，到塔前祭母，将母亲救出，全家团聚。据说，法海后来羞愧不已，躲到了螃蟹壳里。时至今日，江浙一带的百姓吃螃蟹时，不是说吃螃蟹，而是说吃"蟹和尚"。

延伸阅读：南宋时期的西湖十景

西湖位于浙江省杭州市西面，是中国十大风景名胜之一。西湖四季美如画卷，游人来往于此，宛若置身于画卷中。

早在南宋时期，西湖十景就非常有名，它们分别是：苏堤春晓、曲院风荷、平湖秋月、断桥残雪、花港观鱼、柳浪闻莺、三潭印月、双峰插云、雷峰夕照、南屏晚钟。

记一记

水光潋滟晴方好，山色空蒙雨亦奇。

欲把西湖比西子，淡妆浓抹总相宜。

——宋·苏轼《饮湖上初晴后雨二首·其二》

第三章 五行属水篇

海

八仙过海，精卫填海，海是用来征服的

"海"是形声字，左边的"氵"是形旁，表示与水有关；右边的"每"是声旁，表示读音，"海"的本义是大海（本指地球上最大的水域），即靠近大陆与大洋连接的水域。《说文解字·水部》说："海，天池也，以纳百川者。从水，每声。"意思是说，海是天然的大池泽。用以接纳众多江河的水流。从水的意思，发每的声音。

"海"的意思后来被扩大，用来指比较大的湖泊，如青海、里海、中南海等。

在日常生活中，我们常用"海"来指容量大，比如海碗、海量等；也可以用来比喻数量多的人或事物，如人山人海、火海等。

| 金文 | 篆书 | 隶书 | 楷书 |

汉字故事：八仙过海，各显神通

"八仙"是汉族民间传说中道家的八位仙人，他们分别是铁拐李、汉钟离、张果老、吕洞宾、曹国舅、韩湘子、何仙姑和蓝采和。他们每个人成仙的背后都有一段曲折动人的故事。这八位神仙分别代表男、

女、老、少、富、贵、贫、贱。因为他们成仙之前都是凡人，所以他们的经历、个性、故事等都与百姓较为接近，深受百姓的喜欢。

相传，有一次八仙赶赴王母娘娘的蟠桃盛会回来，喝得有点儿晕晕乎乎的。他们一边腾云驾雾，一边商量着要同去东海的蓬莱仙岛游玩。吕洞宾别出心裁，提出大家不要乘船，用自己的法宝过海。大家觉得有趣，便答应了。

瘸腿的铁拐李拿出背后的酒葫芦，将它变成了一艘葫芦船。逍遥的汉钟离把手中的芭蕉扇一扔，便袒胸露腹地仰躺在扇子上，向远处漂去。何仙姑将荷花往水中一抛，顿时红光万道。何仙姑伫立于荷花之上，随波漂游。吕洞宾乘坐宝剑，张果老骑着毛驴，曹国舅拿出笏板，韩湘子骑着玉笛，蓝采和坐着花篮，他们借助宝物，在东海大显神通。

八仙过海，顿时海面翻腾，滔天巨浪震动了东海龙王的宫殿。东海龙王率领虾兵蟹将出海观望，言语间与八仙发生冲突，双方打斗起来。龙王的两个儿子被八仙杀死。虾兵蟹将不敌八仙，纷纷败退，隐伏水底。八仙在海上叫战。东海龙王召集调动四海兵将，准备决一死战。这时，南海观音菩萨经过，喝住双方，并出面调停，双方才停止了争斗。八位仙人拜别观音菩萨，乘云而去。这就是"八仙过海，各显神通"的故事。

延伸阅读：精卫填海的故事

传说炎帝有一个小女儿，名叫女娃。有一次，她去东海游玩，被突如其来的翻天巨浪打中，溺水身亡。她死后化成了精卫鸟，经常从西山衔来树枝、石块扔入东海，想把东海填平。

这个神话故事体现了人们对善良、勤劳和锲而不舍精神的颂扬。后来人们用精卫填海来比喻意志坚决，不畏艰难。

记一记

东临碣石，以观沧海。水何澹澹，山岛竦峙。

树木丛生，百草丰茂。秋风萧瑟，洪波涌起。

日月之行，若出其中。星汉灿烂，若出其里。

幸甚至哉，歌以咏志。

——三国·曹操《观沧海》节选

洛

洛神传说，洛阳纸贵，都与才子有关

"洛"是形声字。左边"氵"是形旁，甲骨文中多作曲线或点状，表示与河或水有关；右边"各"是声旁，表示读音。

"洛"的本义指洛水，源于陕西省洛南县，向东流经河南省汇入黄河。洛水是中国文化中的一个重要符号。传说大禹治水的疏导处，仓颉造字的造字台，伏羲画八卦的地方，都在洛水边上。

洛阳位于洛河北岸，因为"山南水北为阳"，所以得名"洛阳"。洛阳是中国历史上非常有名的古都，曾是夏、商、周、汉、魏、晋、隋、唐等13个朝代的都城或陪都，与西安、北京、南京并称"中国四大古都"，与北京、西安、郑州、安阳、开封、南京、杭州并称"中国八大古都"。

洛	洛	洛	洛	洛
甲骨文	金文	篆书	隶书	楷书

汉字故事：要求与洛神的传说

曹植是三国时曹操的第三个儿子，聪明过人，很小便能作诗。他很受父亲的宠爱，因此遭到大哥曹丕的嫉妒。曹丕当上皇帝后，始终对弟弟曹植不放心。他想杀害曹植，又找不到借口，更怕因为处死弟弟而落下"不仁"的罪名。

第三章

五行属水篇

思来想去，曹丕想出了一个绝妙的主意。有一天，他宣曹植入宫。曹丕要求曹植必须在七步之内做出一首诗，否则就要处罚他。曹丕想，没有人能在这么短的时间内写出一首诗。到时再给曹植安一个罪名，这样天下人也说不出来什么。

可是曹植略加思索，便吟出了一首著名的五言诗：

> 煮豆燃豆萁，
>
> 豆在釜中泣。
>
> 本是同根生，
>
> 相煎何太急！

这首诗是在七步之内做出的，所以被称为《七步诗》。意思是说，煮豆子的时候，要燃烧豆秸来加热，豆子被烤得受不了，只能在锅中哭泣。豆子和豆秸本来是同一植物的两部分，这豆秸怎么能这样急迫地煎熬豆子呢？

曹植在这首诗中明写豆秸与豆子，实则暗讽哥哥曹丕与自己，都是同一个父亲的儿子，流着相同的血脉，何必互相残害呢！

曹丕听后非常羞愧，放下了杀害弟弟的念头。虽然曹丕暂时放过了曹植，但是对于自己的家人依然是残酷无情的。比如，他的第一任妻子——皇后甄氏，出身名门，大气漂亮，但是后来遭人陷害，被曹丕赐死。据说，甄氏死时"披发覆面，以糠塞口"——用头发覆盖住脸，嘴巴里塞上米糠。这是非常屈辱的一种死法。

曹植曾在家宴上见过甄氏，对方的美貌给他留下了深刻印象。甄氏死的那年，曹植到洛阳朝见曹丕。曹丕叫甄氏的儿子曹叡陪着一块儿吃饭。曹植一见到曹叡，就不由得想到了他母亲的惨死，暗暗地流下眼泪。曹丕看在眼里，也觉察到甄氏的冤情，感到对不起她。饭后，曹丕就把甄氏的遗物——玉镂金带枕，送给曹植作为纪念。

曹植悲伤地带着枕头返回封地。曹植出了洛阳城，来到洛河边。曹植让随从停下来休息，自己则望着洛水出神。突然，一个美丽的女子像莲花一样缓缓地从碧波中升起，轻飘飘地来到岸边。曹植觉得她很面熟，走近一看，原来正是不久前蒙冤而死的甄氏。

曹植连忙上前问候。甄氏对曹植说，自己死得冤屈，已被封为洛水之神。她特意来这里和他见一面，以此感谢他对自己的怜悯之情。

甄氏说完，便不顾曹植的挽留转身离去，不一会儿就消逝在波涛中。曹植一时间精神恍惚，不知这是真事，还是梦境。他挥笔写下了一篇《感甄赋》，后来改名为《洛神赋》。

延伸阅读：洛阳纸贵

西晋著名文学家左思在阅读东汉班固的《两都赋》和张衡的《两京赋》时，被文章的宏大气势和华美文辞所震撼。他决心创作描写三国魏都邺城、蜀都成都、吴都南京的文章《三都赋》。左思多次游历三都，并且广泛搜集资料，斟字酌句，花了整整十年才完成《三都赋》。在众多名人的推荐下，《三都赋》迅速成名，人们竞相传抄这部作品，从而使得洛阳纸价猛涨。这便是成语"洛阳纸贵"的由来。

记一记

寒雨连江夜入吴，平明送客楚山孤。
洛阳亲友如相问，一片冰心在玉壶。

——唐·王昌龄《芙蓉楼送辛渐》

第三章

五行属水篇

每日一字

溪

僧人怎能喝酒，他却以酒成全好朋友

"溪"是形声字。左边的"氵"是形旁，表示与水有关；右边的"奚"是声旁，表示读音。"溪"本写作"谿"，"谿"也是形声字。左边的"奚"是声旁，表示读音；右边的"谷"是形旁，表示溪是山谷中的小河。不难看出，"溪"的本义是山间的小河，后泛指小河沟。

历史上曾有很多著名的小溪或溪谷。比如，唐朝四川成都的浣花溪。附近的人们经常在溪水里洗涤蜀锦。溪水在艳丽蜀锦的映照下，颜色显得格外显眼，因而有了"浣花溪"的美称。著名的《桃花源记》中那条无名小溪——"缘溪行，忘路之远近"，成了指引方向，最终发现桃花源的线索。《三国演义》中刘备"跃马檀溪"，在情急之下，驱赶白马跳过溪涧，逃脱敌兵追杀，也说明了小溪的"小"。

溪 漢 溪

篆书　　隶书　　楷书

汉字故事：虎溪三笑

庐山西麓有一座驰名中外的古寺，名叫东林寺。山门南面有一条小河，名叫虎溪。相传晋朝有一位叫慧远的高僧，曾在东林寺翻译《华

严经》。他三十余年，足不出山。即使有客来访，慧远送客也从来不送过虎溪。

慧远喜欢与有节操、有才华的名士交往。他对归耕田园的陶渊明、南山名士陆修静钦羡不已。可惜的是无人为其引荐，慧远也就无法与他们接触。然而，陶渊明、陆修静也是早闻慧远的大名，几次想登门拜访，又怕打扰慧远的修行。

后来，陶渊明酒醉之后，忍不住写了封信给慧远，让人送去。慧远看信后喜笑颜开。众弟子见状，便连忙上前询问："师父，您为什么如此高兴？"慧远说："今天收到陶渊明先生的来信，他邀陆修静先生一起来看我，还问我佛殿上可否让他们饮酒？"众弟子听后大吃一惊，忙劝慧远道："师父不可以与这些玩世不恭的人交往。再说，寺院乃清静之地，怎能让他们随便饮酒作乐呢？"

慧远异常开明地说："陶渊明、陆修静都是当代名士，他们喜欢的就是酒。我不能违反人家的意愿，把僧家戒律强加于人。"为了表示对两位朋友的诚意，慧远还越过禁区虎溪亲自到镇子上打酒。镇子上的人看到从不饮酒的慧远来打酒，都觉得很奇怪。

几天后，陶渊明、陆修静践约而来。慧远亲自到寺门外迎接。三人一见如故，促膝谈心。陶渊明讲了不愿为五斗米折腰、弃官隐居的乐趣。陆修静畅述自己游山玩水、陶冶性情的经历。慧远也讲了三十余年翻译《华严经》的甘苦滋味。交谈过后，慧远设斋招待陶渊明和陆修静。慧远不喝酒，却真诚地举着空杯敬酒，让两位好友开怀畅饮，尽醉而散。

临别时，慧远送了陶渊明与陆修静一程又一程。三人边走边谈，不知不觉就过了虎溪。众弟子在背后见师父送客过了禁区，都不禁惊叫道："过虎溪了！过虎溪了！"慧远、陶渊明、陆修静三人相顾大笑。这就是典故"虎溪三笑"的由来。

延伸阅读：词牌名"浣溪沙"的由来

"浣溪沙"词牌名出自历史上"西施浣纱"的典故。西施是春秋末年越国的浣纱女子。她身材苗条，脸庞动人。据说她每次在河边浣纱，俊俏的身影映入清澈的溪水中，就连水里的鱼儿看见都忘了游水，不知不觉地沉入了河底。历史上便以"沉鱼"代替西施。而由西施浣沙的故事，产生了著名的词牌名"浣溪沙"。其中"沙"在古代通"纱"。"浣溪沙"又名"浣溪纱""浣沙溪"。

记一记

一曲新词酒一杯，去年天气旧亭台。夕阳西下几时回？无可奈何花落去，似曾相识燕归来。小园香径独徘徊。

——宋·晏殊《浣溪沙》

清

清明节，纪念介子推割肉奉君

"清"是形声字。左边的"氵"是形旁，其古文字形像流水，表示"清"字与水有关；右边的"青"是声旁，表示读音，兼表青色。"清"与"浊"相对，本义为纯净、澄澈、透明、无杂质，如清水、清泉、清澈等。当我们说到清仓、清账等词时，这里的"清"是清理、结清的意思。"清"用作动词时，意思是"清理、清除"等，如清剿、清洗、清君侧等。

憼 清 清 清
金文 篆书 隶书 楷书

汉字故事：清明节的由来

清明节是农历二十四节气之一，在每年仲春与暮春之交。按照民间习俗，人们在这一天会进行祭祖和扫墓活动。

相传春秋时期，晋国公子重耳为逃避迫害而流亡国外。流亡途中，他和随从来到一处渺无人烟的地方。此时，重耳又累又饿，再也无力站起来。随从们找了半天也找不到一点儿吃的。正在大家万分焦急的时候，介子推走到僻静处，从自己的大腿上割下一块肉，煮了一碗肉

第三章 五行属水篇

汤让重耳喝了。重耳渐渐地恢复了精神。当他发现肉是介子推从自己腿上割下的时候，感动得流下了眼泪。

十九年后，重耳终于做了晋国国君，他就是历史上的晋文公。晋文公即位后重赏当初伴随他流亡的功臣，唯独忘了介子推。很多人为介子推鸣不平，劝他向晋文公讨要封赏。然而，介子推最鄙视那些争功讨赏的人。他悄悄地打点好行装，与老母亲一起去绵山隐居。

晋文公听说后，羞愧莫及。他亲自带人去请介子推出山。但是，绵山山高路险，树木茂密，在山中找人谈何容易。这时，有人献计，只要从三面火烧绵山，就可以逼介子推出山。谁料想，大火烧了三天三夜，都没看见介子推的身影。大火熄灭后，人们才发现，介子推背着老母亲，已经坐在一棵老柳树下死去了。晋文公见状，痛哭流涕。人们为介子推装殓时，从树洞里发现一片衣襟，上面写道："割肉奉君尽丹心，但愿主公常清明。"为了纪念介子推，晋文公下令将介子推遇难这一天定为寒食节，规定：每年的这一天，全国百姓不许用火，只能吃生冷的食物，是为"寒食"。

最初人们将清明节定在寒食节两日之后。清代汤若望进行历法改革后，寒食节定在清明节之前一日。

延伸阅读：清明节的风俗

清明既是农历二十四节气之一，也是我国民间的一个传统节日。清明有扫墓、踏青、放风筝等习俗。

扫墓：

清明节时祭祖扫墓，一般在清晨或上午进行。修整墓地、燃放鞭炮、敬献鲜花，叩头或鞠躬拜祭。人们借此来祭奠追思逝去的亲朋、先贤或英烈等，表达并寄托自己的哀思。

踏青：

清明节时气温升高，雨量增多，自然界到处呈现一派生机勃勃的景象，正是郊游的大好时光。人们喜欢在这时到大自然中去走走，希望自己也像苏醒的万物一样，焕发出春天的生机和活力。

放风筝：

风和日丽的清明时节，很适合在空旷的地方放风筝。古人认为，风筝飞高后剪断引线，可以带走晦气、苦闷、灾难和病患等。今人虽已不像古人那样想，但也都喜欢放风筝这种亲近大自然、趣味盎然的娱乐活动。

记一记

清明时节雨纷纷，路上行人欲断魂。

借问酒家何处有，牧童遥指杏花村。

——唐·杜牧《清明》

第三章 五行属水篇

每日一字 〉 **鸿**

有了鸿鹄之志，才能做谈笑的鸿儒

"鸿"是形声字。左边的"江"是声旁，表示读音；右边"鸟"是形旁，表示与鸟有关。

古时候，"鸿"通"洪"。《史记·夏本纪》："当尧帝之时，鸿水滔天。"《索隐》："一作'洪'。鸿，大也。"《说文解字》没有收入"鸿"字，但是收入它的通用字"鴻"，表示一种叫"鸿"的大鸟，也就是我们平时说的大雁。

后来，"鸿"用来代指书信，如来鸿、鸿雁传书等。而且，在鸿博、鸿儒、鸿运当头等词中"鸿"仍然表示"大"的意思。

鴻　　鴻　　鴻　　鸿

篆书　　隶书　　楷书（繁体）楷书（简体）

汉字故事：鸿鹄之志

古代，"鸿"通常指大雁，"鹄"一般指天鹅。"鸿鹄"则多指天鹅，这是古诗文中常见的意象。因为鸿鹄飞得很高，所以常用来比喻志向高远的人。比如，《史记·陈涉世家》中秦末农民起义领袖陈胜（字涉）曾说："燕雀安知鸿鹄之志哉？"意思是说，燕子、麻雀哪里知道天鹅的志向呢?

据说,陈胜年轻时曾经为人打工。有一天,陈胜在田间为人耕作。他干活累了,便走到田边休息。他因为对穷困的生活而愤慨,叹息道:"如果有朝一日,我们无论谁富贵了,都不要忘记老朋友啊。"雇工们笑着回答:"你就是一个为人家打工的,哪来的富贵呢?"陈胜长叹一声,说:"唉,燕雀哪里知道鸿鹄的志向呢!"

西汉开国皇帝刘邦曾写过一首《鸿鹄歌》:

> 鸿鹄高飞,一举千里。
>
> 羽翮已就,横绝四海。
>
> 横绝四海,当可奈何?
>
> 虽有矰缴,尚安所施?

据说,吕后的儿子刘盈做太子时,汉高祖刘邦曾想废掉刘盈,立宠妃戚夫人的儿子赵王刘如意为太子。吕后在张良的指点下,请来商山四皓(秦末汉初的四位隐士,因长年隐居在商山,须发皆白,而被称为商山四皓)给刘盈做老师。商山四皓曾拒绝刘邦的邀请,却来侍奉刘盈,这让刘邦大为震惊,立刻打消了改立太子的想法,并做《鸿鹄歌》,感慨刘盈羽翼已丰,即使有利箭,又能把他怎样呢?

延伸阅读:雪泥鸿爪

飞鸿踏雪,也作飞鸿印雪、飞鸿雪爪、雪泥鸿爪等。鸿雁在雪泥踏过留下的痕迹,比喻往事所遗留下来的痕迹。此成语出自苏轼写的一首诗《和子由渑池怀旧》:

> 人生到处知何似?应似飞鸿踏雪泥。
>
> 泥上偶然留指爪,鸿飞那复计东西。

老僧已死成新塔，坏壁无由见旧题。

往日崎岖还记否？路长人困蹇驴嘶。

这首诗用"飞鸿踏雪"来劝勉弟弟苏辙，人生的遭遇都是偶然的，鸿雁分飞是很自然的事情，因此要以顺其自然的态度去面对亲友别离和人生困境。

记一记

人固有一死，或重于泰山，或轻于鸿毛，用之所趋异也。

——西汉·司马迁《报任安书》节选

白发渔樵江渚上，惯看秋月春风

"渔"是会意字。"渔"的甲骨文字形像鱼在水中游的样子。"渔"的金文字形上部像鱼在水中游的样子，下部像人的两只手，表示用手在水中抓鱼。"渔"的篆书字形，左边为水的形状，右边有两条鱼，表示水中的鱼很多。隶变后楷书写作"漁"。汉字简化后写作"渔"。"渔"的本义是"捕鱼"，如渔翁、渔村、渔船、渔民等。后来泛指谋取、夺取不应得的东西，如渔利、渔色等。

我们经常会听到这样一句俗语："授人以鱼，不如授人以渔。"意思是说，与其送给别人现成的鱼，不如教他学会捕鱼。这是因为鱼很快就会吃完，然而学会捕鱼，就不用发愁没有鱼吃了。

甲骨文	金文	篆书	隶书	楷书（繁体）	楷书（简体）

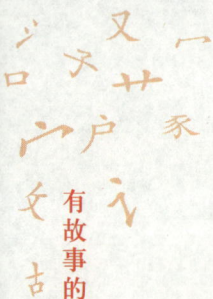

汉字故事：屈原和渔父

屈原是我国著名浪漫主义诗人，也是一名忧心忡忡的爱国者，但是他满腔的爱国热情却不被楚国当政者认可，反而因为谗言而遭到流放。

在流放期间，一位在江边划船的渔父见到屈原，问："您不是三闾大夫吗？怎么潦倒到这个地步呢？"

屈原回答："举世皆浊我独清，众人皆醉我独醒，我不肯同流合污，不被容于世人，所以才被放逐到这个地方。"

渔父就劝他说："圣人处世，不会拘泥执着于事物的表面，而是能够随着世道的变化而变化。世人都浑浊不堪，你何不跟着他们一起浑浊？众人皆沉醉不醒，你何不跟着他们一起痛快饮酒？干吗想那么多，害得自己被流放呢？"

屈原听后很生气，义正词严地反驳道："我听说，刚洗过头的人，戴帽子前一定会弹一弹帽子；刚洗过澡的人，穿衣服前一定会抖一抖衣服，为的就是抖掉灰尘。我怎能让自己清白的灵魂被世俗污染呢？我宁愿跳进湘水，葬身鱼腹，也不能放弃自己的底线。所以，我不能与世俗同流合污。"

听到屈原的话，渔父微微一笑，知道两人谁也说服不了谁，就摇着船桨，唱着歌离开了。渔父唱道：

> 沧浪之水清兮，可以濯吾缨；
>
> 沧浪之水浊兮，可以濯吾足。

意思是说，沧浪的水干净的时候，可以用来洗我的帽缨；沧浪的水浑浊的时候，可以用来洗我的脚。

顺时而变，顺势而为。这位普通的渔父，从某种程度上来说也是一位世事洞明的哲人啊！

延伸阅读："渔家傲"词牌名的由来

在波光潋滟的水面上，驾一叶扁舟，唱着快乐的渔歌……渔人所过的自由生活，是名利场中的人们所向往的。唐朝教坊中原有"渔歌子"的曲名是模仿民间渔歌而来。其中唐朝诗人张志和创作的几首最为有名。

后来，北宋词人晏殊的名句"神仙一曲渔家傲"，更把渔家人傲然天地的精神做了进一步拔高，使得"渔家傲"词牌名逐渐流行开来。其中，范仲淹在戍守边关时，作了几首《渔家傲》，都以"塞下秋来风景异"起句，表达了戍边劳苦和士兵们思乡盼归的情感，更把这一词牌的内涵做了延伸。

> 记一记
>
> 西塞山前白鹭飞，桃花流水鳜鱼肥。
>
> 青箬笠，绿蓑衣，斜风细雨不须归。
>
> ——唐·张志和《渔歌子》

第三章 五行属水篇

游

读万卷书，游万里路，大视野决定大事业

"游"是形声字。左边的水旁是形旁，表示与水有关。右边的斿旁是声旁，表示读音。"游"在甲骨文和商周金文中写作"斿"，后来加了三点水才变为"游"。"游"有异体字"遊"，是"斿"加上走之旁变成的。"游"的本义是古代旌旗上面的飘带或下垂饰物。

"游"表示人或动物在水里行动，如游泳、游水等；后表示不固定、经常移动，如游击、游学、游子等。在"游览、游逛、游园、游山玩水"等词语中，"游"表示从容行走的意思。

甲骨文	金文	篆书	隶书	楷书

汉字故事：苏东坡游赤壁

宋朝王安石变法期间，诗人苏轼（号东坡居士，世称苏东坡）曾写过一些讥刺时政的诗歌，后来被人告发。苏轼因此被关进监牢，受尽折磨。后来，不少珍惜人才的人为苏轼求情，再加上并没有什么确实证据能够给苏轼定罪，苏轼才被释放出来。不久，苏轼贬谪到黄州（今湖北黄冈）任团练副使，其实只是挂了一个空头官衔。从此，苏轼过上了流放生活。

在政治上失意的日子里，苏轼常常游览山水，写作诗文，抒发他的内心情感。在一个月光皎洁的晚上，苏轼备好酒菜，约了几个朋友，乘船到赤壁游览。在那里，他想起三国时曹操和周瑜赤壁大战的情景，触景生情，十分感慨。苏轼不仅写了《前赤壁赋》和《后赤壁赋》两篇著名散文，还写了一首豪放铿锵、流传千古的词《念奴娇·赤壁怀古》：

大江东去，浪淘尽，千古风流人物。

故垒西边，人道是，三国周郎赤壁。

乱石穿空，惊涛拍岸，卷起千堆雪。

江山如画，一时多少豪杰。

遥想公瑾当年，小乔初嫁了，雄姿英发。

羽扇纶巾，谈笑间，樯橹灰飞烟灭。

故国神游，多情应笑我，早生华发。

人生如梦，一尊还酹江月。

苏轼原是一个博学多才的人，但是他在地理知识上却出了一个不小的差错。原来他游览的黄州赤壁位于长江武汉段的下游，并不是周瑜火烧曹军的地方。三国真正火烧曹军的赤壁在长江武汉段上游的蒲圻县（今湖北赤壁市）。不过，黄州的赤壁却因为苏轼的这一个差错出了名。后来，人们为了纪念这位大文学家，就称它为"东坡赤壁"。

延伸阅读：赞颂伟大母爱的《游子吟》

慈母手中线，游子身上衣。

临行密密缝，意恐迟迟归。

谁言寸草心，报得三春晖。

在仕途失意的境况下，唐代诗人孟郊饱尝世态炎凉，穷愁终身，只有母亲无怨无悔而深情地陪伴着他，在他又一次要出门时，把他的衣服缝了又缝。

这首诗于清新流畅、淳朴素淡中写出了亲情的浓郁醇美。全诗最后两句语义双关，既写出了小草对灿烂阳光的感恩，又写出了儿子对母亲的拳拳深情。千百年来，这首诗引起了万千游子的共鸣。

记一记

"游"字成语知多少：

游人如织、游目骋怀、游刃有余

游山玩水、旧地重游、悠游自在

酒

宴会上的酒香真的招来了巨龙

"酒"是象形字。甲骨文中"酒"的字形中间像一个酒坛,两旁像从坛子里流出来的酒。金文中往往用"酉"代替"酒"字,也就是说,上古时,"酉"与"酒"通用,小篆出现后,两字才区分开来。

我国的酿酒工艺源远流长。在三千多年前的商周时代,我们的祖先就独创了酒曲复式发酵法,开始大量酿制黄酒。到了宋朝时期,人们发明了蒸馏法,从此,白酒成为中国人饮用的主要酒类。

从文字方面来看,"酒"原先专指黄酒,后来才用作各类酒的总称。表示其他酒的类称和专名的汉字也非常多,如"醴"指甜酒,"醇"指纯酒,"醪"指带糟滓的酒,"清酌"指滤去糟滓的酒等。在古代,酒还有许多美称,例如琼浆、琼液、琥珀、流霞等。

甲骨文	金文	篆书	隶书	楷书

汉字故事:杜康造酒的传说

传说,黄帝手下有一位大臣叫杜康。他负责管理粮食。为了防止粮食发霉,他让人们把粮食贮藏在树洞里。几年后,这些没有用掉的

第三章 五行属水篇

粮食便慢慢地发酵了。

有一天，杜康发现装粮食的树洞往外面流水。两只山羊喝了这种水后，一会儿就趴下睡着了。杜康试着尝了尝这种水，觉得味道醇香，就不知不觉多喝了几口。没多久，他也昏昏沉沉地睡着了。

醒来后，他把这种味道浓香的水带回来，向黄帝报告了详情。黄帝非但没有责罚他，还为这种水起名为"酒"。从此，黄帝就命杜康专门负责用粮食造酒。杜康也不辱使命，精心钻研技术，每年都有新的突破，使酒的味道越来越醇美。传说，他酿的酒曾在黄帝举行的宴会上招来巨龙的垂涎。

关于酒的发明，史书上还有另一种说法。传说，夏王相被杀，他的妻子逃到娘家"虞"这个地方，生下儿子杜康。少年杜康以放羊为生。有一次，突遇大雨，他将装着米饭的竹筒忘在了树上。几天后，杜康找到挂在树上的竹筒，发现剩饭变了味儿，产生的汁水竟然甘美异常。这引起了他的浓厚兴趣。他反复地研究琢磨，终于利用米饭发酵变香这个原理酿出了黄酒。因此，后人便视杜康为粮食酿酒的鼻祖，并把他的名字作为酒的代称。如三国时曹操的《短歌行》中就有"何以解忧，唯有杜康"的名句。

延伸阅读：中华酒文化

中华民族五千年的文明史形成了独特的酒文化。酒的身影出现在文学艺术创作、文化娱乐、养生保健等各个方面。酒能够激发文学家的创作灵感，所谓"李白斗酒诗百篇"，李白是诗仙，也是酒仙。酒能为书法家助兴，相传草圣张旭往往在大醉后呼喊狂走乃落笔，其书风逸势奇状，连绵回绕，世人谓之"张癫"。可见，在我国酒不单是一种饮品，它身上承载的酒文化体现在社会生活的多个方面。

渭城朝雨浥轻尘，客舍青青柳色新。

劝君更尽一杯酒，西出阳关无故人。

——唐·王维《渭城曲》节选

第三章

五行属水篇

法

比兵法更厉害的是如何遵守法规

　　"法"是会意字。金文中"法"的字形比较复杂，由"水""去""廌"三个部件构成。其中"水"表示"公平如水"；"去"表示"去除"；"廌"是神话传说中的一种神兽，也叫獬豸。据说，它形状像山羊，只有一个角，能判别是非曲直。见人争斗，它就会用角去顶坏人，可以用它来断案。这三个部件合在一起就表示："审理案件时能够辨别作恶的人，公平如水。"后来这个字简化为"法"字。"法"的本义是刑法、法律、法规、法令等。如合法、犯法、伏法、法不责众等。后来引申为方法、途径、方式。如用法、办法等。又引申为标准、准则，如法则、法帖、取法乎上等。还引申为效法、仿效。如师法、法古、法其遗志等。

| 金文 | 篆书 | 隶书 | 楷书 |

汉字故事：《孙子兵法》的故事

　　春秋战国时期，各个诸侯国之间吞并不断，经常打仗。打仗不光要勇猛，还要有谋略、讲方法。"兵法"一词说的就是用兵作战的方法、策略。

　　我国古代最著名的兵法著作，就是春秋时期的《孙子兵法》。它一

共十三篇，集中了中国古代军事思想的精华，被后人尊奉为"兵经""百世谈兵之祖"。

《孙子兵法》的作者孙武是齐国人。据说写完这本书后，孙武曾带着它去拜见吴国国君阖闾。阖闾读完后非常满意，但还是想亲自验证一下这些兵法的实际效果。于是，阖闾把后宫的180名宫女交给孙武操练，并让自己的两位宠妃为两支小队的队长。

孙武简单明确地给宫女们介绍了军法纪律及行动规则。可是这些宫女边做边笑，很多人的动作都做错了。孙武三番五次地向宫女们强调要遵守纪律，宫女们仍然各行其是，整个队伍乱成一团。孙武大怒，命令士兵将两个小队长推出去斩首。

吴王阖闾看到两个爱妃即将被斩首，大为惊骇，赶忙派人向孙武求情。但是，孙武以军令为重。他说，在军中，队长如果不能以身作则，就应该受到惩罚。孙武坚持把两个队长斩首示众，然后任命了新的队长，再次击鼓传令。

宫女们再也不敢出声嬉笑。她们前后左右的行动都符合军令，动作非常整齐。于是，孙武派人报告吴王阖闾，请他检阅宫女的队伍。阖闾刚刚失去两个宠妃，心情不好，就不想去看。孙武一针见血地说："看来大王仅是喜好兵法的言辞，并不能把它用到实处啊。"

吴王阖闾非常羞愧，从此认可了孙武的才能，任命他为上将军。在孙武的指挥下，吴国接连打了很多胜仗，名声很快显扬于诸侯国之间。

延伸阅读：商鞅变法

战国时期，秦孝公即位后，决心变法图强，便下令招贤。来自卫国的商鞅向秦孝公提出了废井田、重农桑、奖军功、统一度量衡和建立郡县制等一整套变法求新的发展策略。秦孝公赞许商鞅的才干，任命他为左庶长。

在公元前 356 年和公元前 350 年，商鞅先后两次实行以"废井田、开阡陌，实行郡县制，奖励耕织和战斗，实行连坐之法"为主要内容的变法。

经过商鞅变法，秦国经济得到发展，军队战斗力不断加强，逐渐发展成为战国后期最富强的集权国家。

记一记

法不责众：形容违法的人太多，就不好惩罚了。

王子犯法，与民同罪：形容法律面前一律平等，没有特殊的对待。

执法如山：形容执行法律时，像山一样不可动摇。

考试真题：

1. 三江源位于_____，为长江、黄河、澜沧江的源头汇水区。

A. 青藏高原 B. 黄土高原

C. 云贵高原 D. 内蒙古高原

2. 中国古代"国子监"的最高领导人为_____。

3. 经《马可·波罗游记》介绍到西方的第一座中国石拱桥是_____。

A. 赵州桥 B. 卢沟桥 C. 万年桥 D. 宝带桥

4. 请在下列横线上填写，将诗句补充完整。

白日放歌须纵酒，_____。

醉翁之意不在酒，_____。

书山有路勤为径，_____。

5. 解释下列成语的意思：

源远流长　　天涯海角　　江河日下　　汗牛充栋

_____

_____

_____

6. 请讲一讲"鹬蚌相争，渔翁得利"的故事。

_____

_____

_____

五行属火篇

烧	烦	灾	焚	烽	炭
焦	烛	炼	煮	熟	秋

烧

老婆婆都听得懂的诗，才是好诗

"烧"是形声字。左边的"火"是形旁，表示用火烧；右边的"尧"是声旁，表示读音。"尧"同时有高义，物体着火，浓烟总是能冲得老高。

"烧"的本义是使物体着火，由它组成的词语都有着火、发热的意思。比如发烧，是指感冒引起的发热症状。我们说一个人很能"烧钱"，用的是它的比喻义，指某人钱花得多、花得快，就像用火烧掉一样。火烧眉毛，比喻事情非常紧迫，就像火要烧到眉毛了，必须要有所行动。

燒　燒　燒　烧

篆书　　隶书　　楷书（繁体）　楷书（简体）

汉字故事：野火烧不尽，春风吹又生

唐代诗人白居易的诗歌，在中国可谓家喻户晓，妇孺皆知。他的诗歌语言流畅，通俗易懂，是用普通大众的语言来进行创作的。据说，他每写一首诗，都要读给隔壁老婆婆听。老婆婆听不懂的地方他就反复修改，直到老婆婆完全明白为止。

在唐代，人们参加进士考试前，都要将自己平时写的诗文送给那些在朝廷里做高官、名气大的人鉴赏，以便混个"脸熟"，为考试加分。

19岁时，白居易去长安参加进士考试。按照当时约定俗成的做法，白居易去拜见当时最有名望的诗人顾况。

顾况看了白居易送上的名片，觉得他的名字取得很有意思，便开玩笑似地说："长安米贵，想白住可不是那么容易啊。"然后，他才拿起白居易的诗作来看。当他读到诗句"野火烧不尽，春风吹又生"时，不禁连连叫好，称赞说："你有这么高的才华，在长安居住又有什么困难呢？"

他看的正是白居易的这首律诗《赋得古原草送别》：

离离原上草，一岁一枯荣。野火烧不尽，春风吹又生。

远芳侵古道，晴翠接荒城。又送王孙去，萋萋满别情。

此后，顾况到处宣传白居易的才华，逢人便讲白居易的诗歌是非常罕见的绝佳作品。白居易很快就名声大震，并在随后的进士考试中金榜题名。

白居易做官以后，更是时刻为国家和人民着想，写出了很多同情底层人民、呼吁人道关怀的好诗，比如《卖炭翁》《观刈麦》《琵琶行》等。他用自己不屈不挠的斗争精神作诗，也证明了自己"野火烧不尽，春风吹又生"般的顽强生命力和永远蓬勃向上的精神。

延伸阅读：火烧连营

看过《三国演义》的人都知道，"火烧连营"是东吴大将陆逊的経典战例。陆逊利用蜀军为躲避酷暑将营寨移至山林的机会，顺风举火，烧毁了刘备大军连营七百里。刘备仓皇逃回白帝城后不久便在羞愧、愤恨、悲伤、怅惘之下急火攻心，一病不起，不久就撒手人寰了。

记一记

怒火中烧：指怒火在心中燃烧。形容心中怀着极大的愤怒。

惹火烧身：比喻自找麻烦或自找苦吃。

烦

深奥的道理，一般听起来没那么难懂

"烦"是会意字。左边的"火"代表物体燃烧发出的光和热；右边的"页"在古代是头的意思。两个部件结合在一起，就表示"头上冒出火来"或"头像火一样热"。

头上的火一般来自内心的火，是情绪无法得到正常宣泄的一种状态。当一个人生气不高兴，或极度烦躁时，就会脸红脖子粗，火气上扬。故"烦"字多用来指烦躁不安、心情不畅快。而且，一个人心情烦躁时，做什么事都没有兴趣，都觉得厌烦，所以"烦"还表示失去耐心、厌烦的意思，如心烦意乱、烦躁不安、眼不见心不烦等。

順　煩　煩　烦

篆书　　隶书　　楷书（繁体）楷书（简体）

汉字故事：要言不烦

提到"烦"，就不得不说说"要言不烦"的故事。三国时魏国有个叫管辂（lù）的人，精通占卜之术。他有一个好朋友叫何晏，是个玄学家，精通《老子》《庄子》《易经》等。

有一次，何晏邀请管辂到家中做客。两人一起谈论《易经》。他

第四章 五行属火篇

们你一言我一语，讨论易理的九个问题。这九个问题都谈得通透明了。两个人乐在其中。清谈对于他们而言，简直是一种精神享受。何晏对管辂说："要是论算卦神妙，恐怕这世上没有第二个人能比得过你。"

当时有个叫邓飏（yáng）的人坐在旁边。他听得糊里糊涂的，就问管辂："人人都说您精通《易经》，但是听您刚才的谈论，发现丝毫没有涉及《易经》啊。"管辂回答："真正精通《易经》的人，是不随便谈论《易经》的。"

听了这机敏又深奥的回答，何晏笑着说："这答复真是太妙了，要言不烦，越是精要的话越不会难懂呀。"

从此，人们便用"要言不烦"来指说话或写文章言语简明扼要、不烦琐。

延伸阅读：如何形容烦恼

古人很少直接诉说烦恼，更多是用"怨""恨""离""愁"等来抒发自己的心情烦闷，比如李白的《秋浦歌》：

白发三千丈，缘愁似个长。不知明镜里，何处得秋霜。

这首诗用浪漫主义手法表达了自己怀才不遇、壮志未酬的悲愁之情，给后人留下了深刻的印象。

再比如，宋代婉约派词人李清照的《一剪梅》：

花自飘零水自流。一种相思，两处闲愁。

此情无计可消除，才下眉头，却上心头。

这句诗将抽象而不易捉摸的思想情感，以朴素的语言表现为具体可感、耐人寻味的事物。

記一記

一客不烦二主：一位客人不用劳烦两位主人接待。比喻一件事情由一个人全部承担，不用找别人帮忙。

眼不见心不烦：对于自己讨厌的东西，眼睛看不见，心里就不烦躁了。

灾

黄河泛滥和蝗虫飞舞，都是古代的灾害

　　"灾"是会意字，它的甲骨文字形上部像房屋，下部像燃烧的火苗，表示着火的房屋。"宀"在古代指房屋，由于古代房屋多用木头盖成，房屋一旦着火，火势凶猛，在很短的时间内就会全部变成灰烬；房屋里的人想要逃生也是很难的。因此，人们认为，房屋起火是非常大的灾难。"灾"的本义是天火，即自然发生的火灾。后来引申指各种天然灾害和人为的祸患。如灾害、灾祸、抗灾、天灾人祸等。还引申为疾病、死亡等不幸的事情。如无妄之灾、招灾惹祸、没病没灾等。

| 甲骨文 | 篆书 | 隶书 | 楷书（繁体） | 楷书（简体） |

汉字故事：灾害前的不同态度

　　中国古代是农业社会，除了火灾、旱灾、水灾，蝗灾也会给农业生产造成很大的灾害。蝗虫，俗称蚂蚱，小朋友可能会觉得它好玩，但对于农业和农民来说，如果大量蝗虫遮天蔽日而来，瞬间就会将一大片绿油油的禾苗吞食完毕，导致粮食颗粒无收。因此，蝗灾和水灾、旱灾一样会造成严重的饥荒。蝗虫喜欢温暖干燥的环境。因此，蝗灾

318

往往和严重的旱灾相伴而生。在中国历史何面对蝗灾的记录，其态度与反应可谓天

唐朝贞观二年（628），京城长安大旱，蝗虫四起。唐太宗李世民亲自下农田查看损失情况。他看到蝗虫啃食禾苗，十分生气。他一边捉蝗虫，一边不断地诅咒："你们吃了百姓的粮食，让百姓忍饥挨饿，这都是我的罪过。你们这些家伙，如果真的有灵，就吃我的心吧，不要再祸害百姓了。"说完唐太宗不顾周围大臣的劝阻，竟然把蝗虫生吞了下去。看到皇帝如此体恤百姓，朝野上下无不感动。君民一心治理蝗灾。不久，长安一带的蝗灾在官民的合力治理下终于销声匿迹了。

与唐太宗形成鲜明对比的，是西晋时的晋惠帝。

晋惠帝执政时，有一年发生蝗灾，百姓没有粮食吃。很多人都被活活饿死了。有位大臣把灾情告诉了晋惠帝。向来衣来伸手、饭来张口的晋惠帝提出了一个让人们哭笑不得的问题："百姓肚子饿，没有米饭吃，他们为什么不吃肉粥呢？"这让周围的大臣面面相觑，不知如何回答。

延伸阅读：黄河水灾——花园口事件

黄河是中华民族的母亲河，孕育了中华文明。但是它在历史上曾多次泛滥、干旱或改道，给两岸百姓带来了无穷的灾难。

1938年6月9日，为阻止日军西进，蒋介石政府采取"以水代兵"的办法，炸开了郑州东北花园口的黄河大堤。黄河决堤虽然阻止了日军的前进，但是也造成了80万百姓的死亡，导致了千百万人流离失所，

并且淹没大片良田，形成了连年灾害的黄泛区。耕地的减少，加上旱灾，使得 1942 年的河南出现大饥荒，饿死 300 多万人，震惊世界。后来被拍摄成电影《1942》。

记一记

主要的灾害种类：

自然灾害：地震、火灾、泥石流、龙卷风、海啸、洪涝、干旱、高温、霜冻、土地沙漠化、农作物病虫害、森林病虫害等。

人为灾害：战争、交通运输事故、生产安全事故、公共设施事故、沙漠化、环境污染等。

中国文化史的大浩劫——焚书坑儒

"焚"是会意字。它的甲骨文字形上部像一片树林，下部像一团火苗，表示大火焚烧丛林。"焚"的本义是火烧山林。

和比较中性的、不带很多感情的"烧"字比起来，"焚"字带有更多的负面意义，一般有故意破坏、过度破坏的意思。如古代常焚烧山林以耕作或打猎，就是一种破坏性过大、得不偿失的做法，现在早已禁止。

《说文解字》中说："焚，烧田也。"后来由本义引申为烧。如焚香、玩火自焚、焚书、焚尸等。

| 甲骨文 | 金文 | 篆书 | 隶书 | 楷书 |

汉字故事：焚书坑儒

秦始皇时曾发生一次文化浩劫，叫作"焚书坑儒"。顾名思义，就是把书焚烧了，把儒生给活埋了。为什么要焚书呢？焚烧的都是哪些书？为什么要坑儒呢？被活埋的又都是哪些人？

《史记·秦始皇本纪》里对这件事有着非常清楚的记录。这一建议由大臣李斯首先提出，其目的是能够让秦朝长久地掌控天下。李斯给秦始皇的建议大致意思是：当今皇帝已经统一天下，分辨是非黑白的事都应由至尊皇帝一人决定。可是，诸子百家兴办的私学，却根据自己所学知识常在一起非议朝政，混淆人们的思维，动摇民心……我请求让史官把不是秦国典籍的书全部焚毁。除了博士官署掌管的之外，天下如果有谁收藏《诗经》《尚书》、诸子百家的著作，全都送到地方官那里一起烧掉。

在秦始皇的同意下，各国史书、《诗经》《尚书》、诸子百家的书等被全部焚毁了。虽然这些被焚烧的儒家经典和诸子百家的著作都在博士官署留有副本，收藏在秦朝宫廷里，但是秦朝灭亡后，收藏在秦朝宫廷里的孤本被项羽一把火烧掉了。

再说坑儒。焚书令执行后的第二年，一些儒生和一些研究神仙、方术、阴阳五行的方士私下指责秦始皇暴虐不仁，刑罚严苛，认为他不配得到长生不老。这些话被秦始皇听到了。后来，秦始皇还得知一些方士以制造和寻找长生不老药为由，卷走了他给的巨额财物。于是，秦始皇恼羞成怒，下令追查，一共抓了 460 个"犯禁者"，全部坑杀。这就是历史上的"坑儒"。

"焚书坑儒"反映了当时秦朝为加强专制统治，钳制思想和舆论，而对当时百家争鸣的学术思潮进行了严格管控与致命打击，严重破坏了当时的文化生态，是中国文化史和思想史上的一场浩劫。

延伸阅读：圆明园是被谁焚毁的？

圆明园是位于北京紫禁城西北的清朝皇家园林，园内原建有中西建筑风格的亭台楼阁多处，收藏有极为丰富的图书、字画、奇珍异宝等文物精品。可是，这座举世闻名的"万园之园"，却在第二次鸦片战争期间，被英法两国联合组成的侵略军放了一把大火烧掉了。英法"火烧圆明园"的主要目的是掩饰他们将园内所有稀世珍宝劫掠一空的罪恶行径。圆明园的焚毁，是中国文化乃至世界文化的一大损失。

记一记

焚琴煮鹤：把雅致的琴当柴火烧了，把象征高洁的鹤煮了吃掉。比喻糟蹋美好的事物。

玉石俱焚：把美玉和石头全都烧毁。用来形容好坏不分，把所有事物一起摧毁。

烽

烽火戏诸侯，显示的是威武，失去的是信任

"烽"是形声字。左边的"火"是形旁，表示和火有关；右边的"夆"是声旁，表示读音。"夆"同"逢"，是遇到的意思，表示这种火不是随便放的，而是在边疆遇到敌人侵犯时，为报警才点燃的烟火。

"烽"的本义是烽火，古代为边防报警而设的烟火。敌人来犯时，守卫的人就点火放烟相告。白天放烟叫烽，夜间举火叫燧。《史记·司马相如列传》中说："夫边郡之士，闻烽举燧燔，皆摄弓而弛，荷兵而走，流汗相属，唯恐居后。"意思是说：边境地方的人，一听说烽火燃起，就都拿上弓箭骑马奔赴前线，或扛着武器跑来参战，汗水不断地流淌，唯恐落后。

篆书　隶书　楷书

汉字故事：周幽王烽火戏诸侯

周幽王是西周的最后一位天子。在当时国力衰微，天灾战乱不断的情况下，他却每天只知道吃喝玩乐，沉溺酒色，不理朝政。有个叫褒珦的大臣对他进行劝说，他不但不听，反而把褒珦下了牢狱。

褒家为了救出褒珦进行了一番谋划。首先，褒家找了一个非常漂亮的姑娘，取名褒姒。接着，褒家找人教褒姒学会了唱歌跳舞。然后，褒家将打扮得十分靓丽的褒姒献给周幽王。褒珦因此官复原职。

周幽王十分宠爱褒姒，想尽各种办法逗她开心。可是，褒姒自从进宫以后，就整天闷闷不乐，一次也没有放声大笑过。周幽王送出各种珍奇礼物、想尽各种办法也不能让褒姒笑，于是就在宫中贴出告示："谁能让王妃笑一下，就赏千两黄金。"

有个叫虢石父的马屁精，替周幽王出了一个坏主意：大王可以带王后去骊山附近的烽火台游览，晚上把烽火点燃，敲响战鼓，让附近的诸侯上个大当。王后见许多兵马跑来跑去，肯定会开心一笑的。

周幽王听后拍手叫好。于是，他真的带褒姒上了骊山，点燃烽火，敲响战鼓。临近的诸侯看到警报，赶紧带领兵马来救。没想到赶到那里，却听到山上一阵阵欢快的音乐声和歌声，诸侯们这才知道自己被戏弄了。但是，诸侯们没办法，只能憋着一肚子气回去。褒姒见诸侯们和军队急匆匆地赶来，并无一事，又急匆匆地回去，不禁笑出声来。周幽王非常高兴，后来又多次点燃烽火戏弄诸侯，结果失去了诸侯对他的信任。而那个想出了"烽火戏诸侯"坏主意的马屁精也真的得到了一千两黄金，这就是典故"千金一笑"的来历。

周幽王为了取得褒姒的欢心，废掉了王后申后和太子姬宜臼，立褒姒为王后，并且立褒姒的儿子伯服为太子。申后的父亲申侯本来就女儿和外孙的遭遇不满，又听说周幽王如此荒唐无道，就联合缯国、西夷犬戎攻打周幽王。周幽王见势不妙，连忙下令点燃骊山的烽火。但是，因为周幽王多次的戏弄，诸侯们谁也没有理会他。犬戎兵一至，就抢走了褒姒，并且杀死了虢石父、周幽王以及褒姒的儿子伯服。

延伸阅读：长城烽火台

烽火台是古代为点燃烽烟报警而在边境设置的高台。烽火台的建筑早于长城，但是自长城出现后，长城沿线的烽火台便与长城密切结为一体，成为长城防御体系的一个重要组成部分，有的甚至就建在长城上。特别是汉代非常重视烽火台的建设。

由于烽火台大多处于最前线，所以对驻防者的遴选也很谨慎：

"凡置烽火，置帅一个，副一人。每烽置子九人，并取谨信有家口者充副帅。"

这段话的意思是说，每座烽火台共有十一名驻防人员，对副帅的选拔任用非常严格，一般选取性格谨慎、为人诚信、且有家人的人担任副帅。这是因为驻防人员的家属能够被官府掌控，驻防人员如有失职、渎职、叛逃行为，官府可以对其家属实施惩罚，由此可见历朝历代对烽火台的管理十分严格。

记一记

国破山河在，城春草木深。

感时花溅泪，恨别鸟惊心。

烽火连三月，家书抵万金。

白头搔更短，浑欲不胜簪。

——唐·杜甫《春望》

炭

宋太宗深知创业艰难，雪中送炭说的就是他

"炭"，本义指木炭。《说文解字》中说："炭，烧木馀也。从火，岸省声。"意思是说，炭是燃烧木材所剩下的东西。"炭"是形声字。下面的"火"是形旁，表意，表示炭是用火制成，而且炭可以燃烧。上面"户"是声旁，表声。

岑 炭 炭

篆书　隶书　楷书

木炭是木材经过炭化或干馏而获得的固体产物，能够直接燃烧发热。后来引申为像炭一样的东西。如山楂炭（一味中药）。也引申指煤炭。如泥炭、阳泉大炭等。

成语"雪中送炭"中的"炭"，就是指这种可以直接烤火用的木炭。煤炭则是古代植物埋在地下，经历复杂的化学变化和高温高压而形成的。烧烤食物时，一般是在炭火上架上一张铁丝网，将生的食物放在铁丝网上炙熟。

汉字故事：雪中送炭

北宋开国皇帝赵匡胤病逝后，他的弟弟赵光义即位，史称宋太宗。宋太宗十分清楚创业的艰难，因而生活非常节俭。有一次，宋太宗路过花园时，看到一个小太监正在被责打，就停下来问为什么。管事的人回答："国外进贡的一株珍贵的绿萼花被这个小太监给浇水浇死了。"

宋太宗弄清事情原委后，说："快把他放了。他不懂花的习性，绝不是故意弄死花的。我知道这种花生长在南方，在中原根本活不了。你们要记住，以后不许再为一些花花草草的事情打人，这要成为规矩。"小太监感动得流下眼泪，直呼"万岁英明"。

有一年腊月，天气格外寒冷，西北风夹着大雪，下起来没完没了。宋太宗住在皇宫之中，身上披着狐皮外套，烤着碳火，仍然觉得寒气袭人。

下朝后，宋太宗来到宫外，更觉得天寒地冻。树上的枯枝被厚厚的积雪压得发出断裂的声响。宋太宗回到宫中，连忙命人端来取暖的火盆。他一边暖手，一边想："这样寒冷的天气，开封城中一定有不少缺柴少米的人家，风雪中他们如何过活呢？"

想到这里，宋太宗马上传旨，召开封府尹进宫。宋太宗对开封府尹说："如今天寒地冻，我们有吃有穿有柴用的人都感到寒冷难当，那些缺衣少食、没有木炭的人如何受得了？你立刻带上衣服、食物和木炭到开封城查看一下，给那些正忍受饥寒折磨的人解一下燃眉之急。"

开封府尹领旨，立即带领三班衙役，备好衣服、粮食和木炭，挨家挨户访察民情。凡是困苦和孤寡老人，开封府尹都给他们留下足够的衣食和木炭。那些受到救助的人无不万分感激。于是，历史上便留下了宋太宗"雪中送炭"的佳话。

延伸阅读：白居易的《卖炭翁》

卖炭翁，伐薪烧炭南山中。

满面尘灰烟火色，两鬓苍苍十指黑。

卖炭得钱何所营？身上衣裳口中食。

可怜身上衣正单，心忧炭贱愿天寒。

夜来城外一尺雪，晓驾炭车辗冰辙。

牛困人饥日已高，市南门外泥中歇。

翩翩两骑来是谁？黄衣使者白衫儿。

手把文书口称敕，回车叱牛牵向北。

一车炭，千余斤，宫使驱将惜不得。

半匹红纱一丈绫，系向牛头充炭直。

《卖炭翁》是白居易《新乐府五十首》中的一首。这首诗通过一个烧木炭老人的悲惨遭遇，深刻揭露了唐朝时所谓"宫市"的不公平现象：唐代皇宫里需要物品，就去市场上拿，不给钱或随便给点儿钱就拿走，实际上是对劳动人民的公开掠夺。这首诗表达了诗人对下层劳动人民的深切同情，有很强的社会典型意义。

记一记

活性炭：吸附能力很强的一种炭，可用于防毒、吸除异味，净化空气等。正是因为它的这些特性，我们常常在刚刚装修完的建筑里放置一些活性炭。

每日一字

焦

好木头，被火烧得噼里啪啦也好听

"焦"是会意字，它的甲骨文字形上部像一只鸟，下部像一团火，表示一把烈火正在烤一只鸟，其本义是在火上烤鸟。

后来"焦"引申为经火烧或高热烘烤后变得枯黄或变成炭一样的状态，如禾苗枯焦、焦炭、焦头烂额等。在"焦急、焦躁"等词中"焦"的意思是烦躁、心中像火在烧。

物理学中功或能量的单位为"焦耳"，这里的"焦"和"焦"的本义没有多大关系。"焦耳"是为纪念英国物理学家焦耳而命名的功或能量的单位。

甲骨文	金文	篆书	隶书	楷书

汉字故事：焦尾琴的传说

东汉时，有一个才子叫蔡邕。他不但擅长散文和诗歌的写作，而且在书法、音乐方面也有很深的造诣，称得上是旷世奇才。

有一天，蔡邕到苏州漫游，看见几个人正准备把一块梧桐木劈成柴火来烧饭。梧桐木在火中发出噼里啪啦的爆裂声，十分清脆悦耳。蔡邕见状马上阻止人们继续烧梧桐木。他说："这可是一块做琴的好材料！快把那根木头拿出来。"于是蔡邕跟主人商量，花大价钱买下了这根梧桐木。蔡邕请工匠用这段梧桐木制成了一架琴。一弹奏，琴声果然不同凡响。因为这架琴的尾部烧焦了，所以人们就把这架琴叫作"焦尾琴"。

当初，蔡邕在家乡陈留时，邻居设宴招待客人，特地派人邀请蔡邕参加宴会。蔡邕因为有事去晚了一会儿，等他到达邻居门口时，客人们喝酒喝得正高兴，有一个客人在屏风后弹琴。蔡邕一向喜欢听琴，就在门口偷偷地听了一会儿琴。这一听不要紧，倒是把他吓了一跳。蔡邕心中说："这家主人一边弹琴一边请我赴宴，可是为什么这琴声中隐隐有一股杀气呢？"蔡邕疑心一起，便一甩袖子，扭头便往回走。

仆人见状赶忙去告诉主人："蔡先生明明已经到了大门口，不知道为什么却又回去了。"主人急忙追上去询问蔡邕离开的原因。

蔡邕和主人一起来到了客厅，蔡邕把琴声中有杀气的事又说了一遍，大家都非常吃惊。这时，弹琴的客人从屏风后走了出来，说出了其中的奥秘："我刚才弹琴时，看见天井中有一只螳螂正要捕捉一只鸣蝉，鸣蝉将要离开却没有飞起，螳螂随着鸣蝉一进一退。我内心很紧张，担心螳螂抓到了它。莫非这就是显露在琴声中的杀气？"蔡邕听罢，莞尔一笑，说道："这难道还不足以称为杀气吗？"

从此，人们对蔡邕的音乐才赋更加佩服得五体投地。

延伸阅读："楚人一炬，可怜焦土"的阿房宫

秦始皇建立秦朝后，觉得都城咸阳的人太多，以前的宫殿又太小，

就想把宫殿移到城外的空地去。为此，他大兴土木，在都城东三十里处建造了一座规模空前的阿房宫。据说，阿房宫建筑规模巨大，耗时很长，和万里长城、秦始皇陵、秦直道并称为"秦始皇四大工程"。

唐代诗人杜牧曾写过一篇《阿房宫赋》，极力赞美阿房宫的美轮美奂："……五步一楼，十步一阁；廊腰缦回，檐牙高啄；各抱地势，钩心斗角。……"

可惜的是，阿房宫还没建成，秦国就灭亡了。后人的一句"楚人一炬，可怜焦土"把烧毁阿房宫的罪过推到了项羽身上。其实经后人考证，项羽当时烧的是咸阳宫殿，而不是阿房宫。阿房宫到底存不存在？又是怎么彻底消失的？至今仍然是个谜。

记一记

焦头烂额：烧焦了头，灼伤了额。比喻非常狼狈窘迫。有时也形容忙得不知如何是好，带有夸张的意思。

心焦如焚：心里焦躁，像着了火一样。形容心情焦灼难忍，也作"心急如焚"。

烛

昼短苦夜长，何不秉烛游

"烛"是形声字兼会意字。左边的"火"是形旁，表示与火有关；右边的"虫"原本写作"古蜀国"的"蜀"，是声旁，表示读音。蜀为葵虫，古时火炬多以苇麻作心，外用布包裹，其样子像葵虫。后来右边简化为"虫子"的"虫"，表示烛用虫腊制成。本义是照明用的火炬，引申为蜡烛。

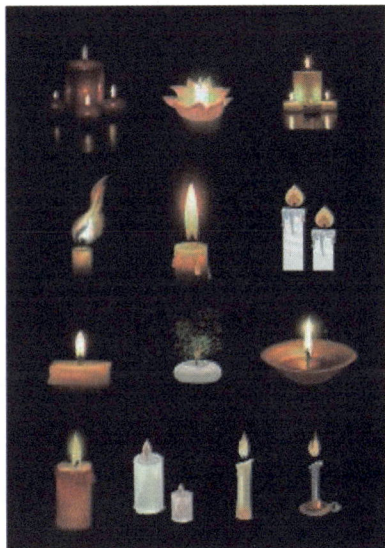

燭 燭 燭 烛
篆书　隶书　楷书（繁体）楷书（简体）

现代一般认为蜡烛起源于原始时代的火把，原始人把动物油脂或者蜡一类的东西涂在树皮或木片上，捆扎在一起，做成了照明用的火把。

古时候没有电，室内照明主要用点燃蜡烛照明。汉朝时蜡烛极为罕见，只有在大型活动中才会用到。南北朝时，蜡烛开始进入上层社会的日常生活。但是对于普通百姓来说，点蜡烛算是一种高消费，除春节和婚丧嫁娶之类的大事外一般都不会使用。

第四章　五行属火篇

汉字故事：秉烛夜游的故事

师旷是春秋时著名的盲人乐师。据说，师旷琴艺高超，无人能及。其实师旷并非天生的盲人。他觉得，眼睛看见周围的事物容易使精神耗散，会影响自己专注地练习音乐。于是，师旷为了使音乐素养更上一层楼，便用两枚针将自己的双眼刺瞎了。

从此，师旷专心致志地练琴，琴技一日高于一日。他非常善于辨别琴音细微之处的不同。他不仅是一名古琴演奏师，还是调音师，在当时非常有名。

有一次，晋平公听完师旷的演奏，请他吃饭。晋平公对师旷，说："我已经 70 岁了，虽然有时候想学点儿东西，但是恐怕已经太晚了。"

师旷生性豁达。他非常乐观地回答说："活到老，学到老。任何时候学都不算晚。如果觉得学习的时间太短，不够用，可以在晚上拿着蜡烛学！"

晋平公听了很不高兴，脸色阴沉地说："哪有做臣子的和君主开这种玩笑的呢？"

师旷进一步解释说："我是一个盲人，又是您的臣子，我哪敢戏弄您呢？我自己平时弹奏曲子，分辨音与音的不同，常常弹到半夜，有时候整宿都在弹奏音乐，以至于都忘了睡觉。我听说，小时候喜欢学习，就像太阳刚刚升起来时的阳光；中年时爱好学习，就像中午的阳光一样；到了老年还爱好学习，就像手里蜡烛放出的光一样。手里拿着蜡烛照亮前方的道路和摸黑走路，哪个更好呢？"

晋平公听了很受感动。他由衷地赞叹道："说得真好啊。"

延伸阅读：为什么叫洞房花烛夜？

古时候，人们居住简陋，物质贫乏，基本的生活资料都不能得到很好的满足。作为高级奢侈品的蜡烛更是大多数人消费不起的。然而，结婚是人生中的一件大事，代表了长大成人。新婚之夜，人们都要在洞房里点燃红色花烛。即便一般人家也会攒钱买几根雕着吉祥图案的红色花烛。一方面，人们认为，红色是喜庆的颜色，可以驱邪。另一方面，蜡烛象征牺牲、奉献精神，以此祝福夫妻互相扶持，白头偕老。于是，洞房中点花烛作为新婚的一种仪式流传开来。

至今，民间仍流传着人生四大喜事的说法：久旱逢甘雨，他乡遇故知。洞房花烛夜，金榜题名时。

记一记

相见时难别亦难，东风无力百花残。

春蚕到死丝方尽，蜡炬成灰泪始干。

晓镜但愁云鬓改，夜吟应觉月光寒。

蓬山此去无多路，青鸟殷勤为探看。

——唐·李商隐《无题·相见时难别亦难》

炼

古代术士炼丹，唐代诗人炼字

"炼"是形声字。左边的"火"是形旁，表意，字形像火苗，表示用火冶炼；右边的部首原为"柬"，是声旁，表声，柬有选择的意思，表示"炼"是去除杂质，提取精华的过程。后来声旁简化成现在的样子。

炼　煉　煉　炼

篆书　　隶书　　楷书（繁体）楷书（简体）

"炼"的本义是冶炼金属，即用加热等方法使物质更加纯净或坚韧，如炼钢、炼油、冶炼等。后来引申为通过实践活动，使意志、能力、身体等方面得到提高。如磨炼、锻炼身体等。又指用心琢磨，使文字更加精练，更加艺术化，如炼字、炼句等。

汉字故事：炼字的故事

唐代有位诗人叫贾岛。有一次，贾岛作了一首诗。其中有一句是"鸟宿池边树，僧敲月下门"。贾岛想，这句诗用"推"字好，还是用"敲"字好。他为此一直犹豫不决。他骑着驴在街上走，一边思考问题，一边用手比画敲门或推门的动作，一不小心撞上了京城长官韩愈的车队。韩愈问贾岛为什么闯入自己的车队。贾岛据实回答，将自己对诗词用字拿不准的事情告诉韩愈，韩愈不仅没生气，而且皱眉思索了一会儿对他说："用敲字好，因为在安静的月夜下，敲才能显出动中有静，更有对比的感觉。"二人也因此成了好朋友，并且经常一起探讨诗文写作。后来人们用"推敲"表示反复斟酌字句。而"炼字"后来专指写作时推敲用字，力求找到最恰当的字来精确地表达自己的意思。

唐代另一位大诗人在诗歌创作中也喜欢字斟句酌，甚至为了"吟安一个字，捻断数根须"，这个人就是"诗圣"杜甫。杜甫在《闻官军收河南河北》中的诗句"即从巴峡穿巫峡，便下襄阳向洛阳"，用"从""穿""下""向"四个动词将四个地名连在一起，生动描述了作者的返乡路线，字里行间透露出诗人无限的欣喜，堪称炼字典范。

很多人都会背诵宋朝诗人王安石的绝句《泊船瓜洲》：

京口瓜洲一水间，

钟山只隔数重山。

春风又绿江南岸，

明月何时照我还。

但是，你知道吗？这首诗的背后也有一个令人称赞的炼字故事。吴中有个读书人收藏了王安石创作此诗的草稿，上面开始写的是"春风又到江南岸"，后来圈去"到"字，注曰"不好"；改为"过"，复圈去而改为"入"；旋改为"满"……就这样一连改了十来个字，才最终敲定为"绿"字。"绿"字生动地描写了春风吹过的效果，将看不见的春风转化成可见的视觉形象。春风吹绿了江南的树木与野草。

可见，一首好诗的形成都是诗人仔细琢磨、推敲的结果，所以读起来才这么朗朗上口，韵味无穷。我们写文章，也不要嫌麻烦而急于求成，要多在具体的遣词造句用字上下功夫，这样才会取得好的效果。

延伸阅读：炼丹的传统

《西游记》第七回写道：孙悟空被众天兵捉住后，放进太上老君的八卦炉里锻炼，经过七七四十九天，谁知不但没有把孙悟空炼成仙丹，反而帮助他炼成了"火眼金睛"。从此孙悟空更加厉害了。

这段文字反映了我国古人的炼丹传统。炼丹是我国古代方术之一，指术士或道教徒用朱砂、水银或其他矿物质在炉火中烧炼可以使人食用后长生不老的仙丹。相传炼丹术兴起于战国中期，秦汉以后开始盛行，秦始皇、汉武帝都想炼出灵丹妙药来实现长生不老，可惜都没有成功，反而导致他们猝死。炼丹的传统一直延续到清朝，《红楼梦》记载了贾家的第二代族长贾敬喜欢道术，痴迷炼丹，结果因服用丹药中毒而死。据说火药就是在炼丹时发明的。

记一记

真金不怕火炼：比喻品质好、意志坚强的人经得起任何考验。

百炼成钢：只有通过困难锻炼自己，磨炼意志，才能使自己变得更加坚强。

煮

曹操煮酒论英雄，刘备吓坏掉筷子

"煮"是形声字。下面的"灬"是形旁，由火演化而来，表示与火有关。上面的"者"是声旁，也是"煮"最初的字形，表示读音。"煮"的本义是烹煮，就是把食物放在有水的锅里炖。如煮粥、煮饭、煮饺子，煮酒等。

篆书　　　隶书　　　楷书

汉字故事：煮酒论英雄

东汉末年，曹操挟天子以令诸侯，势力非常强大。刘备虽然名为皇叔，却白手起家，势单力薄。为防止曹操谋害，刘备决定韬光养晦，整日在住处的花园里种菜，表示自己只想做一个寻常百姓，并无雄心壮志。

有一天，刘备正在后园浇菜，曹操派人来请。刘备惊疑不安，但是又无法拒绝，只好壮着胆子赴约。

曹操一见刘备就笑着说："您整天不露面，在家里专做大事啊！"刘备听了顿时吓出一身冷汗，以为曹操看出自己的志向。谁知曹操却接着说："学习园艺也不容易，难为您那么上心。"刘备这才把心放下。

第四章　五行属火篇

曹操告诉刘备邀请他的原因："树上的梅子青翠喜人，我忽然想起去年征讨张绣时，道上缺水，将士们都口渴难耐，我心生一计，用鞭虚指前方说：'前面有梅林。'将士们听了嘴里顿时生出了口水，这才勉强熬过来。现在看见梅子熟了，就煮了一壶好酒，特意邀请先生来小亭坐一坐。"

刘备跟着曹操来到一个小亭，二人对坐畅饮。酒喝到一半的时候，天空突然变暗，黑云滚滚，骤雨将至。曹操和刘备观察天象，聊起了传说中能大能小、能藏能显的龙，并由此聊起了当今的一些英雄。曹操问刘备："您认为当今哪些人能够称得上英雄呢？"

刘备谦虚地说："我见识浅薄，哪能辨别谁才是天下英雄呢？"他列出了兵精粮足的袁术、虎踞冀州的袁绍、继承父兄之功的孙策、威震九州的刘表等人，却都被曹操一一否决。曹操最后笑着指指刘备，又指指自己说："当今天下的英雄，只有先生和我两个人而已！"

刘备听后大惊，手里拿的筷子都掉在了地上。恰好此时雷声大作，大雨倾盆而下。刘备假装害怕似的捡起筷子说："刚才的雷好吓人。"曹操见刘备被打雷吓掉了筷子，便觉得他是一个胆小鬼，从此不再怀疑他。后来刘备找机会逃出曹操的控制，经过一番争夺后，建立了和曹操、孙权对峙的蜀汉政权，形成了三国鼎立的政治局面。

延伸阅读：煮茶的艺术

《茶经》的作者陆羽曾说："茶水煮开时，小滚为鱼目，大滚为蟹眼，唯有鱼目与蟹眼，茶叶才能显味。如果用尚未开透之水泡茶，就会导致茶叶浮水，茶香未出，显露

出泡茶之人泡茶时心不从容，志不专一，这就是俗人喝茶。"可见，煮茶的过程也能体现一个人的心态是平静，还是浮躁。

青梅煮酒斗时新。天气欲残春。东城南陌花下，逢着意中人。

回绣袂，展香茵。叙情亲。此情拼作，千尺游丝，惹住朝云。

——宋·晏殊《诉衷情·青梅煮酒斗时新》

熟

卖油翁大战神弓手，熟能生巧

　　"熟"是会意兼形声字。下部的四点底是形旁，由火演化而来，表示与火有关。上部的孰字旁是声旁，也是熟的最初字形，表示经过烧烤烹煮做熟的食物，同时表示读音。熟的本字是"孰"，它的甲骨文字形像一个人在一座宗庙前面祭祀祖先的样子。金文"享"下的"女"是"夂"（人足状）的讹变。篆书把"女"改为"羊"字，均表示祭祀祖先的供品是熟食。后来"孰"多用作疑问代词，于是在它下面加"火"另造"熟"字，来表示煮熟的意思。如熟食、熟菜等。"熟"与"生"相对，指植物的果实成熟，如瓜熟蒂落、黄熟等。引申为熟悉、熟练，如熟能生巧、熟谙、熟人等。

| 甲骨文 | 金文 | 篆书 | 隶书 | 楷书 |

汉字故事：熟能生巧的故事

　　北宋有一个十分有名的射箭能手叫陈尧咨。有一次，他一连射出十支箭，有九支射中靶心。围观的人们对他精妙的射箭技术赞不绝口。一位卖油的老翁看了只是略微点了点头，好像认为他的射箭技术并没有什么值得称赞的。

陈尧咨心里有些不悦。他傲慢地问卖油翁："嘿，老头！你也会射箭吗？难道你觉得我的射箭技术不好吗？"

卖油翁回答道："你射箭技术还算可以，要做到这些并没有什么玄妙之处，只不过比较熟练罢了。"

陈尧咨听后，有些恼火地质问卖油翁："你怎能小看我的射箭技术呢？难道你的本事更高明吗？"

卖油翁微微一笑，耐心而诚恳地说："这不是我看轻你的射箭技术，而是我根据多年卖油的经验，知道射箭也是靠熟能生巧。"卖油翁说完将一个中间有孔的铜钱盖在油葫芦的口上，然后从油篓里舀了一勺油。只见卖油翁将盛满油的勺子高高地举过头顶，接着手腕一翻，勺子中的油便形成一条笔直的线准确无误地穿过铜钱的小孔灌入油葫芦。一勺油很快就灌进了葫芦里，却没有一滴油滴在铜钱的小孔之外。

周围的人们都看得目瞪口呆。卖油翁倒完油，有人还上去仔细翻看那枚铜钱，那上面竟然连一点油星都没有沾，大家不禁拍手称赞。

卖油翁看了看大家，又看了看陈尧咨，对他说："小伙子，我这也没有什么了不起的。我卖油卖了这么多年，天天倒油，只不过熟能生巧罢了。"

陈尧咨羞愧地点了点头，从此后更加勤勉地练习射箭技术。

延伸阅读：略说熟语

熟语是人们常用的、语言中定型的词组或句子，使用中一般不能改变其组织结构，只能整个应用。包括成语、谚语、歇后语、惯用语、格言等。

成语：八仙过海，各显神通；百尺竿头，更进一步；百闻不如一见。

谚语：瑞雪兆丰年；春雨贵如油；朝霞不出门，晚霞行千里。

歇后语：泥菩萨过江——自身难保；外甥打灯笼——照旧（舅）。

惯用语：背黑锅；穿小鞋；敲竹杠；半瓶子醋。

格言：虎落平阳被犬欺；竹篮打水一场空；画鬼容易画人难。

记一记

　　驾轻就熟：驾着轻载的车子，走熟悉的道路，比喻对某件事情很熟悉，做起来得心应手。也作轻车熟路。

　　熟视无睹：对某事看得太多导致就像没看见一样。形容对事物漫不经心或不重视的态度。

秋

秋天是丰收的季节，也是悲伤的季节

"秋"是象形字。甲骨文中，"秋"的字形像一只蟋蟀。古人发现，蟋蟀一般在秋天鸣叫，借此表达"秋天"的概念。有的甲骨文字形下面加"火"字，表示秋天收获谷物后，用火焚烧秸秆，顺便灭除害虫，同时还可以给土地施肥。金文在左下方加了义符"禾"，表示庄稼。"秋"的本义是秋季。如秋风、秋收、中秋、寒秋等。引申为谷物成熟或谷物成熟季节。如麦秋、大秋等。又引申为一年的时光，如"一日不见，如隔三秋"。

甲骨文	金文	篆书	隶书	楷书

汉字故事：悲秋与秋后问斩

秋季是收获的季节。此时，庄稼成熟收割，到处一派丰收的景象。秋季也是衰落的季节。进入秋天后，天气开始由热转凉，树叶由绿变黄，自然界的万物也渐渐由盛转衰。古代中国是一个传统的农耕社会，人们对秋天有着一种复杂而矛盾的情感。一方面，人们感恩收获，在丰收中体会着春种秋收的快乐，欣赏着秋高气爽的美景；另一方面，

第四章 五行属火篇

人们也深刻体会到时光的流逝和万物凋零带来的忧伤。所以，"悲秋"是中国古典文学的主题之一。

在古装剧中，人们时常会看到"秋后问斩"的情节。的确，古人行刑多在秋天，打仗也多发生在秋天，所以有"沙场秋点兵"这样的诗句。这是为什么呢？因为秋天是收获的季节，各地都有存粮，非常适合军队物资的调取和征集，而且军队进入敌国后，也可以很方便地抢夺粮食草料等战略物资，减少己方消耗。

至于为什么要在秋天处决死刑犯，据史书记载，有以下三个原因：

第一，古人相信"天人感应"的说法。汉代大儒董仲舒在《春秋繁露》中指出，帝王的庆、赏、罚、刑四种执政行为，要与四季变化相适应。春夏应该行赏，秋冬才可行刑。秋大意味着"凋落、肃杀"，此时行刑正是为了顺应天道。

第二，行刑问斩的根本目的并不是杀人，而是为了警醒世人，以此为戒，从而避免更多的违法行为发生。春夏二季正是农忙之时，百姓都在田间劳碌。"秋后问斩"，这里的秋后，不是指立秋之后，而是指秋分之后。秋分后白天越来越短，古人对此充满了敬畏，逐渐形成了"秋分祭月""秋分占候"等习俗。深秋时，粮草归仓，百姓有足够的空闲可以到现场观看行刑，此时警示效果最佳。

第三，避免冤假错案的发生。古代刑侦技术落后，经常抓错人。如果立即行刑，待到发现就已经晚了。为了留出充足的时间验证身份，除了谋反、叛国等大罪，一般都会把犯人羁押一段时间，统一在秋后处决。

延伸阅读：“中秋”的来历

每年农历八月十五，是中国的传统节日“中秋节”。这一天，家人团圆，赏月，吃月饼。那么，你知道这一天为什么被称作“中秋”吗？

我们所说的秋季，包括农历七、八、九三个月，分别称作孟秋、仲秋和季秋，合称“三秋”。八月十五，三秋正好过半，故称“中秋”。

记一记

《春秋》是我国最早的编年体史书。据传现存版本是由孔子修订而成。《春秋》记录了鲁隐公元年到鲁哀公十四年鲁国的重要史实。古人极其重视春、秋两季的祭祀，因此常以“春秋”代指一年四季。史书是用来记录历史的，也就是年复一年发生的事情，所以当时各国史书大多以“春秋”命名，如《晏子春秋》《吕氏春秋》《吴越春秋》。

考试真题

1. 西汉初年的＿＿＿中，出现了全部的二十四节气。

A.《淮南子》　　B.《齐民要术》　　C.《农书》　　D.《农桑要诀》

3. 白发三千丈，缘愁似个长。不知明镜里，何处得秋霜。这首诗的作者是＿＿＿。

A. 白居易　　　B. 杜甫　　　　　C. 杜牧　　　D. 李白

3. 请把下列人物和他们擅长的事情连线。

杜康　　　　　　　　　射箭

葛洪　　　　　　　　　煮茶

陆羽　　　　　　　　　弹琴

陈尧咨　　　　　　　　酿酒

师旷　　　　　　　　　炼丹

4. 以下诗句中，诗人分别"炼"的是哪一个字或哪几个字？

鸟宿池边树，僧敲月下门。＿＿＿＿＿＿＿＿＿

即从巴峡穿巫峡，便下襄阳向洛阳。＿＿＿＿＿＿＿＿＿

春风又绿江南岸，明月何时照我还。＿＿＿＿＿＿＿＿＿

5. 三国时期，经过多年的激战与合并，最终确立了哪三个割据政权？它们的创始人分别是谁？

＿＿＿＿＿＿＿＿＿＿＿＿＿＿＿＿＿＿＿＿＿＿＿＿

6. 古代为什么"秋后问斩"？

＿＿＿＿＿＿＿＿＿＿＿＿＿＿＿＿＿＿＿＿＿＿＿＿

7.《阿房宫赋》的作者是谁？＿＿＿＿

A. 项羽　　　　B. 杜牧　　　　　C. 杜甫　　　D. 白居易

8. "雪中送炭"的故事是历史上哪一位皇帝的善举？

A. 唐太宗李世民　　　　　　　　C. 宋太宗赵光义

B. 明成祖朱棣　　　　　　　　　D. 清世祖福临

五行属土篇

地	城	寺	塔	塞	社
陵	堂	壁	墨	坐	圣

地

我们承认，张衡的地动仪是后人仿造的

"地"是形声字。左边的"土"是形旁，表示与土地有关。"土"的甲骨文、金文字形都像地上凸起来的土堆的样子。篆书由两横一竖构成。《说文解字》中说："土，地之吐生万物者也。""土"的两横代表土之下和土之中，这是植物生长的空间；中间的一长竖，代表发芽而生的花草树木。右边的"也"是声旁，表示读音。虽然"也"的读音和"地"差别很大，但在先秦古音中，它们的发音十分相似。"地"本义指大地，与"天"相对。引申为地面。又引申为地区、场所。也可以用作助词。

地	埊	地	地
金文	篆书	隶书	楷书

《说文解字》中这样描述天地："元气初分，轻清阳为天，重浊阴为地。"意思是说，混沌之气刚刚分离，轻气、清气、阳气向上漂浮，形成天空；重气、浊气、阴气向下降落，形成大地。大地是万物陈列的地方。这就是中国古人对天地的认识。

汉字故事：张衡地动仪的后世争论

公元132年，东汉太史令张衡发明了一种叫作"地动仪"的仪器。它制作得非常精美：由精铜铸成，外形像一个酒樽，上面有隆起的圆盖。仪器内部中央立着一根铜柱，柱旁有八条通道，通道中安有机关。地动仪外部铸有八条龙，头朝下，尾朝上，按东、西、南、北、东北、东南、西南、西北八个方位分布。每个龙头嘴里都含有一个小铜球，地上对准龙嘴的地方各蹲一个铜蛤蟆。当任何方位发生较强地震时，传来的地震波就会使樽内的机关发生变动，那个方位的龙嘴里含着的小铜球就会落到地上的蛤蟆嘴里，发出很大的声响。于是，人们就可以知道什么时间、什么方位发生了地震。

这种仪器制造出来之后，很多人都不相信，认为地震发生在几百里以外甚至更远，怎么能测出来呢？但是，事实证明这是可能的。

公元138年3月的一天，都城洛阳的这台地动仪突然发出叮的一声响，西北方向的那条龙口里的铜球落了下来。在旁边监测的张衡望向西北方说："西北地震了。"

周围的人们都不相信。三天后，陇西信使快马加鞭赶到洛阳报告：陇西地震，二郡山崩！京城上下，无不震动。

人们奔走相告："张衡大人的那台地动仪，真是神了。"

可惜的是，这台神秘的地动仪，在公元200年前后消失不见了，

据说毁于一场可怕的战火。

一千多年过去了，1951 年，当时担任文化部文物局博物馆处处长的王振铎根据《后汉书·张衡传》的记载以及一些考古材料，等比例复制了张衡的地动仪。但是这个复制的"张衡地动仪"遭到很多外国科学家的质疑。他们通过科学论证和实验证明，这个地动仪的构造有问题，不符合物理原理，根本不能预测地震。

在人们怀疑关于张衡地动仪的历史记载是否属实，以及张衡是否真的掌握了地震预测技术时，一些中国科学家也在不知疲倦地翻阅各种历史典籍，结合物理学原理，想要研究和复原张衡地动仪，中科院教授、地震学者冯锐就是其中之一。经过反复实验，冯锐最终设计出包括悬空长柱、由摆锤控制的铜球、8 条向下倾斜的槽等部件在内的复原地动仪。2005 年，专家组对冯锐复制的地动仪进行了长达 7 天的强干扰试验，结果它每次都准确感应到了震源的方位。冯锐的设计通过了专家鉴定和国家验收。2015 年，香港特别行政区发行了一套"中国古代科学家"邮票，其中张衡那张邮票上采用的地动仪就是冯瑞设计的新模型。

延伸阅读：地震是怎么一回事？

在科学不发达的古代，人们对地震发生的原因并不了解。为了安慰自己，人们常常借助神灵的力量来解释地震。比如，我国民间流传着这样一种传说：地底下住着一条大鳌鱼。每过一段时间，大鳌鱼就会翻一下身。它这一翻身不要紧，大地便跟着颤动起来。这就是地震。

其实，地震是地球上经常发生的一种自然现象。在地壳运动的过程中，不同的地壳板块之间相互挤压碰撞，往往会造成板块边沿及板块内部错动和破裂。此时，地球就会迅速地释放出巨大的内部能量，引起地球表层的快速振动，这就是地震。地震期间会产生地震波，地震波可以用地震仪观测到。

记一记

为什么我的眼里常含泪水，因为我对这片土地爱得深沉。

——艾青《我爱这土地》

第五章

五行属土篇

城

冰道运石、山羊驮砖，不为人知的修长城故事

"城"是会意字。城的甲骨文、金文字形都是左右结构。左边字形中间的圆圈表示城的围墙，上部和下部表示两座遥遥相对的城楼。右边字形是像戈一样的武器，表示用武器保卫城垣。

"城"的本义是"城墙"，指都邑四周用作防守的高墙。古代的城墙一般分两重，里面的叫"城"，外面的叫"郭"。《管子·度地》记载："城外为之郭"；《孟子·公孙丑下》中说："三里之城，七里之郭。"城和郭的分界线一般为"池"，也就是护城河。成语"城门失火，殃及池鱼"的字面意思就是：内城的城门失火，殃及了护城河里的鱼。而《木兰诗》中的"爷娘闻女来，出郭相扶将"的"郭"即外城。引申为城市，如京城、满城风雨等。

甲骨文	金文	篆书	隶书	楷书

汉字故事：长城的故事

凡是到过长城的人无不惊叹它的磅礴气势、宏伟规模和艰巨工程。长城是中华民族坚不可摧的意志和力量的象征，是中华民族的骄傲。

但是，你知道吗？在长城修建的过程中，发生了很多惊心动魄的故事。今天我们就来讲讲冰道运石、山羊驮砖的故事。

据史料记载，修建嘉峪关段的长城时，需要成千上万块长约 2 米的大石条。工匠们按照要求将石条凿好后，却发现这些石条人抬不起，车拉不动，山高路远，根本无法运输。工匠们边凿石条边发愁。眼看隆冬季节就要到了，石条还没有从山里运出一块。倘若耽误了工期，工匠们拿不到工钱是小事，脑袋可就难保了。

工匠们正在发愁时，忽然山顶一声闷雷，从白云中飘下一幅锦绸。工匠们赶紧接住，只见上面若隐若现有几行字。工匠们看后恍然大悟，随后按其要求行事。工匠们从山上往嘉峪关修了一条路。寒冷的冬季到了，工匠们在路面上泼水，水很快就结了冰，形成了一条冰道。然后工匠们把石条放在冰道上滑行运输，非常顺利地把石条运到了嘉峪关城下，不但没有延误工期，反而节省了不少时间。

嘉峪关的城墙高 9 米，要在城墙上修建数十座大小不同的楼阁和众多的垛墙，用砖数量之大非常惊人。当时施工技术非常落后，没有吊运设备，全靠人工搬运。

当时修城墙的砖都是在 40 里以外的地方烧制。砖烧好后，用牛车拉到城墙下，再用人工往上背。城墙太高，唯一能上下的马道坡度太大，人们背着砖上下很困难。尽管许多人往城墙上背砖，个个累得要死，但是仍然跟不上城墙的建造速度，工程进展被严重拖慢。

有一天，一个放羊的孩子来到这里玩耍。他看到工匠们背着砖爬坡非常吃力，灵机一动，解下腰带，两头各捆上一块砖，搭在山羊身上。然后，他用手拍一下羊背，身子轻巧的山羊，驮着砖一溜小跑就爬上了城墙。人们看了又惊又喜，纷纷效仿，大量的砖头很快就被运上了城墙。

延伸阅读：说"城隍"

"城隍"最初不是指天上神仙，也不是指城中皇帝，而是指城郊外面的护城河。城隍的"隍"，泛指护城河。城隍被尊为神，据说最早来自《礼记》中的"蜡祭"，蜡祭八神，第七为水庸。郑玄注："水庸，沟也。"也就是说，古人最早信奉的是"水庸神"，后来逐渐演变为守护城池的城隍神。他的职权相当于人间的县官，主管一方百姓的衣食住行，旱涝凶吉，所以各地纷纷立庙供奉。

城隍神本来没有姓名，人们就把某些名人、英雄列为当地的城隍神，进行祭祀。比如，苏州为春申君，镇江为纪信，杭州为文天祥，北京为杨继盛。上海城隍庙供奉的是元末明初大夫秦裕伯。据说他是秦少游的七世孙，元末进士，在上海一带很有威望。

记一记

《三国演义》中的"城"：

诸葛亮巧施空城计、刘备白帝城托孤、关羽败走麦城

寺

除了信仰，寺庙还是学习文化的学校

"寺"是会意字，它的金文字形表示站在那里用手做活。"寺"是"持"的本字，本义为持取的意思，与寺院、寺庙无关。马王堆汉墓帛书《十大经》记载："除民之所害，而寺民之所宜。"意思是说：除去对老百姓有害的，保存对老百姓有好处的。这里的"寺"是保存的意思。《诗经·国风》中的一首诗写道："有车邻邻，有马白颠。未见君子，寺人之令。"意思是说：远处传来辚辚的车声，看到白马颠颠地跑来，君子的身影还没有出现，只有侍从来传达他的消息。这里"寺人"的"寺"是侍从的意思。

金文　篆书　隶书　楷书

秦代前后称都城接待官员的地方为"寺"，借指官署。汉代时，三公所居之处曰府，九卿所居之处曰寺。后世沿袭汉制。如大理寺掌管司法，太常寺掌管祭典，太仆寺掌管舆马，光禄寺掌管宴膳，鸿胪寺掌管礼宾等。

第五章　五行属土篇

公元65年，东汉明帝遣使前往印度求取佛经。两年后，汉使以白马驮着佛经、佛像返回洛阳。佛经起初存放在鸿胪寺，后来在洛阳建立寺院贮藏佛经，并组织人员翻译。因为这些佛经由白马驮载而来，所以把这座寺院称作白马寺。从此，人们将僧人居住的地方称为"寺"，如佛寺、寺庙等。

汉字故事：古代文人的寺庙情结

古代有不少描写寺庙生活及其美丽景色的诗歌，比如唐朝诗人杜牧的《江南春》：

千里莺啼绿映红，

水村山郭酒旗风。

南朝四百八十寺，

多少楼台烟雨中。

由于古代官府教育不太发达，私人教育又不是每个家庭都能承受得起的，寺庙就承担起了类似图书馆、博物馆的职能。古代许多诗人都是在山林禅院接受文化教育，因而与寺庙结下了不解之缘，比如清代书画家郑板桥就是一个典型例子。

郑板桥小时候聪明好学，酷爱读书。因为家里穷，没钱买灯油，他就经常跑到附近的庙里借着佛灯读书。因为佛灯常由富贵人家出钱供奉，所以很多寺庙的佛灯彻夜不息。于是寺庙成了郑板桥读书最好的去处。当时寺庙里有一些天资聪颖的年轻僧人。他们不仅阅读了很多佛教经典，还广泛涉猎了其他领域的知识。这些年轻僧人跟郑板桥很能聊得来。郑板桥考中进士、当了县令后，还常常回忆在寺庙里读书的场景：

尔时读书古庙，深更半夜，谈文娓娓不去，虽天寒风劲亦不顾。有时一人烧粥，一人斧薪，以豆子下粥，大啖大笑，腹饱身暖，剔灯再读，如是其乐。或短衣骑狮子脊背上，纵谈天下事，谁可将十万兵，谁可立功边徼，以异国版图献天子者，又如是其乐。今一念及之，古庙无恙耶？石狮子无恙耶？谁得再与我古庙谈文？谁得再与我在石狮子背上论兵？谁得再与我啖咸豆子下粥？

读到这段文字，我们不仅感慨于郑板桥的苦读，更感动于当时寺庙中三五好友，互相争论，互相激励，一起以读书为乐的积极进取精神。

延伸阅读：姑苏城外寒山寺

寒山寺位于苏州市姑苏区，始建于南梁天监年间。自从唐代诗人张继的名诗《枫桥夜泊》问世以来，历代文人墨客为寒山寺刻石刻碑者不乏其人，寒山寺的碑刻艺术也随之声名远扬。碑廊内陈列着岳飞、唐伯虎、董其昌、康有为等历代名人的诗碑，其中当推晚清俞樾书张继的诗碑最为著名。目前，寒山寺已被列为江苏省级文物保护单位。《枫桥夜泊》全诗如下：

月落乌啼霜满天，江枫渔火对愁眠。

姑苏城外寒山寺，夜半钟声到客船。

记一记

人间四月芳菲尽，山寺桃花始盛开。

长恨春归无觅处，不知转入此中来。

——唐·白居易《大林寺桃花》

塔

大雁塔的变迁，会扭动的应县木塔

在公元一世纪佛教传入我国以前，我国没有塔，也没有塔字。佛教传入后，人们根据汉字造字方法造出了"塔"字。"塔"是形声字。左边的"土"是形旁，表义，表示塔是用土石建成的。右边的"荅"是声旁，表声。荅有厚重义，表示塔层层叠叠，其形厚重。

"塔"的本义是佛塔，是佛教特有的一种高耸的建筑物，尖顶，多层，常有七级、九级、十三级等，形状有圆形、多角形，一般用以收藏舍利、经卷等，如宝塔、佛塔等。此外，"塔"也用来形容塔形的建筑物或器物，如水塔、灯塔、纪念塔、金字塔、塔楼、电视塔等

塔　塔　塔

篆书　隶书　楷书

汉字故事：大雁塔的变迁

唐太宗的长孙皇后去世后，当时的太子李治为了纪念"慈母之恩"，在长安城南修建了一座规模宏大的佛寺，取名"慈恩寺"。慈恩寺香火最盛的时候，有十三个院落、一千九百间房屋、三百多名僧人。

玄奘法师从印度取经归国后主要就在慈恩寺翻译佛经。后来，玄

奘向朝廷建议，在慈恩寺内按印度佛塔形式兴建雁塔，专门用来贮藏从印度带回的佛经。唐高宗年间，玄奘亲自参与佛塔的设计和建造。初建时，雁塔为五层，高 18 丈，砖面土心，因此不能攀登。武则天时重修雁塔，增高为十层，并由实心改为空心，内砌石头台阶，使人们可以登临塔顶远眺。

雁塔的名字源自于印度的佛教传说。佛教分为大乘派和小乘派，大乘吃素，小乘则可以吃肉。有一天，小乘派僧人做饭时，因为没有弄到肉给方丈吃，而仰天长叹。正巧此时天上飞过一群雁，僧人就想，如果有一只雁给方丈吃，那该多好。他刚这样想完，突然见真的有一只雁从空中掉落在他的面前。僧人忙宰了雁做给方丈吃。方丈非常惊讶地问肉从哪里来。僧人如实回答。方丈十分惊异地说："这不是雁，是一位菩萨显圣舍身布施，为了别人而牺牲自己。"全寺的僧人听后大为感动。从此，小乘派也不再吃肉。为了纪念菩萨化身的这只雁，人们就在雁的坠落处建了一座五层的塔，取名雁塔。

慈恩寺塔是仿照印度雁塔的样式修建的，故也叫雁塔。后来道岸法师在长安荐福寺内修建了一座较小的雁塔，以存放唐代高僧义净从印度带回的佛经。为了区别，人们把慈恩寺塔叫大雁塔，荐福寺塔叫小雁塔。

延伸阅读：会扭动的应县木塔

应县木塔，由辽兴宗于 1056 年下令修建。它与意大利比萨斜塔、巴黎埃菲尔铁塔并称"世界三大奇塔"。应县木塔，本名"释迦塔"，位于山西省应县佛宫寺内。它是世界上现存最高、最古老的纯木结构楼阁式建筑，全塔九层，高 67 米多。

　　这座木塔经受了近千年狂风雨雪及严重地震的考验，至今仍巍然屹立。这要归功于古代工匠们高超的建造技术。他们不仅使用了大量的斜撑固定副梁、斗拱和榫卯搭接等建造技术，还考虑到应县的西北风较大，所以修塔时故意使塔身微微地向西北倾斜，使它像人的脊柱一样，能发生一定程度的扭动，而不倒塌。

记一记

　　白蛇娘娘终于中了法海的计策，被装在一个小小的钵盂里了。钵盂埋在地里，上面还造起一座镇压的塔来，这就是雷峰塔。

——鲁迅《论雷峰塔的倒掉》

塞

王昭君被迫出塞，是因为画师画得不美

"塞"是会意字，本义是堵塞。甲骨文中，"塞"的上部是屋顶的形状，下部是两个"手"形，中间的两条竖线，表示物品，合起来就像双手将物品塞到房子中间。金文中，"塞"上部的屋顶形变成了"穴"，表示将东西藏入洞中。篆书中下面又加了"土"旁，表示藏好东西后将洞口用泥土封上。

塞是多音多义字。读 sāi 时，有堵住、阻隔的意思，如堵塞、活塞、塞子等；读 sài 时，多用于要塞、关塞、塞外等，表示边界上险要的地方；读作 sè 时，虽然也表示堵住、阻隔、塞满的意思，但它更多用于书面语，如阻塞、搪塞、茅塞顿开等。

甲骨文	金文	篆书	隶书	楷书

汉字故事：昭君出塞

西汉时，北方匈奴的首领呼韩邪单于被他的哥哥郅支单于打败，南迁至长城外的光禄塞下。为了对抗郅支单于，呼韩邪单于向西汉称臣。他三次进长安朝拜，并向汉元帝请求和亲，就是娶一个汉宫中的女子

第五章 五行属土篇

做老婆。

当时，没有人愿意嫁给北方的少数民族，不仅是因为他们的生活方式相对原始落后，而且他们的很多习俗都和汉族不同。有一个叫王嫱（字昭君）的宫女，长得十分美丽，又很有见识。为了国家安定，她毅然报名，自愿嫁到匈奴去和亲。

管事的大臣正在为没人应征而焦急，听到王昭君肯去，就把她的名字上报给汉元帝。汉元帝吩咐办事的大臣择个吉利日子送王昭君出嫁。呼韩邪单于得到这样一位年轻美貌的妻子，非常高兴和感激。当呼韩邪单于谢恩的时候，汉元帝看到王昭君既美丽又大方，多少有点儿舍不得。

汉元帝回到内宫，越想越懊恼：汉宫里有这么漂亮的宫女，怎么自己不知道呢？他叫人拿出昭君的画像来看。虽然画上的人模样有点儿像昭君，但是完全没有画出昭君本人的美丽。原来汉朝的宫女进宫后，一般都是见不到皇帝的，而是由画工画了像，送到皇帝那里去听候挑选。给宫女画像的画工名叫毛延寿，宫女们为了能够有面见皇帝的机会，纷纷拿钱贿赂他。对于给了钱的宫女，毛延寿就把她画得美一点儿。王昭君家境贫寒，孤高自许，所以就没有贿赂毛延寿。唯利是图的毛延寿自然就没有把王昭君的美貌完全呈现出来，而只是简单勾了几笔，草草地应付过去了事。王昭君在汉朝和匈奴官员的护送下离开了长安。她骑着马，冒着刺骨的寒风，千里迢迢来到匈奴，做了呼韩邪单于的阏氏。日子一久，她慢慢地也就习惯了游牧民族的生活，还和匈奴人相处得很好。

昭君出塞，推动了汉族与匈奴的文化交流，边塞上出现了两族开关互市的和平景象。昭君去世后，人们为了纪念她，修建了许多昭君墓，其中规模最大的是今内蒙古呼和浩特市南大黑河畔这一处，后人称之为"青冢"。

延伸阅读：杜甫的《前出塞》

挽弓当挽强，用箭当用长。射人先射马，擒贼先擒王。

杀人亦有限，列国自有疆。苟能制侵陵，岂在多杀伤。

杜甫的《前出塞》组诗尖锐地讽刺了统治者穷兵黩武的不义战争，真实地反映了战争给兵士和百姓带来的苦难。

记一记

唐朝的边塞诗：

唐朝与北方游牧民族的战争非常频繁，因此涌现出了很多著名的边塞诗人。其诗歌以描绘边塞风光、反映戍边将士生活为主，有的抒发了对建功立业的渴望和报效祖国的激情，有的抒写了戍边将士的乡愁，有的表现了戍边生活的艰辛、连年征战的残酷以及对朝廷穷兵黩武的不满。代表人物有高适、岑参、王昌龄、王之涣等。

第五章 五行属土篇

社

热闹非凡的社日，家家扶得醉人归

"社"是象形兼会意字，甲骨文字形写作"土"，像地上凸起来的土堆。金文字形另加义符"示"和"木"。"社"的本义是"土地之神"。甲骨卜辞以"土"为"社"。《吕氏春秋》中有"以供皇天上帝社稷之享"。后来引申为祭祀土地神的地方、日子以及祭礼等，如春社、秋社、社日、社稷等。

社指土地神，是由于土地能够滋养万物，是人类生存的基础，所以土地神成为以农为本的汉民族最重要的原始崇拜物。相传发明"社"字的是水神共工的儿子句龙。每当发洪水的时候，句龙就让人们到高地上去住。如果没有高地，人们就挖土堆丘，土丘的规模是每丘住二十五户，称为"社"。句龙死后被奉为土地神，也叫社神。

后来"社"泛指固定人群组成的团体或机构，如社会、报社、结社等。

甲骨文	金文	篆书	隶书	楷书

366

汉字故事：热闹的社日

唐朝诗人王驾曾写过一首名为《社日》的诗：

鹅湖山下稻粱肥，

豚栅鸡栖半掩扉。

桑柘影斜春社散，

家家扶得醉人归。

这首诗描写的就是热闹的春社情景。

在充满自然信仰的上古时代，从土地中讨生活的先民，很容易对土地生发万物的功用产生神秘的理解，从而将土地神化。所以在商周时代出现"社"这一土地之神是自然而然的事情。

既然土地有灵，就需要礼敬献祭，所以人们"封土以为社"，"封土"为社神原始的象征。因为春天阳气上扬，万物萌发，正是祭祀土地的好时候，所以在周代，人们把"元日"，即农历二月中最吉利的甲日，作为祭祀社神的日子，也就是最初的社日。

秦汉时期，社日有了进一步的发展。为了适应春祈秋报的需要，形成了春社与秋社两个社日。春社一般在春分前后，秋社一般在秋分前后，并且形成了官社与民社的区别。上层社会的社祀活动比较庄严隆重，祭品丰厚；而民间的社祀活动比较简朴、随意，但因其更接近人情而有更多的欢乐。

后来社日逐渐发展成为农村的民间集会。在这一天，会有各种各样的商品在集会上进行交换。有些地方还会举办唱社戏、杂耍等娱乐活动。勤劳的妇女有了难得的闲暇，儿童们也兴高采烈，成年男子更是社日活动的主角。他们共祭社神，分享社酒社肉，笑语欢歌，不醉不归。

延伸阅读：为什么用"社稷"指国家？

"社稷"本来指古代帝王、诸侯所祭祀的土神和谷神。社，土地神；稷，五谷神。土和谷都是人们生存离不了的，所以要祭祀。古代封建王朝建立时，都必须先设立祭祀社稷的场所。而且，一个国家灭掉另一个国家后，也要把那个国家祭祀社稷的场所给毁掉，所以社稷也就成了国家政权的标志。《孟子·尽心下》中说："民为贵，社稷次之，君为轻。"其中的"社稷"就是指国家政权。《礼记》中说："能执干戈以卫社稷。"卫社稷，也就是保卫国家的意思。

记一记

朱丝萦社：按照古时迷信的说法，用红色丝绳缠在土地神像上就能消除灾祸。这种说法在今天仍然颇有信众，不过不是把红绳缠在土地神上，而是绑在手上、树上、栏杆上或其他特定的地方，借此传达人们驱凶避邪、祈福迎祥之情。

陵

茂陵和明十三陵，都是气势非凡的皇家陵墓

"陵"是形声字。左边的"阝"是形旁，右边的"夌"是声旁，表示读音。《说文解字》中说："陵，大阜也。从阜，夌声。"意思是说，陵为高大的山阜。"陵"有多高呢？从"陵"的甲骨文字形可以看出，一个人沿着台阶跨步登山，而前面要攀登的大土山是比一般土山高得多的山。"丘陵"就指高大的土山。

古时"陵"也用做动词，有登上、上升的意思，又引申为"凭借优越地位欺辱他人"。后来这一意思慢慢消退，由"凌"字代替。

再后来，陵字由"大土山"的意思引申为"为帝王修筑的高大庄严的墓地"，如陵墓、陵寝、陵园等。

甲骨文	金文	篆书	隶书	楷书

汉字故事：汉武帝的茂陵

根据历史记载，汉代皇帝即位的第二年便开始着手修建自己的陵墓。陵墓工程耗时日久，花费巨大，甚至每年消耗掉全国赋税的三分之一，并且购置皇帝吃喝玩乐所需用的所有东西，都要向陵墓中填塞。

第五章 五行属土篇

其中汉武帝在位时间最长，当了五十多年的皇帝。他用了相当长的时间来修建自己的坟墓茂陵，其豪华程度超过了其他汉陵。

据说汉武帝晚年时，茂陵的松柏树长得已有合抱，茂陵内部填满了金银珍宝以及活人所需用的任何东西，多得都放不下了。陵墓里面还暗设了机关，如弓箭等，用来防止盗贼盗墓。陵墓顶上建有祭祀用的寝殿。

为了显示皇家威严，除了设有专门的守陵官员外，汉武帝还在陵前设置茂陵县，从其他地方迁移豪门富户一万户到这里定居。汉代著名文学家、能文擅赋的大才子司马相如就曾居住在茂陵。

据历史记载，西汉末年赤眉起义军曾挖开茂陵，盗取其中所藏的财物。据说一批一批的军队都没能把茂陵内的财物取走一半，到二百多年后的晋代，陵内还有腐朽的丝绸、遗留的珠玉堆积。

由茂陵向东二里左右，是汉武帝时代名将卫青和霍去病的坟墓。这两个人都是贵戚，卫青是汉武帝的第二位皇后卫子夫的弟弟，霍去病则是卫子夫姐姐的儿子，卫青的外甥。二人先后领兵攻打西汉最大的外患——匈奴，战功卓著。

卫青一生曾经七次领兵出击匈奴，并且七战七捷，改变了西汉匈奴间的攻守胜负局面，使匈奴人不敢再南下牧马。

霍去病十八岁为将，多次深入匈奴境内，追击敌人越过燕支山和祁连山。一次，汉武帝赏给他一座豪华住宅，他不接受，并且说："匈奴未灭，无以为家。"这句话后来成为历史上武将们常说的豪言壮语。

汉武帝为了纪念他们二人的功勋，除陪葬茂陵外，还将卫青的墓建成贺兰山形，将霍去病的墓建成祁连山形。

延伸阅读：明朝十三陵

明朝一共有十六位皇帝，但只有十三位皇帝葬在了北京近郊的天寿山陵墓。那么，缺少了哪三位皇帝呢？

一是明朝开国皇帝朱元璋。他死后葬在了南京钟山附近的明孝陵。

二是建文帝朱允炆。因为他的叔父、燕王朱棣发动兵变夺取皇位，攻陷南京时，建文帝不知所终，所以也没有陵墓。

三是明朝的第七位皇帝朱祁钰。因为他的哥哥明英宗被瓦剌军俘虏，宫中无主，他在太后和大臣的辅佐下登基称帝。明英宗被放回不久，从朱祁钰手中夺回帝位。明英宗不但不承认朱祁钰的皇帝身份，还杀了朱祁钰，并且毁掉他在天寿山修建的陵墓。最后明英宗将朱祁钰以亲王身份葬在北京西郊的玉泉山。

这样，明朝十六位皇帝就只有十三位葬在了天寿山，所以称"明十三陵"。

记一记

明长陵——成祖皇帝朱棣　　明景陵——宣德皇帝朱瞻基

明永陵——嘉靖皇帝朱厚　　熜明定陵——万历皇帝朱翊钧

堂

多少堂，多少医，都源于爱心

　　"堂"是形声字。下面的"土"是形旁，表义，表示殿堂建筑的材料是土。上面的"尚"是声旁，表示读音。"尚"是古字"高"的简化，表示殿堂非常高。清代著名学者俞樾在《群经平议·尚书三》中这样解释说："古人封土而告之，其形四方，即为之堂。"

　　"堂"后来引申为建于台基之上的正屋或厅堂，如殿堂、礼堂、公堂等。我们知道，一般建筑中，正屋、厅堂常常建造得很高大，宽敞明亮，可以容纳很多人一起议事，因而也较一般房屋装饰得华丽一些。当我们说一个人仪表堂堂、堂堂正正的时候，叠音词"堂堂"就是沿用"堂"的明亮、显耀等义，形容气魄恢宏或身材伟岸出众等。

　　旧时尊称他人的母亲也叫堂，如令堂、萱堂等。同祖父的亲属也称堂，如堂兄、堂叔、堂妹、堂亲等。堂还用作店铺、书房的名称，如同仁堂、三希堂、玉茗堂等。

　　"堂"作量词时，用于成套家具、分节的课程等，如一堂家具、一堂课等。

堂	堂	堂	堂
金文	篆书	隶书	楷书

汉字故事：同仁堂的创建

传说清朝康熙皇帝有一次生了一种怪病，浑身起满了红疙瘩，奇痒无比。宫中御医用遍了所有名贵药材，但均不见效。康熙心烦意乱，索性出宫去散心。

在行人稀少的街上，一个小药铺里的灯光分外耀眼。灯下，一个四十多岁、穿着郎中服饰的中年人，拿着一本书在认真朗读。康熙顿生好感，不知不觉就走了进去。

郎中见有人进来，连忙放下手中的书，问客人有什么需求。

康熙简单地描述了自己的病症，并伸出胳膊让郎中看。郎中看后，胸有成竹地说："放心吧，不是什么大病。您肯定是平日大鱼大肉吃多了，再加上长期以来吃人参，体内的火气太重，需要败火祛湿。"

康熙觉得对方说的在理，便让郎中开了一个药方。郎中伸手取下木架上的一个罐子，然后打开罐子，把里面的药全部倒在一个包袱里，对康熙说："不用什么药方，把这些大黄拿回家，放进一个大缸里煮，水热后下去洗浴，洗三五次也就好了。"郎中看康熙半信半疑，就笑着说："您要是不放心，我先不收您的钱，这些药您先拿去用，病好了您再带着钱来。"康熙回宫后，按照郎中告诉的方法洗浴三天后，果然全身不再痛痒，红疙瘩也淡化了不少。

康熙非常高兴，又一次微服来到小药铺，问郎中叫什么名字？想要多少报酬？郎中一见客人面带笑容，便知他的病好了，就笑呵呵地说："我叫赵桂堂，家里几代人行医，现在只想盖一个大药堂给老百姓看病。

不知客官能不能出这么多钱？"

康熙听后拿起纸笔，写了一行字，又盖上印章，然后把纸条交给郎中，让他明天到内务府衙门去一趟。郎中忍不住好奇，于是第二天拿着字条来到了内务府衙门。他把字条递给守门人没多久，一个官员慌忙走出来，递给了他一张银票。数额之大，足够盖十几座普通药堂。郎中此时才知道，自己碰上的竟然是当今皇上。

没过几年，一座气派古雅的大药堂便在北京城拔地而起，牌匾上面写的正是康熙御笔：同仁堂。

延伸阅读：为什么药店多以"堂"命名？

漫步街头，你会发现中药店大多以"堂"命名——同仁堂、永安堂、护生堂、广济堂等。为什么这些药店都爱称"堂"呢？据说这和名医张仲景有关。

东汉末年，伤寒病流行，时任长沙太守的张仲景看到上门求医问药的老百姓太多，就打破戒律，开放自己平时办公的官府大堂，公开坐堂行医。人们敬佩张仲景这种治病救人、急人所急的精神，便沿袭他的做法，把坐在药店内为民治病的医生统称为"坐堂医"。许多中药店也因此以"堂"命名。

记一记

"堂"字知多少：

堂而皇之　　登堂入室　　冠冕堂皇　　济济一堂

壁

有智慧就能以少胜多的赤壁大战

"壁"是形声字。下面的"土"是形旁，表义，表示墙壁多用土筑成。上面的"辟（pì）"是声旁，表示读音。辟有打开的意思，表示壁是一个能将内外隔开的东西。

壁的本义是墙、墙壁，可以组成铜墙铁壁、壁画、家徒四壁、飞檐走壁等词。和墙比较起来，壁更多用于古时的书面语。但两者常常放在一起使用。后来壁更多用于指陡峭的山崖，如绝壁、悬崖峭壁、壁立千仞等。又引申指壁垒。如壁垒森严、坚壁清野等。

壁　壁　壁
篆书　隶书　楷书

汉字故事：赤壁之战

赤壁之战是三国时孙权、刘备联手在长江赤壁一带大败曹操的一次以少胜多的著名战役。

公元 208 年，曹操率领大军占领了荆州，内心十分骄傲。他认为孙刘联军不堪一击。所以曹操就顺着长江东进，想在赤壁一举击败孙刘联盟，统一全国。他没有想到的是，孙刘联军虽然人马不多，但是

第五章

五行属土篇

上下团结一心，同仇敌忾，再加上周瑜的正确指挥和足智多谋的诸葛亮帮助，孙刘联盟早已想出了很多克敌制胜的办法。

首先，周瑜、诸葛亮等人发现曹军到了南方后水土不服，北方将士普遍出现晕船的情况，就派凤雏先生庞统前去说服曹操把所有战船都连接在一起，组成连环船。连环船有一个致命弱点——无法躲避火烧。其实，曹操也想到了这一点，只是他认为隆冬腊月只会刮西北风，不会刮东南风。而且，曹军处于孙刘联军的西北面，如果实施火攻，只会烧到孙刘联军自己。

其次，周瑜利用曹军中的谋士、同窗好友蒋干来劝降的机会，使用反间计，成功除掉了最懂得水战的两位曹军大将——蔡瑁、张允。

接着，诸葛亮巧妙利用曹操多疑的心理弱点"草船借箭"，严重削弱了曹军的武器装备，扩大了己方优势。

然后，周瑜联手东吴老将黄盖自编自导自演了一出"苦肉计"，假装杖责黄盖以逼其对东吴离心离德，决意降曹。

最后，诸葛亮通过观看天象，预测天气，"借"来东风。黄盖去曹营"诈降"。当接近曹军的连环船时，黄盖点燃堆满草料的小船，小船顺风闯入了曹军的连环船阵。曹军的战船顿时烧成一片火海，曹军死伤无数，孙刘联军趁机发动攻势，赢得了赤壁之战，取得了巨大胜利。

赤壁一战，曹操丧失了几乎全部的水军和部分陆军，失去了唯一一次统一中国的机会。孙权、刘备在赤壁之战后实力大增，奠定了魏、蜀、吴三国鼎立的基本格局。

赤壁之战是中国古代战争史上浓墨重彩的一笔，衍生了无数的故事、传奇，涌现了无数英雄人物，至今还为人津津乐道。然而，上面赤壁之战中诸葛亮借东风、草船借箭的故事是《三国演义》虚构的。实际上诸葛亮并没有参与赤壁之战，指挥赤壁之战的人是周瑜。东风是长江上的一种自然现象。由于周瑜和黄盖是本地人，对赤壁的气候非常熟悉。因此，他们巧妙地利用这一战机打败了曹军

延伸阅读：题壁诗的类型

◎寺壁：在寺庙的墙壁上题诗。

横看成岭侧成峰，远近高低各不同。

不识庐山真面目，只缘身在此山中。

——宋·苏轼《题西林壁》

◎石壁：在石壁上题诗。

茅檐长扫净无苔，花木成畦手自栽。

一水护田将绿绕，两山排闼送青来。

——宋·王安石《书湖阴先生壁》

◎邸壁：在旅馆的墙壁上题诗。

山外青山楼外楼，西湖歌舞几时休。

暖风熏得游人醉，直把杭州作汴州。

——宋·林升《题临安邸》

记一记

璧：宝玉。完璧归赵、静影沉璧。

壁：墙壁。家徒四壁、四处碰壁。

墨

文房四宝是中华民族独特的文化符号

"墨"是会意兼形声字，本义指古人写字、绘画时用的墨，是用煤烟或松烟等原料制成的黑色块状物。也指用墨和水研磨而成的墨汁。

墨也引申为诗文或书画，比如墨客、墨宝、翰墨、遗墨。另外，由于墨汁是黑色的，所以又引申为黑色，如粉墨登场、墨菊、墨镜等。并且由此引申为不洁之称，如"墨吏"指贪官。此外"墨"还指墨家。

| 金文 | 篆书 | 隶书 | 楷书 |

汉字故事：文房四宝——笔墨纸砚

在古代读书人的生活中，笔墨纸砚必不可少，它们被称为"文房四宝"。文房四宝是中华民族独特的文化符号。即使到了今天，很多喜爱书法的人都还继续在和笔墨纸砚打交道。我们现在来简单介绍一些关于它们的知识。

◎笔：据说毛笔是秦朝大将蒙恬发明的。因为带兵在外作战，他常常需要把战报及时地上奏给皇帝。当时用刻刀在竹简上写字速度很慢。有一次，蒙恬外出打猎。他看到几只被箭射中死去的野兔尾巴上带着血，在地上拖出了弯弯曲曲的痕迹。蒙恬受到启发，派人用兔毛制作出了毛笔。直到现在，各类毛笔有很多还是用动物的毛制成的。比如，羊毫由山羊毛制成；紫毫由山兔毛制成；狼毫由黄鼠狼毛制成。

◎墨：书写时的特殊色料。春秋战国时期就已经有关于墨的记载。根据原料不同，墨可以分为"油烟墨"和"松烟墨"。其中，油烟墨是用桐油烟加工制成，墨色黑而有光泽；松烟墨则是用松枝烧烟加工制成，黑而无光。

◎纸：中国的四大发明之一，书法绘画时使用的独特手工纸。其中宣纸最为有名，根据制作工艺的不同又可分为"生宣"和"熟宣"。生宣是按照正常纸张制造程序而生产出来的宣纸。熟宣是在生宣基础上用明矾等进行一系列加工而成的。如果矾水的用量比较少，就叫"半熟宣"，也叫"半生半熟宣""半生宣"。为什么叫"宣纸"呢？这是因产地而得名的。宣纸产于安徽省泾县，唐代泾县属宣州，所以叫宣纸。这一名称一直沿用至今。

◎砚：俗称砚台，是书法绘画时研磨色料的工具。中国的四大名砚分别是：甘肃洮（táo）州的洮河砚、广东肇（zhào）庆市的端砚、安徽歙（shè）县的歙砚、山西新绛县的澄（chéng）泥砚。其中，洮河砚、歙砚、端砚的得名和产地有关。而澄泥砚的得名，则是由于它以沉淀多年的渍泥为原料，澄清后经火烧炼制而成。

延伸阅读：墨子和墨家学派

墨子，名翟，春秋战国之际的思想家、科学家，墨家学派创始人，著有《墨子》一书。墨子是历史上唯一一个平民出身的哲学家。墨家学说的主要内容是兼爱、非攻、尚贤、尚同、节用、节葬等。墨家学说在百家争鸣的春秋战国时代影响很大，与儒家学说并称"显学"。

2016年8月16日，我国发射成功的首颗空间量子科学实验卫星"墨子号"就是以古代科学家墨子的名字来命名的。墨子最早提出了光线沿直线传播的观点，并进行了小孔成像的实验。用墨子的名字命名我国的首颗空间量子科学实验卫星是为了纪念他在早期物理光学方面的成就。

记一记

墨宝：指珍贵的书法真迹，也用以尊称别人写的字或画。

墨守成规：战国时，墨子善于守城，因称牢固防守为"墨守"或"墨翟之守"。后来用"墨守成规"形容因循守旧，不肯改进。

舞文弄墨：原指曲引法律条文作弊。后来常指玩弄文字技巧。

坐

坐是一门大学问，切勿坐井观天

"坐"是会意字。甲骨文中"坐"的字形像一个人跪坐在席子上。金文、篆书中将席子改为"土"，上面又增加了一个人，变成了两个人对面而坐。楷书则延续了隶书的写法，最终演变成现在使用的楷书"坐"。

甲骨文	金文	篆书	隶书	楷书

"坐"的本义为跪坐。古人坐时常常双膝跪地，席地而坐，把臀部靠在脚后跟上。比如，孔子讲学时就与弟子席地而坐，后来才坐在椅子、凳子或其他物体上。

"坐"后来引申为乘坐、留守、获罪、居住等，当作"坐位"的意思讲时通常写成"座位"。

汉字故事：坐井观天

在《庄子·秋水》中，庄子讲了这样一个故事。

在一口废井里，住着一只青蛙。一天，青蛙在井边碰见一只从东海来的海鳖。青蛙自豪地对海鳖夸口说："你看，我住在这里多么惬意！

第五章　五行属土篇

高兴时，就在井边跳跃游玩；累了，就到井壁石洞里休息。我独自占据了这口废井，生活得自由自在。请你也来我的井中观赏游玩吧！"

海鳖听了青蛙的一番高谈阔论，就想进入井中看看。可是，它的左脚还没有完全伸进去，右脚就被井栏绊住了。它后退几步，把它看到的大海的情景告诉青蛙："你见过大海吗？海有千里长，有千丈深。古时候，十年里就有九年闹水灾，海水却并不因此增多；八年里就有七年闹旱灾，海水却不因此而减少。大海不受旱涝影响，住在广阔无垠的大海里才是真正的快乐呀。"井底的青蛙闻言惊讶地望着海鳖，瞪大了眼睛，半天合不拢嘴巴，茫然若有所失。后来人们根据这个故事就提炼出了"井底之蛙"这个成语。

唐朝文学家韩愈在《原道》中写道："坐井而观天，曰天小者，非天小也。"意思是说，坐在井里看天空，就会以为天就是井口那么大，其实不是天太小，而是由于看天的人站位太低、眼光太窄的缘故。后人根据韩愈这句话提炼出了"坐井观天"这个成语，并用"井底之蛙""坐井观天"这两个成语来讽刺那些目光狭窄、见识短浅而且盲目自大的人。

后来"坐井观天"的故事被选入小学课本。故事对原文做了较大的改动，青蛙与海鳖的对话，被改成了青蛙和小鸟的对话。这可能是教材编写者觉得小鸟在天空自由自在地飞翔，比海鳖看到的东西更多，更能和青蛙形成鲜明的对比。

不管怎么说，我们都要"读万卷书，行万里路"，努力丰富自己的书面知识和实践经验，千万不要让自己成为"坐井观天"的人。

延伸阅读：古人坐的学问

古人常常把南看作至尊方位，所有宫殿和庙宇建造时一定是朝向正南，帝王的座位也必须是背对着北，面向正南。

如今，人们盖房子也很关注朝向，也讲究"坐北朝南"，这和我国所处的地理位置有关。因为地球是圆的，我国处在北半球，大部分陆地位于北回归线以北，因此，一年四季阳光都是由南方射入，窗户朝向南方的屋子便于采光。阳光不仅能够带来温暖，驱除潮湿，杀菌灭害，还能使房间显得更为宽敞和明亮。人们挑选房屋时偏爱南向布局，即喜欢选择朝南房间多的房子。

记一记

夏商周时，人们都是席地而坐，即双膝跪在席子上，臀部压在脚后跟上。河姆渡文化遗址中出土的芦苇席，是我国迄今发现最早的席子。汉灵帝时，从北方传入胡床，可以折叠，好像现在的马扎。魏晋时期，出现了榻、凳等。唐宋以来出现了各种椅子。近代，受西方文化影响，出现了沙发。

圣

草圣的草书千奇百怪却都合规矩

"圣"是会意字。甲骨文中，"圣"由"人""耳""口"组成，表示这是一个既会说，又会听，通达事理的人。"圣"的本义是通达。那些具有最高智慧和道德的人。如圣人、圣贤等。又引申指那些精通学问、技能的人。如圣手、诗圣、画圣、棋圣等。还引申指帝王。如圣上、圣旨等。

甲骨文	金文	篆书	隶书	楷书（繁体）	楷书（简体）

汉字故事：草圣张旭苦练书法

张旭是唐代著名书法家，尤其擅长草书，被人尊称为"草圣"。他喜欢喝酒，经常喝得酩酊大醉，然后就脱掉帽子，下笔疾书，甚至有时用头发蘸墨来书写大字。这样癫狂的行为让他有了一个"张癫"的绰号。杜甫在《饮中八仙歌》里赞扬他说：

张旭三杯草圣传，脱帽露顶王公前，挥毫落纸如云烟。

意思是说，他嗜酒狂放，喝酒后写的字犹如满纸云烟。后人称张旭的书法为"狂草"。可能是因为张旭把全部精力都放在书法上，既好酒又不拘礼节，所以他终生只当过县尉之类的小官。相传，张旭在当苏州常熟县尉时，有位老人在公堂上拿了他写的判决书走了，第二天又拿来状纸让他判决。张旭不耐烦地责备说："你怎么老用这些无关紧要的小事来扰乱官府！"老人说："其实我不是来告状的，只是看到大人的书法十分奇妙，就想多要一点儿墨宝珍藏起来。"

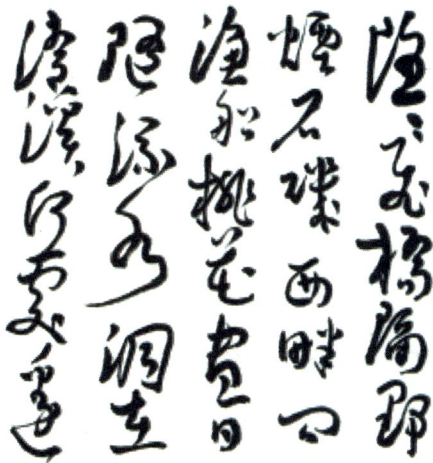

张旭问老人为何如此爱好书法，老人说："我的父亲爱好书法，并且还写有著作。"张旭请老人把他父亲的著作拿出来一看，里面有很多笔法的要领。张旭研读一番之后，书法大有长进。

因为全神贯注地钻研书法，再平凡不过的日常事物都会触发张旭在书法上的灵感。张旭曾说，看见公主和挑夫抢路，听见敲鼓、吹唢呐，他都能体会到笔法。盛唐时，有位著名舞蹈家公孙大娘善舞剑器，张旭每次都看得如痴如狂，用心领会其舞剑的要义，进而悟出了草书的雄浑气魄。

唐代另一名著名书法家颜真卿曾在长安拜张旭为师，请求指点笔法，前后达两年之久。张旭只是在颜真卿面前挥笔疾书，却从未向他讲解过任何关于草书的书写技巧。后来颜真卿多次请教，张旭才跟他做了一次长谈。张旭根据自己多年的书法经验，对最简单的横平竖直、均衡、疏密关系等书法结构和技巧谈了自己的体会，并对他详加指点。

经过这次长谈，颜真卿终于明白：张旭虽然是草书圣手，可他极其注重基本功的训练，他的小楷、行书并不亚于草书。正是因为有这种深厚的基本功，张旭的草书虽然千奇百怪，却没有一点一画不合书法规矩。如果不是这样，那这种草书就没有任何价值了。

延伸阅读：大"圣"云集

"文圣"：孔子，创办私学，提出有教无类、因材施教的观点。

"武圣"：关羽，重义气，忠贞不渝，武艺出众。

"史圣"：司马迁，代表作《史记》被誉为"史家之绝唱，无韵之离骚"。

"诗圣"：杜甫，代表作有《三吏》《三别》《春望》等作品。代表诗句有："朱门酒肉臭，路有冻死骨。""好雨知时节，当春乃发生。"

"书圣"：王羲之，代表作品《兰亭集序》。

"画圣"：吴道子，代表作品《天王送子图》。

"医圣"：张仲景，著有《伤寒杂病论》，系统阐发了中医学理论、诊断和治疗原则，对中国医学发展影响巨大。

记一记

内圣外王：内心具有圣人的才德，对外能施行王道。这是古代君子最高的修养追求。

考试真题

1. 以下成语典故与历史上著名战争对应正确的是哪一项？（　　）

A. 卧薪尝胆——巨鹿之战　　B. 破釜沉舟——赤壁之战

D. 纸上谈兵——西川之战　　C. 风声鹤唳——淝水之战

2. "书圣"王羲之被称"王右军"，以官职得名。请问"右军"是什么官？_____

3. "项王军壁垓下"中的"壁"是什么意思？

_____

4. 刘禹锡的《金陵五题·石头城》一诗中有"淮水东边旧时月，夜深还过女墙来"的诗句，请问其中的"女墙"是指女子守卫的城墙吗？

_____

5. 将下列人物与对应的尊称和事项连线。

医圣　　　　　孔子　　　　　《兰亭集序》

诗圣　　　　　张仲景　　　　《史记》

书圣　　　　　吴道子　　　　《伤寒杂病论》

文圣　　　　　关羽　　　　　有教无类

画圣　　　　　司马迁　　　　朱门酒肉臭，路有冻死骨

武圣　　　　　杜甫　　　　　《天王送子图》

史圣　　　　　王羲之　　　　温酒斩华雄

6. 最早提出光沿直线传播的观点，并进行小孔成像实验的是我国的哪位思想家？（　　）

A. 孔子　　　B. 韩非子　　　C. 墨子　　　D. 孙子

7、赤壁大战是我国古代战争史中以少胜多的杰出代表，你能说出哪些和赤壁大战有关的典故？

_____

第五章

五行属土篇

考试真题答案

第一章　五行属金篇

1. 锄　铭　镜　钱　锦　铜　铁　锁　铃　铃
2. 钱　镜　铁
3. 柳永　婉约　苏轼　豪放
4. "裙钗"指的是罗刹女（铁扇公主），她的儿子红孩儿在火云洞捉了唐僧"要蒸要煮"。孙悟空请观音菩萨帮忙，红孩儿被观音菩萨收作善财童子，母子分离，所以她才"为子怀仇恨泼猴"。

第二章　五行属木篇

1. D　2. C
3. 刘备、关羽、张飞
4. 曹雪芹、清朝
5. 陶渊明————东坡居士
　　欧阳修————六一居士
　　苏轼————青莲居士
　　李白————五柳先生
6. 桃、柳、案、楼

第三章　五行属水篇

1. A　2. 祭酒　3. A
4. 青春作伴好还乡、在乎山水之间也、学海无涯苦作舟。
5. 源远流长：河流的源头很远，水流很长。比喻某一事物历史悠久，根底深厚。

天涯海角：极远的地方或形容彼此之间相隔极远。涯，尽头、穷尽的意思。

江河日下：江河的水天天向下游流动，比喻情况一天天坏下去。

汗牛充栋：形容书籍极多。用车载，拉车的牛累得冒汗；用屋藏，堆满了屋子。"充栋"的"栋"指房屋。

6. 坐收渔利来自《战国策》的一则寓言：在易水岸边，蚌从水中出来张开壳晒太阳，一种叫作鹬的大鸟去啄它，被蚌合住壳紧紧地钳住了嘴。鹬说：今天不下雨，明天也不下雨，你一定会死。蚌说：我今天不放，明天也不放，你一定会死。双方僵持着，都不肯相让。后来双双落入渔人的手中。后世便用"鹬蚌相争，渔翁得利"比喻双方互相争持，让第三者得到好处。

第四章　五行属火篇

1. A　2. D

3.

杜康 —— 酿酒
葛洪 —— 炼丹
陆羽 —— 煮茶
陈尧咨 —— 射箭
师旷 —— 弹琴

4. 敝、从、穿、下、向、绿

5. 魏：曹操；蜀：刘备；吴：孙坚

6. 一、为了顺应天时；二、为了警示世人；三、为了避免冤假错案

7. B　8. C

第五章　五行属土篇

1．C

2．古代天子有三军，称中军、左军、右军。王羲之曾任"右军将军"，所以人称"王右军"。

3．营垒，此处用作动词，意为在……扎营。

4．不是。女墙是指建在城墙顶部内外沿上的薄型挡墙，与大城相比，它显得比较矮，故称女墙。

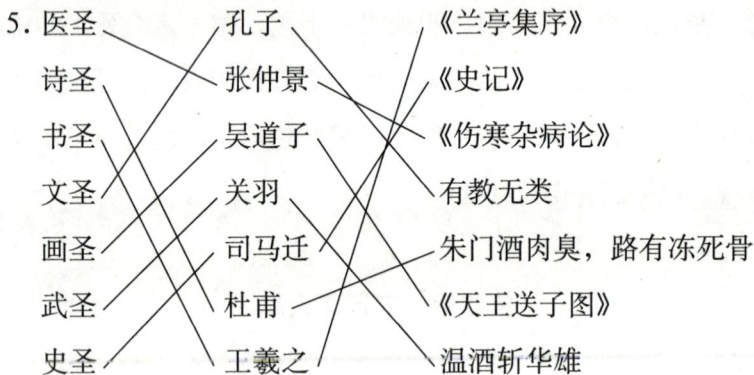

5．医圣　　　孔子　　　《兰亭集序》

　　诗圣　　　张仲景　　《史记》

　　书圣　　　吴道子　　《伤寒杂病论》

　　文圣　　　关羽　　　有教无类

　　画圣　　　司马迁　　朱门酒肉臭，路有冻死骨

　　武圣　　　杜甫　　　《天王送子图》

　　史圣　　　王羲之　　温酒斩华雄

6．C

7．草船借箭、借东风、苦肉计、连环计、反间计